POR UMA INFÂNCIA FELIZ

Copyright © 2014 by Catherine Gueguen

Licença exclusiva para publicação em português brasileiro cedida à nVersos Editora. Todos os direitos reservados. Publicado originalmente na língua francesa sob o título: *Pour une enfance heureuse repenser l'éducation à la lumière des dernières découvertes sur le cerveau*. Publicado pela editora © Robert Laffont, S. S., Paris.

Diretor Editorial e de Arte: _____
Julio César Batista

Produção Editorial e Capa: _____
Carlos Renato

Revisão: _____
Elisete Capellossa e Mariana Sousa

Imagens de Capa: _____
Adobe Stock: Seventyfour / German

Editoração Eletrônica: _____
Matheus Pfeifer

Dados Internacionais de Catalogação na Publicação (CIP)
(Câmara Brasileira do Livro, SP, Brasil)

Gueguen, Catherine

Por uma infância feliz: uma nova educação de acordo com as descobertas recentes sobre o cérebro humano / Catherine Gueguen; prefácio Thomas d'Asembourg; Tradução Barbara Barbalat. - 1. ed. - São Paulo, SP: nVersos Editora, 2024.

Título original: *Pour une enfance heureuse*

ISBN 978-65-87638-95-9

1. Cérebro - desenvolvimento 2. Crianças - Aspectos psicológicos 3. Psicologia Infantil. I. d'Ansembourg, Thomas. II. Título.

Índices para catálogo sistemático:

CDD-155.4

24-190729

NLM-WS-105

Índices para catálogo sistemático:

1. Crianças : Desenvolvimento : Psicologia 155.4

2. Psicologia infantil 155.4

Tábata Alves da Silva - Bibliotecária - CRB-8/9253

1ª edição – 2024

Todos os direitos desta edição reservados a nVersos Editora

Rua Cabo Eduardo Alegre, 36

01257-060 – São Paulo – SP

Telefone: (11) 3382-3000

www.nversos.com.br

nversos@nversos.com.br

Catherine Gueguen

POR UMA INFÂNCIA FELIZ

Uma nova educação de acordo com as descobertas recentes sobre o cérebro humano

Prefácio
Thomas d'Ansembourg

Tradução
Barbara Barbalat

Ao Bernard, pelo seu amor e apoio infalíveis.
Aos meus queridos filhos, Nicolas, Alice,
aos seus cônjuges, Cécile, Fred.
Aos meus netos: Valentine, Louanne e Raphaël.

SUMÁRIO

Prefácio | 9

Prólogo | 15

Capítulo 1 • A relação adulto-criança | 21

Capítulo 2 • O cérebro da criança, um cérebro imaturo | 55

Capítulo 3 • O cérebro, a afetividade e a vida relacional da criança | 69

Capítulo 4 • O cérebro da criança e o estresse | 127

Capítulo 5 • Neurônios fusiformes e neurônios-espelho na criança | 165

Capítulo 6 • As moléculas do bem-estar e da vida relacional | 175

Capítulo 7 • O prazer pela vida | 205

Capítulo 8 • A violência educativa comum | 217

Capítulo 9 • Ser pai, ser mãe | 241

Conclusão | 257

Bibliografia | 263

Guia de boas práticas em matéria de parentalidade nas empresas | 279

PREFÁCIO

Você não verá o ser humano da mesma maneira depois de ter lido este livro.

Apesar da nossa boa vontade, geralmente por desconhecimento e por hábito, temos a tendência a resumir outra pessoa pelo pouco que vimos ou ouvimos, e assumir essa impressão como uma verdade absoluta... Sob esse prisma extremamente superficial, ainda por desconhecimento e por hábito, temos tendência a tomar uma atitude de ação/reação "no calor do momento" a partir de informações que não foram analisadas, e principalmente, não foram analisadas com discernimento.

Desse hábito tão generalizado, resulta uma quantidade inimaginável de frustrações, mal-entendidos, violências explícitas ou veladas e acabamos montando uma "lasanha" com sucessivas camadas de incompreensões. Sem saber quem adicionou qual camada, acabamos acumulando sentimentos de fracasso e impotência, ou até mesmo um completo desânimo.

Inúmeros pais, mães e professores(as), que apesar de terem escolhido educar e cuidar de crianças, encontram-se com os nervos à flor da pele quando vivem relações dolorosas onde não há compreensão mútua. Essas pessoas, involuntariamente, acabam transmitindo um modelo de um adulto exatamente oposto do que gostariam.

Poderíamos evitar essa carência, essa miséria relacional e sair do que atualmente chamamos "analfabetismo emocional", se decidirmos pôr um fim à nossa ignorância e mudarmos os nossos hábitos.

É justamente esse o convite que nos faz a Doutora Catherine Gueguen, pediatra cuja profunda humanidade e grande conhecimento nos processos que "constroem" o ser humano eu tive a oportunidade de conhecer.

Catherine Gueguen facilita o acesso para quem se inicia na leitura em neurociências e a quem se interessa pelo educar, apresentando as recentes descobertas referentes à construção e ao funcionamento do cérebro. Ela nos esclarece particularmente sobre como a afetividade é construída, e por conseguinte como se formam a relação com seu próprio eu (autoconsciência, autoestima, autoconfiança), a relação com os outros (confiança, sinceridade, segurança), a capacidade de identificar e controlar suas próprias emoções, bem como, a capacidade de perceber e acolher as emoções das outras pessoas, a capacidade de colocar em prática ou não a empatia. Ela descreve como se desenvolvem as capacidades de discernimento, de organização, de planejamento, de interatividade frutífera e também de criação.

O que é particularmente novo e edificante, a sua descrição detalhada da relação direta que é estabelecida entre o ambiente afetivo em torno da criança, durante a gestação e os primeiros anos de vida, e o desenvolvimento de zonas no cérebro que são cruciais para executar essas habilidades.

É (quase) como o desembarque em um novo continente onde conhecemos apenas os limiares e o horizonte, e aos poucos, avançamos pelas margens, explorando suas trilhas. Sim, hoje em dia muitas pessoas sabem, mesmo que vagamente (mas não todas), que um ambiente afetivo que transmite segurança e afeto é "útil" ao bom desenvolvimento psicológico da criança. Porém, sabem que esse ambiente é indispensável ao bom desenvolvimento do cérebro?

Segundo a minha experiência sobre o que as pessoas geralmente entendem do cérebro, podemos resumidamente considerar que para a maioria:

- O cérebro da criança deve estar pronto para lidar e para entender tudo como um cérebro adulto desde os primeiros anos de vida; o simples hábito de falar *"Está na hora"*, ou *"Você está atrasado(a)"*, ou até mesmo *"Que coisa feia de se fazer"* para uma criança de 3 anos de idade e achar que essas noções serão recebidas e compreendidas da mesma forma que uma pessoa adulta, mostra perfeitamente a existência de uma "lacuna";
- O desenvolvimento do cérebro é homogêneo e linear;
- Se a criança não se comporta como o esperado, é porque ela está fazendo pirraça ou está de má vontade, e essas atitudes merecem

uma nota baixa, reprimendas, ameaças ou punições para que a criança aprenda a se comportar.

O livro que você tem em mãos nos mostra ou nos relembra outras informações:

- O cérebro é composto de partes diferentes que se desenvolvem em ritmos diferentes;
- As habilidades não são ativadas ao mesmo tempo. Algumas levam meses para se desenvolver, outras levam anos. E isso conforme as interações, ou seja, de acordo com um processo que não é simples nem linear, mas complexo e sistêmico;
- O ambiente afetivo (a qualidade e o clima das relações, isto é especialmente a segurança, a confiança, o carinho, a empatia) não é apenas um acessório útil e simpático, é o que condiciona o potencial de crescimento. O ambiente afetivo representa a condição fundamental que permite, ou não, o desenvolvimento de todas as habilidades do cérebro.

Ao passo que essas descobertas possam parecer muito óbvias para pessoas intuitiva e incondicionalmente amáveis e atenciosas, elas irão impor que inúmeros adultos (pais, mães, avôs, avós, cuidadores e profissionais da educação) revejam seus parâmetros e formas de pensar. Exigindo também que se desconectem de seus antigos hábitos para poderem desenvolver:

- A paciência e a capacidade de acolher a criança, de acordo com os ritmos, etapas e processos que fogem não apenas à "lógica relacional da criança obediente", mas também ao seu poder como pai, mãe ou profissional da educação;
- A inteligência emocional para compreender as interações, as mudanças repentinas, os mecanismos de ação, fuga e de "birra", a efusão de ternura assim como os rompantes de agressividade, a quietude e a introversão;
- A gentileza e o zelo, a capacidade de demonstrar carinho e empatia, e a capacidade de estar disponível e realmente "presente".

A paciência, a inteligência emocional, a gentileza, podem ser aprendidos, aperfeiçoados e desenvolvidos como a maioria das outras habilidades que possuímos: nós não estamos condenados a reproduzir o que sempre vimos e ouvimos! É especialmente por isso que o livro de Catherine Gueguen é urgentemente útil nos dias de hoje. O conhecimento que ele revela diz respeito a uma questão de saúde pública. Este livro nos indica um caminho para pacificar consideravelmente as relações humanas e a vida em sociedade.

Paul Wastlawik, pioneiro no estudo de sistemas relacionais humanos e primeiro especialista da natureza complexa e interativa das relações, constatou que "se fazemos o que sempre fizemos, vamos obter o que sempre obtivemos". Portanto, se em casa, na escola e em todos os outros lugares, queremos ter relações humanas mais pacíficas, mais respeitosas e porque não, mais felizes do que geralmente vivenciamos, devemos *agir diferentemente*. Mas, como vocês devem ter entendido, não podemos *agir diferentemente* se não aprendemos a *pensar diferentemente*. A chave da mudança está em nossa forma de pensar: *se eu penso diferentemente, eu ajo diferentemente e portanto vou obter coisas diferentes.*

Neste livro, a essência de pensar diferentemente significa começar a aceitar que em nossa cultura, assim como em diversas outras, apesar das nossas intenções mais generosas e nobres valores, a violência se infiltrou em nossa relação com as crianças desde do nascimento. Não conseguiremos mudar as violências intensas ou sutis, físicas ou psicológicas que envenenam a sociedade, sem encarar que desde a infância o cérebro humano é programado a ser submetido a certos padrões, que consequentemente os mesmos serão reproduzidos. Todavia, essa etapa ainda é muito difícil de ser vivida em coletivo, para a grande maioria das pessoas, a violência, ainda que sutil, é predominante na infância e continua sendo um tabu se não tocamos no assunto, ele não existe. Portanto, vivendo na ignorância de seus atos, muitas pessoas, em particular pais, mães e profissionais da educação, mantêm em seu modo de agir e pensar, um círculo de violência que eles afirmam combater.

A Dra. Catherine Gueguen corajosamente aborda este tema delicado, o da "violência educativa ordinária", do qual eu gostaria de discorrer o seguinte:

Em meu ver, a violência educativa não consiste apenas em sanções punitivas, corporais ou outras. Ela consiste no uso de repressões físicas ou psicológicas para obter (ou tentar obter) um resultado de uma criança: para que a criança faça (ou não) algo, diga (ou não) algo, tome (ou não) uma determinada atitude.

Na maior parte do tempo ela é utilizada com boas intenções: exprimindo a necessidade de transmitir valores sociais às crianças, como a disciplina pessoal, a dedicação para atingir um resultado, a aprendizagem, a evolução, a cooperação, a integração e o pertencimento, assim como a necessidade de estabelecer limites e regras. As pessoas que se envolvem com essa violência educativa, por um lado, ignoram o processo de amadurecimento cerebral. Por outro, ignoram a existência de outras maneiras de acompanhar o crescimento das crianças, especialmente aquelas em que podemos educá-las de forma generosa e afetuosa, sem punições ou recompensas. Essas pessoas também ignoram profundamente que seu sistema educativo é contraprodutivo e gera exatamente o oposto do que querem.

Primeiro, ocorre um impacto negativo imediato, como descrito por Catherine Gueguen no ambiente afetivo, na construção do cérebro, que pode provocar efeitos extremamente nocivos e algumas vezes irreversíveis, o que pode comprometer de forma significativa a vida social. Em seguida, existe um impacto a médio prazo. A esperar que as crianças ajam ou reajam sob o efeito da violência, estamos, na verdade perpetuando um mundo onde os(as) protagonistas reproduzem sistematicamente antigos padrões de poder. Somos testemunhas disso, há séculos podemos constatar que indivíduos agem, decidem, exigem, dirigem e controlam de maneira violenta suas relações quanto a si, a outras pessoas (especialmente mulheres e crianças) e quanto a natureza. Enquanto outros reagem, se rebelam, se submetem ou se desesperam de maneiras onde a violência é igualmente exercida, sobre si ou sobre outras pessoas.

A manutenção das relações de força (dominação-submissão) entre indivíduos adultos e crianças, instaura e mantém uma linguagem trágica que tende a programá-los(as) à violência por toda a vida. Essa programação seria:

"*Quando não entramos em um acordo, a única forma de resolver o conflito é dominar ou dominar-se.*" Desta maneira, perpetuamos um modelo de mundo onde prevalecem as tensões e as divisões, a desconfiança com relação à diferença ("Serei amado(a) e respeitado(a) pelas minhas diferenças?") ou o medo do outro, a competição ou a fuga, mas raramente a confluência, a confiança, a aceitação, o entendimento e o respeito à diferença, o senso e o gosto da colaboração e da sinergia.

Perpetuamos, portanto, um modelo de mundo que produz mais tirania, rebeldia e submissão, mais indivíduos agressivo hiperativo e tímido depressivo, mais indivíduos que buscam um pseudoconforto em todo tipo de compensação ou dependência (e quando o vício não for uma tentativa desesperada de agradar ao mundo e não desagradar a ninguém), do que pessoas *em paz consigo mesmas*, assertivas, equilibradas e gentis, que conhecem e usam com habilidade suas forças e fraquezas, que sabem dizer "sim" e "não" quando julgam necessário, que saboreiam a felicidade de poderem ser quem são e de se tornarem quem quiserem ser. Por meio de meu trabalho, constato regularmente que nossas evoluções pessoais beneficiam e estimulam a evolução coletiva. Desta maneira, estou convencido de que o desenvolvimento individual profundo (seja ele psicológico, humanístico, espiritual, ou os três) é a chave de um desenvolvimento social durável. Desejo, portanto, que este livro ajude a inúmeros indivíduos que querem uma vida melhor para si e para outrem, a compreenderem melhor o humano que existe dentro de si e dos outros, para podermos valorizar cada vez mais a vida das crianças em cada uma de suas etapas, que possamos nos encantar de vivermos juntos e que possamos aprender a nos amar sem condições.

Thomas d'Ansembourg

PRÓLOGO

"Não aguento mais. Max e Nina são insuportáveis, eles não param de fazer bagunça e pirraça, eles não me ouvem e desobedecem o tempo todo. Devo me preocupar? Acho que eles têm algum distúrbio comportamental. Não é normal que se comportem dessa forma com 3 e 4 anos de idade. O que vai ser deles? Será que vão se tornar delinquentes como vemos na televisão? Eu faço o que tem que ser feito, sou firme, uso minha autoridade como dizem que temos de fazer. Eles ficam de castigo. Por vezes levam uma boa palmada para aprenderem. Enfim, eu faço tudo certinho. Mas tenho a impressão que eles ignoram. Foi assim que me educaram e acredito que me fez bem. Mas com meu filho e minha filha, não está funcionando. Eles não melhoram nunca. Isso me preocupa, gostaria de saber a sua opinião."

Estes são os questionamentos que foram repetidamente feitos pelos pais durante minhas consultas de pediatria e que me levaram a escrever este livro. Estas questões mostram a profunda preocupação deles com relação às suas crianças. Em desespero, recebendo informações em excesso, muitas vezes contraditórias, eles não sabem mais o que fazer, pois possuem um déficit de noções básicas sobre o desenvolvimento de uma criança e não têm tempo para conhecer seu próprio filho. Isso pode ser explicado pelo fato dos pais muitas vezes ignorarem o que é uma criança, como ela se desenvolve, o que ela é capaz de fazer e de compreender.

Os consideráveis progressos efetuados nos últimos anos no campo das neurociências afetivas nos dão cada vez mais respostas para esses questionamentos, especialmente sobre as emoções, a afetividade, as relações com os outros, a vida social. Elas ajudam a conhecer e entender melhor a criança, a descobrir suas necessidades básicas, o que poderá contribuir, ou contrariamente, ser um obstáculo a um desenvolvimento harmonioso. Por exemplo, durante os primeiros anos de vida, a criança não consegue controlar muito bem as emoções, ímpetos e a relação adulto-criança geralmente é marcada por conflitos.

Esta é uma das grandes dificuldades que os pais e as mães encontram. Quando percebem que o comportamento de seus filhos é em parte causado pela imaturidade do cérebro, entendem então que a criança "não faz de propósito" e ficam mais tranquilos com relação à sua "normalidade". A partir disso, eles são capazes de adotar uma atitude mais compreensiva e adaptada à idade da criança.

Quando debatemos sobre apego e as relações humanas, a introdução das ciências pode levar ao receio de que o ser humano seja resumido apenas no âmbito biológico. Porém, entender os determinantes biológicos de nossa maneira de ser, de nossas reações psicológicas e afetivas quando nos relacionamos com o outro, conhecer as respostas corporais de quando sentimos uma emoção ou sentimento, não reduz em nada o charme e o mistério das relações humanas. Muito pelo contrário, nosso entendimento dos determinantes biológicos pode nos ajudar a ter mais empatia para conhecer e compreender melhor as outras pessoas. Isso nos permite aprender e aceitar que a realidade da nossa condição humana é feita de interações indissociáveis entre o nosso corpo, nossos sentimentos, nossos pensamentos e o ambiente que nos cerca. Especialistas em astronomia que tentam entender o Universo e observam as estrelas, a Lua, o Sol, as Nebulosas, a Via Láctea, os Buracos Negros, se surpreendem continuamente diante da magia e do mistério do cosmos. E à medida que seu conhecimento se amplia, mais a complexidade do Universo lhes impressiona e encanta, é assim com os cientistas que começaram a pesquisar e explorar os enigmas e mistérios das emoções e dos sentimentos que os indivíduos vivenciam em suas relações, em seus laços parentais, amicais, amorosos ou sociais. Dentre os pioneiros, podemos citar Allan Schore, pesquisador em neurociências afetivas, que dirige o departamento de psiquiatria na Universidade de Los Angeles, Richard Davidson, responsável pelo laboratório de neurociências afetivas de Wisconsin, Jaak Panksepp, diretor de pesquisas em neurociências afetivas na Universidade de Ohio, John Cacioppo, responsável pelo departamento de neurociências sociais da Universidade de Chicago.[1] Eles nos mostram

---

1. Schore, 1994, 2008; Davidson, 2003; Panksepp, 2011; Cacioppo, 2011. (As referências completas de artigos e publicações citadas se encontram na bibliografia situada no final deste livro).

uma visão entusiasmante e completamente inovadora que pode nos ajudar a melhorar nossas relações afetivas e sociais.

A afetuosidade de uma criança, o desejo de estabelecer relações começam desde os primórdios de sua vida. Já na barriga, durante a gravidez, o feto é sensível aos indivíduos que o cercam. Ao se deparar com uma voz gentil, com um contato carinhoso e respeitoso, a criança é estimulada e vai ao encontro desse indivíduo afetuoso. Em contrapartida, ela fugirá diante de uma voz desagradável, um contato inapropriado, estranho, brusco ou tenso. Ainda bem pequeno, o bebê já sabe o que é agradável e bom para si. E fica no aguardo de um sinal das pessoas que lhe deram a vida para ir ao seu encontro. Quando pais e mães demostram sua presença delicada e terna, eles despertam no bebê uma faísca para uma vida afetiva e relacional.

Após o nascimento e durante toda a sua vida, esse novo ser buscará estabelecer relações afetivas, amicais ou amorosas satisfatórias. Essas relações algumas vezes serão felizes, capazes de atender ao desejo de amor, de harmonia e de aceitação, outras vezes, elas serão desapontadoras, levando a pessoa a uma insatisfação profunda e a um sentimento de incoerência e frustração. Os seres humanos se estruturam psicológica e afetivamente por meio das experiências relacionais e da confrontação por vezes conturbada com outrem. Eles buscam e constroem sua identidade, se comparam com outras pessoas, criam laços e tentam encontrar uma plenitude e sua própria razão de ser. Uma das maiores felicidades do ser humano, é a de poder viver relações afetivas gratificantes. O que acontece nos relacionamentos humanos? Como nos tornamos um ser humano empático, que respeita as outras pessoas e é capaz de viver em sociedade?

No cérebro, uma quantidade importante de moléculas, células e circuitos é destinada às relações emocionais, afetivas e sociais, o que nos permite estabelecer uma relação com outros indivíduos. O ser humano é acima de tudo um ser social, um ser de interações, cuja sobrevivência e bem-estar estão ligados aos outros indivíduos. Um cérebro isolado perde o sentido, pois o ser humano não existe se não por sua troca incessante com seu entorno social. Os fenômenos biológicos influenciam as relações sociais, que por sua vez, possuem uma incidência na biologia e no cérebro de uma pessoa.

O ambiente onde vive uma criança, a conduta, o comportamento das pessoas à sua volta impactam de forma determinante a sua vida futura. Os primeiros anos de vida, da concepção até cerca de 6-7 anos de idade, é a base da existência humana, onde suas raízes são formadas. Cada relação vivenciada pela criança nesses primeiros anos será decisiva. Durante esse período, o cérebro, extremamente imaturo, está em pleno desenvolvimento. A criança pequena é frágil, maleável e influenciável. Seu cérebro apresenta uma grande capacidade de plasticidade que permite "gravar" novos circuitos de todas as suas experiências, sejam elas positivas ou negativas.

Se desde cedo os adultos são capazes de compreender o que ajudará a criança a crescer harmoniosamente, também saberão quando a adolescência chegar, qual caminho adotar para continuarem a ter relações agradáveis e satisfatórias.

Este livro é para todas as pessoas adultas que estão em contato com crianças: pais, mães, familiares, profissionais da educação e da infância. Ele também poderá interessar a todas as pessoas que se preocupam com o desenvolvimento dos seres humanos, já que ele aborda a evolução do cérebro infantil assim como os fatores que contribuem para um bom crescimento.

Se em pouquíssimos anos, os adultos conseguiram dominar e entender o funcionamento dos computadores e da internet, por qual motivo eles seriam incapazes de descobrir e aprender como funciona seu próprio cérebro e especialmente o das crianças. Espero que partir em descoberta deste fascinante "continente" seja uma aventura prazerosa.

Sendo assim, trata-se de pais, mães e crianças, de suas relações, frequentemente marcadas pela incompreensão e de diversos métodos educativos. Assim como todos os outros adultos que convivem com crianças no ambiente de trabalho, no ambiente familiar e cotidiano.

Existem diversas formas para criar uma criança, e todas estão sujeitas a inúmeras controvérsias. Interrogaremos sobre a educação que recebemos e aquela que atualmente recebem as crianças em suas famílias e escola. Questionaremos se o conhecimento do cérebro infantil pode ajudar os adultos nas relações com a educação das crianças. Buscaremos quais condições podem favorecer o desenvolvimento da criança e quais eventos podem ser obstáculos. Tentaremos refletir sobre a intrigante questão da origem da violência nos seres humanos. E sobre isso, tentaremos entender porque a violência educativa ainda é tão corriqueira.

Ao final deste livro, espero que você possa trilhar, com as crianças, um caminho de maior segurança, confiança e felicidade.

1

A RELAÇÃO ADULTO-CRIANÇA

"Só há um luxo verdadeiro, o das relações humanas."
Saint-Exupéry, *Terra dos homens*

Durante a gravidez, os pais sonham e frequentemente idealizam a relação que terão com sua criança, e depois que o bebê nasce, percebem que essa relação não é tão simples quanto pensavam. Geralmente pais e mães transbordam de alegria por terem um bebê, mas após o nascimento, rapidamente eles se sentem submersos pelas limitações do cotidiano, pelo comportamento da criança e têm a sensação de que não são bons o suficiente. *"Cuidar de um bebê é realmente difícil. Eu não sabia que era assim. Ninguém me explicou nada. Eu não esperava por isso. O que eu faço?"*
As limitações do dia a dia, o trabalho, a falta de experiência com a criança, lidar com o próprio filho, a enxurrada de palpites, a educação recebida previamente e o isolamento social podem rapidamente causar prejuízos na relação dos pais com suas crianças.

As dificuldades da relação adulto-criança

O primeiro mês

Logo após o parto, a mãe pode atravessar momentos de fragilidade emocional, usualmente conhecido como "baby blues". Essa condição se manifesta no terceiro dia após o parto e dura um curto período, no máximo alguns dias. A mãe fica com as emoções à flor da pele, ela chora facilmente, se sente perdida, incompetente, exausta, impotente diante desse bebê que exige tanto. Sua angústia é profunda. *"Eu nunca serei uma boa mãe. É muito difícil! Eu não consigo. Não sei o que o bebê quer. Não aguento mais. Eu não sei nem se eu amo essa criança e isso me assusta!"* E então, ela retoma as rédeas e encontra a força necessária para cuidar de seu recém-nascido. As causas do "baby blues" são diversas: turbulência emocional, preocupação com o bebê, responsabilidade de ser mãe, que pode ser percebida como algo avassalador. Tudo isso adicionado ao cansaço do parto, as noites mal dormidas e a brusca queda de hormônios. Entretanto, se essa condição perdurar e se tornar mais intensa, talvez seja o caso realmente de uma depressão. pós-parto, e uma consulta médica deve ser rapidamente efetuada.

Alguns homens também podem se sentir fragilizados com o nascimento de um filho, vivenciando uma confusão de sentimentos de incompetência, impotência, raiva, ansiedade, porém são condições menos frequentes do que as observadas nas mulheres.

É geralmente na chegada do primeiro filho que os pais passam por essas sensações tão conturbadas. A responsabilidade de cuidar desse pequeno ser tão frágil pode causar apreensão, especialmente se nunca tiveram crianças pequenas ao seu redor. Em sua grande maioria os pais e mães de primeira viagem precisam apenas de um pouco de tempo para conhecerem e entenderem seu bebê, assim ficarão mais autoconfiantes.

Apesar de estarem felizes por terem uma criança, o cansaço e as emoções estão bem presentes, e os adultos acabam se sentindo perdidos. Suas vidas são transformadas. Esse bebê ocupa o espaço, e é um espaço muito grande. Os adultos passam a levar uma vida com maiores preocupações. Eles são responsáveis pela vida de um ser totalmente dependente deles, que exige muita dedicação em termos de atenção, carinho e tempo. Alguns pais e mães se irritam e ficam com raiva de seus filhos pela privação de sua liberdade. *"Eu não aguento mais. Eu estou à flor da pele, estou a ponto de explodir..."* Eles não tinham consciência de que uma criança exigiria tanto de seu tempo, de cuidados, de atenção. Um sentimento de ressentimento surge, pois sentem que não podem mais viver "como antes". E se a criança chora frequentemente, o nível de tolerância desses pais e mães pode ser rapidamente atingido e ultrapassado. Quanto ao casal, eles vão enfrentando um dia após o outro. A chegada de uma criança muda a rotina e pode até criar um distanciamento entre o casal. A mãe concentra-se no bebê, para quem ela direciona grande parte de seu carinho, atenção e energia. O cônjuge pode se sentir esquecido, abandonado ou até mesmo rejeitado. Podem surgir tensões entre os dois, principalmente quando o casal já discordava com frequência. Isso pode terminar em separação do casal. Porém, quando existe uma grande cumplicidade, esses momentos são enfrentados como uma fase normal onde a atenção é dedicada em prioridade à criança. O casal supera as dificuldades inerentes aos primeiros meses de vida do bebê e progressivamente recupera seu equilíbrio.

Encontrar um equilíbrio entre família e trabalho cuidar das crianças e educá-las poderia ser realmente dividido entre o casal

Atualmente, na França[2], a licença maternidade remunerada é muito breve: apenas dois meses e meio para o primeiro e segundo bebê. O que não atende às necessidades de uma criança dessa idade, cujo desenvolvimento nos primeiros meses de vida requer uma presença individualizada, afetuosa e extremamente atenta, como veremos em seguida.

Na França, mesmo se uma maior quantidade de pais participa e cuida com prazer de seus filhos, a responsabilidade de criar uma criança ainda é majoritariamente da mulher: 97% de quinhentos e trinta e seis mil pessoas que tiram licença parental são do sexo feminino. Existe uma licença parental, porém mal remunerada. Ela pode ser tirada, de acordo com determinadas condições da previdência social, durante seis meses para um primeiro filho, os três primeiros anos de

---

2. No Brasil a legislação prevê os seguintes prazos de licença-maternidade: 120 dias para parto. 120 dias para adoção de crianças até 12 anos de idade ou guarda judicial para fins de adoção de crianças até 12 anos de idade. Fonte: <https://www1.folha.uol.com.br/mercado/2023/10/saiba-como-funciona-o-pagamento-da-licenca-maternidade.shtml>. Acesso 23/01/2024. N.E.

vida para um segundo ou terceiro filho.³ Essa baixa remuneração não permite que muitos pais e mães tirem a licença, mesmo que tenham esse desejo.

> Após o nascimento, o benefício de uma licença parental suficientemente longa e remunerada durante o primeiro ano de vida da criança, podendo ser dividida entre o casal, seria um grande investimento para o futuro e para a sociedade na totalidade, que atenderia realmente as necessidades fundamentais de um bebê. Uma criança com uma base sólida se desenvolve harmoniosamente tanto no plano físico quanto psicológico e se transformará, na maior parte do tempo, em uma pessoa adulta realizada. Os países nórdicos, que possuem licenças parentais longas e bem remuneradas, não são penalizados em termos econômicos, ao contrário, suas crianças e adultos apresentam um desenvolvimento harmonioso e saudável, e isso é um grande benefício para a sociedade.

O equilíbrio entre vida familiar e trabalho seria obtido mais facilmente se tanto pais quanto mães dividissem o tempo dedicado à criança, conforme feito em alguns países nórdicos. Quando nos tornamos pais e mães, o tempo destinado ao trabalho e ao bebê é uma problemática central, que gera muitos questionamentos e tensões que afetam a relação com a criança. A maioria das mulheres deseja trabalhar, mas muitas dentre elas gostariam de passar mais tempos com os filhos. Uma certa quantidade de homens também gostaria de fazer o mesmo.

Na maioria dos países do ocidente, cabe à mulher de escolher se quer ou não trabalhar, ou adaptar seu tempo de trabalho após o nascimento da criança. Isso geralmente provoca uma certa culpabilidade tanto na mulher que fica em casa, quanto naquela que tem que trabalhar. Algumas mulheres não têm escolha e querendo ou não, por questões financeiras, precisam retornar ao trabalho rapidamente. Outras têm

---

3. Para mais detalhes, consulte o site do CaF, www.caf.fr

a possibilidade de escolher, e para essas mulheres, a chegada de uma criança pode alterar completamente como elas enxergam a vida. Ao passar das semanas, o apego e o afeto por essa criança se desenvolvem, e separar-se dela e não poder estar com ela em tempo integral, pode se tornar um grande sofrimento. Essas mulheres podem atravessar crises existenciais extremamente dolorosas. Elas não sabem mais o que escolher, se sentem divididas entre o desejo de ficar com a criança e o de voltar ao trabalho. Elas precisam encontrar um novo equilíbrio.

Antony, 2 meses de vida, dorme relaxadamente no colo de sua mãe. Ela me diz em um tom agitado: *"Não consigo acreditar. Eu que sempre privilegiei a minha carreira profissional, que sempre fui batalhadora e almejava ter sucesso, não tenho vontade de voltar ao trabalho. Eu me sinto transtornada, estou dormindo mal, tenho pesadelos horríveis onde abandono meu filho, que fica sozinho e morre de tanto chorar. Eu não sabia que seria capaz de amá-lo tanto. Eu o acho incrível! Quero lhe dar carinho, protegê-lo, mostra-lhe o mundo. Mas se eu não voltar para o meu trabalho, vou ficar malfalada e tenho medo de perder o meu cargo e acabar ficando sem emprego. Eu não sei o que fazer... Se eu ficar em casa, vou ficar com raiva de mim mesma por não trabalhar mais e se voltar ao trabalho, vou me sentir culpada por não cuidar suficientemente do meu filho. É horrível!"*

Quase sempre, durante o primeiro ano de vida de uma criança, as mulheres adotam posturas bem diferentes. Algumas param de trabalhar por alguns anos. Outras tiram uma licença parental de alguns meses e ficam satisfeitas. Outras tomam a mesma decisão com grande entusiasmo no início e progressivamente perdem o interesse de ficar em casa com a criança e querem retornar ao trabalho. E uma pequena parcela dentre elas experimenta um verdadeiro quadro depressivo por ficarem cuidando da criança. Por fim, algumas decidem reduzir sua carga horária ou mudar o horário de trabalho para poderem desfrutar de mais tempo com seus filhos.

Quando a mulher consegue encontrar um equilíbrio de vida satisfatório, ela se sente bem no trabalho e com sua família.

Muitas mulheres querem aproveitar sua vida ao máximo e desejam se sentir plenamente realizadas, ou seja, elas querem ser elas mesmas, enquanto indivíduo, mas também como mães e mulheres. Elas gostariam de poder se sentir realizadas por meio do desenvolvimento de seus dons, talentos, do trabalho, do artesanato, de expressões artísticas etc. Elas gostariam de viver plenamente a maternidade e ter tempo de qualidade para viver uma relação afetiva e educativa com a criança. E, por fim, gostariam de ser mulheres e ter tempo de viver uma relação afetiva com o cônjuge.

Esses desejos de sucesso e realização, apesar de legítimos, levam as mulheres a se questionarem profundamente e com frequência se sentem culpadas. O equilíbrio ideal entre trabalho e família é uma definição. Uma escolha extremamente pessoal, que deve ser reconsiderada ao longo da vida, dependendo tanto do ambiente social e familiar, da idade das crianças, das escolhas de vida, do entendimento do casal, da motivação e interesse pelo trabalho, mas também dos recursos financeiros de cada pessoa e família.

O tempo de trabalho deveria ser pensado com mais flexibilidade ao longo da vida e não ao longo de uma semana

Ajustar o tempo de trabalho em função da evolução da vida da família e da idade das crianças pode ser um bom início.

Conforme a criança cresce, disponibilizar de uma maior flexibilidade nos horários de trabalho no final do dia permitiria que as pessoas dedicassem mais tempo à família. O tempo que as crianças ficam em casa é relativamente curto se comparado ao tempo de toda uma vida. Por outro lado, quando os filhos já estão crescidos, as mulheres estão novamente 100% disponíveis profissionalmente e muitas gostariam de trabalhar em tempo integral. Mais uma vez, o equilíbrio entre família e trabalho seria atingido com maior facilidade se tanto pais quanto mães dividissem igualmente o tempo a ser dedicado às crianças.

Com as novas gerações, as mentalidades começam a evoluir. Uma iniciativa foi tomada com a criação de um observatório de parentalidade (na França) em empresas que em 2013 destacava: "de fato, 75% dos pais-colaboradores consideram que a empresa ou instituição onde trabalham 'não faz muito esforço' para que conciliem mais facilmente a vida profissional e familiar. Concretamente, as medidas que mais suscitam expectativas por parte dos pais/mães-colaboradores dizem respeito à gestão do tempo: 30% desses colaboradores gostariam que 'regras simples da vida cotidiana' fossem seguidas, como, por exemplo, evitar reuniões muito cedo pela manhã ou muito tarde, no final do dia', 22% citam o interesse por 'licenças maternidade/paternidade remuneradas', 18% citam uma maior flexibilidade das 'licenças paternidade e parentais'".

Esses problemas afetam a qualidade de vida cotidiana de milhões de franceses e francesas. Estando em parte associados a importantes questões econômicas e sociais: a saúde e qualidade de vida no trabalho, o lugar das mulheres nas empresas, o desempenho econômico durável de indivíduos e empresas, a educação das crianças e a natalidade contínua."[4]

Atualmente estamos atravessando um período de crise econômica que faz aumentar a tensão entre as pessoas e não ajuda a estabelecer uma relação tranquila entre adultos e crianças. Quando o adulto vive em uma situação precária e possui um trabalho estressante, essa pressão é refletida de forma extremamente negativa no ambiente familiar e especificamente na relação adulto-criança. Os pais cansados, ansiosos e irritados não estão plenamente disponíveis para atender às crianças.

Assim como muitos outros fatores também são fontes de estresse.

O pouco tempo que os pais se dedicam na interação com a criança é um verdadeiro problema

Esse curto tempo provoca um enfraquecimento dos laços afetivos, uma incompreensão da criança, o que leva a muitos desentendimentos. Geralmente, o casal trabalha fora e volta tarde para casa. Os adultos estão cansados, preocupados e ocupados. A casa precisa ser

---
4. Mais informações em www.observatoire-parentalité.com

organizada, o jantar precisa ser preparado. Sobra, então, pouquíssimo tempo para passar com a criança em uma interação harmoniosa e de qualidade.

Enquanto pais e mães cuidam dos afazeres, a criança fica colada a uma tela. De fato, após a escola, a criança fica uma grande parte do tempo diante do *smartphone*, televisão, *tablet*, videogame etc. Em 1999, em uma publicação no *British Medical Journal*, a americana Miriam Baron, pediatra, nos revela que as crianças passam em média 21minuto por semana, ou seja, três horas por dia, diante da televisão, sem contar as outras telas, enquanto o tempo de interação adulto-criança é extremamente curto, em média 38 minutos por semana. Segundo o Conselho Superior de Audiovisual (CSA), em 2009, as crianças entre 4 e 10 anos de idade veem televisão durante 2 horas e 12 minutos por dia. Em 2012, esse tempo não diminui, segundo a *Eurodata TV Worldwide*, ele é de 2 horas e 18 minutos por dia.

Existem pouquíssimos estudos sobre o tempo que os pais e mães dedicam às crianças.

Um estudo do INSEE (Institut national de la statistique et des études économiques) de 2010, mostra que as mulheres, tendo ou não um emprego, passam muito mais tempo com as crianças do que os homens. Neste tempo incluem-se "os cuidados de higiene e assistência, o transporte, a sociabilização (beijos, abraços, conversas, leituras, brincadeiras em casa, brincadeiras e atividades exteriores), o trabalho escolar". As mulheres francesas dedicam em média 58 minutos por dia aos cuidados de higiene e assistência, 19 minutos ao transporte, 13 minutos à sociabilização e 7 minutos ao trabalho escolar. Portanto, a sociabilização representa apenas 13 minutos por dia. Segundo o mesmo estudo, os homens franceses dedicam em média 20 minutos por dia aos cuidados de higiene e assistência, 10 minutos ao transporte, 11 minutos à sociabilização e 3 minutos ao trabalho escolar.[5]

---

5. O Instituto Brasileiro de Geografia e Estatística (IBGE) publicou um estudo por região brasileira. Disponível em: Instituto Brasileiro de Geografia e Estatística < https://agenciadenoticias.ibge.gov.br/agencia-sala-de-imprensa/2013-agencia-de-noticias/releases/27877-em-media-mulheres-dedicam-10-4-horas-por-semana-a-mais-que-os-homens-aos-afazeres-domesticos-ou-ao-cuidado-de-pessoas> Acesso 04/02/2024. N.E.

Esse exíguo tempo de interação entre adultos e criança não é compatível com uma relação realmente qualitativa e empática. A compreensão entre a criança e o adulto é dificultada. Criar uma criança na qual não conhecemos e não compreendemos se torna uma tarefa extremamente árdua. Porém, pais e mães não são os únicos envolvidos nessa questão. Os profissionais da infância nas creches, nas escolas, nas atividades extraescolares, geralmente possuem um grande número de crianças para cuidar ao mesmo tempo, e também não dispõem de carga horária suficiente para estabelecer uma relação satisfatória com cada aluno.

A maioria dos adultos desconhece as etapas de amadurecimento emocional e afetivo da criança

Os adultos sabem perfeitamente quando vão nascer os dentes da criança. Estão sempre atentos às etapas de desenvolvimento motor da criança e em qual momento ela "deve" sentar ou andar. Assim como as etapas do desenvolvimento cognitivo, a idade da leitura etc. Mas poucos adultos conhecem as etapas do desenvolvimento afetivo e das reações emocionais. Esse desconhecimento faz com que os adultos tomem atitudes que na maioria das vezes não estão adaptadas à idade da criança e que podem ser extremamente prejudiciais.

A criança muda ininterruptamente ao longo de seu crescimento e os adultos se adaptam mais ou menos bem a essa constante evolução. Um bebê de 6 meses de vida é completamente diferente de um de 3 meses de vida. Seu comportamento muda, suas reações emocionais, suas necessidades, que não são as mesmas, e isso ocorrerá durante toda a sua infância. Se os adultos estivessem a par das diferentes etapas da evolução afetiva da criança, provavelmente teriam respostas mais adaptadas às necessidades específicas de cada idade.

A enxurrada de palpites

Outra coisa que não facilita a tarefa de criar uma criança é a quantidade, e geralmente divergentes, de palpites. Os programas de televisão, os inúmeros livros sobre o assunto, as informações na internet levam os adultos a uma grande confusão. Além de terem que ouvir os "bons" conselhos da família, de amigos e de colegas de trabalho, que são muitas vezes contraditórios: *"Faça isso, faça aquilo, não faça isso ou aquilo"* etc. Pais e mães se sentem desamparados, sem saber o que fazer com a criança: *"Mas então, o que eu tenho que fazer? Eu não sei mais."* Apesar da boa intenção dos "conselheiros", esses palpites são muitas vezes inadequados, pois essas pessoas não vivem com a criança e, portanto, não a conhecem. Elas não podem compreender a situação realmente, e seus conselhos descontextualizados acabam perturbando pais, mães e profissionais da infância.

O respeito das necessidades fisiológicas da criança: as refeições e o sono

Se precisamos saber mais sobre o bom desenrolar da relação entre pais, mães e crianças, basta perguntar sobre como são os momentos das refeições e do sono da criança. De fato, esses momentos, tanto as refeições como a hora de dormir, cristalizam uma grande quantidade de tensões entre os adultos e seus filhos, e situações como essa podem gerar grandes dificuldades na relação. Esses momentos delicados giram em torno de questões onde se misturam os aspectos fisiológicos, as convenções sociais, os hábitos culturais e a vontade dos pais. Eles querem sempre "o melhor" para os seus filhos. Eles desejam ter uma criança "bem" educada, saudável, que dorme e come bem. A intenção é sempre a de agir para o "bem" da criança.

Mas a maneira de agir, nem sempre é a melhor para a criança. Quando um adulto decide: *"Está na hora de dormir, está na hora de comer"*, sem se preocupar em saber como realmente está o nível de cansaço ou de fome da criança, ela acaba por perder a confiança em si, fica confusa, não sabe mais o que está sentindo e perde uma parte de seu autoconhecimento, indispensáveis para conduzir sua vida com serenidade. A criança não sabe mais quando está com sono ou fome.

A necessidade dos pais e mães de terem um momento para si

Conseguir viver feliz com seus filhos exige um certo equilíbrio entre suas próprias necessidades e as da criança. *"Eu não aguento mais, volto para casa cansado(a) e estressado(a) do trabalho, e imediatamente meu filho(a) vem ficar grudado(a) em mim. Eu preciso de espaço, preciso de um tempo para respirar."* Quando os pais conseguem arrumar tempo para cuidarem de si, sem se culpabilizar, muito provavelmente também conseguirão encontrar a força necessária para cuidar da criança de forma prazerosa. Caso contrário, de forma consciente ou inconsciente, ficarão ressentidos contra a criança, que será, consequentemente, penalizada. Cabe aos pais encontrarem o ritmo (uma noite, um final de semana...) no qual ambos poderão ter um momento para si ou para o casal.

O isolamento dos pais

Com a chegada do primeiro bebê os adultos podem ficar desorientados, percebem que cuidar de uma criança é complexo. Eles gostariam de interagir com outras pessoas, mas acabam ficando isolados com seus questionamentos, com medo de serem julgados ao falarem das dificuldades.

Eles dizem que "está tudo bem". E de fato, falar dos problemas enfrentados com o seu filho não é nada agradável, e faz despertar emoções, sentimentos, observações muito pessoais onde as lembranças da própria infância se misturam, aparecem a culpabilidade de não ser um "bom" pai ou uma "boa" mãe, o medo do julgamento das outras pessoas e o receio de questionar-se. Existem diversas associações ou grupos de apoio e consultas com especialistas onde pais e mães poderiam falar sobre suas dificuldades. Porém, nem todas as pessoas sabem da existência desse tipo de suporte, e frequentemente o medo do julgamento acaba sendo um empecilho.

De maneira oposta, existem pais e mães que gostariam de compartilhar suas preocupações, que gostariam de poder falar com suas famílias, porém a distância dificulta essa troca. É importante lembrar, também, que para as inúmeras famílias monoparentais, a sensação de solidão é ainda maior. Em 2013, na França[6], 19% das famílias eram monoparentais. Quando um pai ou uma mãe se encontra sozinho com sua criança, esse isolamento pode ser muito nefasto, pois o adulto remói suas dificuldades e não consegue compreendê-las. A relação com a criança vai se deteriorando.

A educação recebida pelo adulto

Para o resto de sua vida, um adulto ficará profundamente marcado pela sua infância e história familiar. Esta se repercutirá na sua visão, na sua relação e na forma de educar as crianças.

O adulto, seja ele pai, mãe, profissional da infância ou outro, manifesta emoções, sentimentos e atitudes muito diversas com relação à criança, que são, em parte, determinadas pela sua própria vivência durante a infância. Alguns adultos se sentem naturalmente à vontade e felizes com crianças ao seu redor. Outros tentam interagir, mas são um pouco desajeitados e ficam perdidos. Por fim, alguns manifestarão uma indiferença, ou até mesmo desprezo com relação à criança, e em alguns casos agressividade e rejeição.

As formas como os adultos podem interpretar uma criança são diversas, desde considerar a criança como um indivíduo adulto, que é capaz de entender tudo e a quem podemos dar responsabilidades de adulto, e contrariamente, considerar a criança como completamente ignorante, que deve se calar, se submeter e que pode até mesmo ser maltratada e explorada.

Ao enumerarmos todas essas dificuldades que pais e mães podem enfrentar, percebemos que a relação com a criança é particularmente sensível, delicada e apresenta muitos momentos atribulados.

---

6. No Brasil, o modelo tradicional de família que, em 1995, correspondia a aproximadamente 58% das famílias brasileiras passou para 42%, na Pesquisa Nacional por Amostra de Domicílios (Pnad) de 2015. Formatos diferentes desse já são maioria: mulheres sozinhas com filhos, pais divorciados que constituíram novas famílias, crianças adotadas por casais homoafetivos, entre outras, são algumas das configurações que vemos por aí cada vez mais. Fonte: < https://revistacrescer.globo.com/Familia/Novas-familias/noticia/2018/12/varias-configuracoes-das-familias-brasileiras.html>. Acesso 23/01/2024. N.E.

Contudo, salvo os adultos que são incapazes de se preocuparem com seus próprios filhos, a maioria dos pais e mães ama sua criança e deseja manter uma relação de qualidade com ela, e ter um verdadeiro encontro.

O ser humano é acima de tudo um ser social

A relação humana é indispensável e é uma das prioridades dos seres humanos, porém ela pode apresentar muitas dificuldades. O paradoxo está bem diante de nós: o ser humano deseja se relacionar com outras pessoas, contudo, essa relação tão esperada, tão desejada, é na realidade caótica e precária.

As neurociências afetivas e sociais nos ensinam que nosso cérebro é realmente projetado para os relacionamentos. Tudo leva à sociabilidade. Nosso cérebro é totalmente voltado para o mundo ao nosso redor. Uma grande parte das moléculas, células e circuitos cerebrais participam e contribuem para o desenvolvimento dessa função. Relacionar-se com outras pessoas é a nossa essência. E qualquer tipo de relação é importante. Até mesmo as relações que julgamos mais triviais deixam marcas. Cada uma delas tem a capacidade de provocar mudanças em nós, de afetar o nosso corpo, nosso cérebro, nossas emoções, nosso espírito, nosso ser.

Consequentemente, as pessoas com quem mais convivemos possuem uma grande influência sobre nós. Como também, nossa maneira de ser também repercutirá nessas pessoas. Quando as relações são harmoniosas ocorre uma repercussão benéfica nas pessoas e em sua saúde global, física e emocional. Inversamente, quando as relações são conflituosas, os efeitos podem ser muito nocivos para o funcionamento cerebral e ocasionar tormentos psicológicos e distúrbios somáticos.

Com relação a isso, a psicóloga Margot Sunderland, responsável pelo centro de saúde mental infantil de Londres, diz: "Para termos um equilíbrio mental e sermos felizes, é imprescindível que tenhamos relações verdadeiramente humanas. A qualidade do contato que estabelecemos com as outras pessoas é sem dúvida um dos fatores mais cruciais para o nosso bem-estar, pois a relação que temos com outrem implica em uma relação profunda com seu próprio ser e com a vida toda."[7]

A relação ideal

Encontrar e interagir com outras pessoas está em nossa essência. Mas, o que desejamos nas relações com as outras pessoas? Quando nos interrogamos sobre isso, a mesma resposta emerge para todos os seres humanos, mesmo que nem todos tenham consciência disso. Desde o primeiro momento de vida até o último respiro, os seres humanos desejam primeiramente ser amados, mas também ouvidos, respeitados e reconhecidos. Particularmente, desejam que suas emoções, sentimentos e desejos sejam ouvidos e compreendidos. Também esperam receber conselhos, ou ajuda quando necessário, porém seu desejo mais profundo é o de manter relações harmoniosas, empáticas. Isso também vale para a criança que almeja profundamente ter relações empáticas e afetuosas com um adulto.

O que é a empatia?

Para compreender melhor a noção de empatia, é importante distinguir a simpatia e a empatia, que possuem definições variadas de acordo com cada autor(a) e podem causar confusões.

Segundo Jean Decety[8], pesquisador em neurociências afetivas e sociais em Chicago, ter simpatia por alguém significa "ter o desejo de lhe proporcionar bem-estar. A simpatia proporciona uma base afetiva necessária ao desenvolvimento moral da criança". Para ele, a simpatia não representa uma atração ou afinidade por uma pessoa, mas sim o desejo de lhe proporcionar bem-estar.

Quanto à empatia, Jean Decety distingue a empatia cognitiva da empatia afetiva. A empatia cognitiva significa compreender as intenções de alguém. A empatia afetiva atribui-se ao fato de sentir, de dividir as emoções e os sentimentos de alguém. É possível ter simpatia por alguém, sem

---
7. Sunderland, 2006.
8. Decety, 2010.

sentir empatia. Nesse caso, queremos proporcionar bem-estar para uma pessoa, estamos fazendo uso da simpatia, mas sem necessariamente ter empatia, isto é, sem compreender nem compartilhar as emoções e sentimentos. Querer absolutamente proporcionar bem-estar para alguém, mas sem sentir empatia pode originar muitos conflitos e problemas.

Emma, 4 anos de idade, vai à piscina. Ela entra em pânico com essa perspectiva, mas não fala nada para seu pai e sua mãe. Os dois não estão sentindo empatia por ela, logo não fazem ideia de sua angústia. Eles têm certeza de que ela está muito feliz em ir à piscina. Porém, eles têm simpatia por ela, eles estão preocupados com seu bem-estar e acreditam que ir à piscina vai lhe fazer bem, sem perceberem como ela está se sentindo. Resultado: Quando entra na água, Emma chora e esbraveja. Ela se irrita contra seus pais. Ela não se sente segura com eles, já que eles a obrigam a fazer coisas que ela tem medo. Os laços afetivos entre eles ficam enfraquecidos.

Além disso, a empatia nem sempre é acompanhada da simpatia. Sentir e compreender as emoções e os sentimentos de alguém não significa que vamos automaticamente ter simpatia pela pessoa.

> A pessoa que cuida de Victor, 3 anos de idade, sente empatia por ele, e percebe sua tristeza e sofrimento nesta manhã, porém essa pessoa não tem simpatia por ele, e não vai ao seu encontro para consolá-lo. Victor não se sente afetivamente seguro com essa pessoa, ele se sente só e ignorado e seu sofrimento aumenta. Os laços afetivos entre eles ficam enfraquecidos.

Autoempatia e empatia pelo outro

É possível ter empatia por si próprio(a), a chamada "autoempatia". Ela consiste em acolher com serenidade tudo o que acontece dentro de nós, as emoções, sentimentos, desejos, sejam eles agradáveis ou não, e ser capaz de reconhecê-los, de ouvi-los, de entendê-los sem julgamento ou culpa. A empatia deve começar dentro de si e por si.

Esse despertar de consciência, essa etapa de autoconhecimento, de quem somos realmente por dentro, com características iluminadas e sombrias, é capaz de nos proporcionar muita paz interior. Essa não é uma busca pela perfeição, muito pelo contrário, mas passamos a ter mais clareza de quem somos quando tentamos nos conhecer melhor e quando aceitamos as nossas emoções e sentimentos, nossas qualidades e defeitos.

Esse conhecimento de si não é imutável, ele evolui constantemente à medida que o nosso ritmo de vida nos impacta e nos transforma. Esse conhecimento também é incompleto, pois existirá sempre uma parte de nós que foge do nosso entendimento e permanece inconsciente e misteriosa.

Se não tivermos o mínimo de empatia por nós, será muito difícil ou até mesmo impossível ter empatia por outras pessoas. Portanto, a autoempatia é, portanto primordial para, em seguida, conseguirmos acolher e compreender as emoções, os sentimentos, as qualidades, os defeitos e fraquezas dos outros indivíduos com maior serenidade.

Trata-se então de acolher a pessoa diante de nós, juntamente com suas emoções, sentimentos, solicitações (sejam elas quais forem), e ser capaz de ouvir, de entender essa pessoa sem julgá-la, sem culpá-la e sem dar conselhos que não foram solicitados.

Sandra tem duas crianças, uma de 2 e outra de 4 anos de idade. Ela adora seus filhos, mas fica frequentemente irritada com o comportamento deles e não sabe mais o que fazer. Contudo, Sandra não se permite sentir suas próprias emoções, seus sentimentos e nem os reconhecer. Seus pais sempre lhe diziam: *"Não perca tempo ruminando as coisas. Pare de se preocupar com o próprio umbigo..."* E quando perguntamos como ela vai, ela responde impassível: *"Estou bem, obrigada, e meus filhos são bem tranquilos".* Geralmente ela diz para si mesma: *"Eu sou uma mulher forte e sem problemas. Eu consigo ficar firme e não fico pensando em coisas negativas".* Porém, no fundo, ela se sente sobrecarregada, desanimada, vencida. Ela precisa de ajuda.

Sua atitude a impede de reconhecer como ela se sente e de poder falar abertamente com outras pessoas, o que provavelmente a ajudaria a ver as coisas de outra forma, talvez com mais clareza e também a refletir sobre como gostaria que fosse a relação com seus filhos. Na verdade, ela "detesta" que outras mulheres se queixem constantemente. *"Eu não vou ficar reclamando, eu tenho tudo o que preciso para ser feliz".*

A empatia é rara nas relações humanas

Geralmente essa postura empática não está presente nas relações cotidianas. Fora da família, nos esforçamos minimamente, mas sem nenhuma empatia para respeitar as regras de gentileza nas relações com as pessoas ao nosso redor. Contudo, não impomos barreiras e soltamos o verbo com nossos familiares. Sendo as crianças, os entes que possuem o triste privilégio de receberem a maior quantidade de palavras não-empáticas e até mesmo humilhantes: *"Você não sabe fazer nada, que idiota..."* Palavras que não ousaríamos pronunciar para colegas de trabalho ou vizinhos.

Marshall Rosenberg, psicólogo humanista, aluno de Carl Rogers, e fundador da Comunicação Não Violenta (CNV), nos apresenta os seguintes fatos: "Quando estou fazendo um *workshop* para pais e mães, como faço há anos, eu geralmente começo separando o grupo em dois. Proponho então aos dois grupos de se reunirem em dois locais diferentes e peço que escrevam uma cena de um conflito entre eles e outra pessoa. Um grupo está brigando com uma criança e o outro com um vizinho. Os dois grupos acreditam estarem trabalhando no mesmo tipo de conflito e então leem os diferentes diálogos. A cada vez que proponho esse exercício, percebemos que o grupo que trabalhou no diálogo com uma criança, comunicava com menos respeito e compaixão do que o grupo que desenvolveu um conflito com um vizinho. Os participantes fazem a triste constatação de que é extremamente fácil de desumanizar alguém, pelo simples fato dessa pessoa ser percebida como 'uma criança'[9]."

---
9. Rosenberg, 2007.

A habilidade empática pode ser aprendida

Muitas pessoas se surpreendem ao saber que a empatia pode ser aprendida. A habilidade empática não é simples, pois "aprendemos" a empatia justamente por meio de relações empáticas. No entanto, a maioria das pessoas não foi tratada com empatia durante a infância. A educação em família, e principalmente na escola, privilegia a competição e a concorrência, o que não ajuda no desenvolvimento da empatia. Quando chegam na idade adulta, esses indivíduos enfrentam grandes dificuldades para manter relações empáticas, tanto com seus cônjuges quanto com as crianças, pois estão em contradição quanto aos seus modos de ser e de pensar.

Como sair desse impasse? Marshall Rosenberg estudou profundamente essa questão e desenvolveu uma abordagem para estabelecer uma relação de troca empática[10].

Essa troca é um primeiro passo que nos leva a termos consciência e aprendermos mais sobre nós e os outros indivíduos. Isto não significa ter que ser incondicionalmente "gentil", mas sim de saber expressar as nossas emoções e sentimentos como a raiva, a preocupação, a decepção, a tristeza, os ciúmes ou a felicidade, e tentar compreendê-los. Porém, contrariamente à linguagem estabelecida usualmente, essa troca é vivenciada sem agredir ou acusar quem está à nossa frente. A pessoa expressa o que está sentindo e então elabora seu desejo, sendo capaz de se afirmar sem agredir.

O fato de nos empenharmos para expressar os nossos sentimentos e emoções, percebendo que estão intrinsecamente ligados ao nosso universo interior, e de tentarmos compreender que o outro não é a causa do que estamos sentindo, mas que a origem está na realidade em nós, nos ajuda a desenvolver uma compreensão mútua, nos conduz à empatia e modifica radicalmente nosso olhar e relação com nosso próprio ser e com as outras pessoas. Isso nos liberta de acusar o outro e nos convida ao autoconhecimento. A empatia desperta nossa conscientização e nossa responsabilidade.

---
10. Rosenberg, 1999 e 2006

Somos capazes de assumir a responsabilidade do que sentimos, dos nossos desejos e dos nossos atos.

No geral, o julgamento que fazemos das outras pessoas reflete, na realidade, nossas próprias vontades não satisfeitas. A comunicação é interrompida pelo julgamento e os estereótipos direcionados ao outro, que por sua vez se sente criticado e coloca em prática reações de defesa e de reclusão. Em contraposição, uma atmosfera mais receptiva pode ser instaurada por meio do não julgamento. Onde reside precisamente a grande sabedoria desse tipo de relação.

Na relação empática, as duas pessoas concedem total atenção para se expressarem e se ouvirem, com respeito e sem julgamentos. Ao tentar compreender a mensagem do outro, a pessoa que ouve aprende com sua vivência. Assim a pessoa que fala se sente reconfortada por ser ouvida e compreendida. A relação se torna mais profunda, serena e enriquecedora.

Exemplos de trocas entre adultos e crianças:

Luiza, 6 anos de idade, está falando com sua mãe: *"Poxa! Você nunca presta atenção no que eu falo."*

O que essa criança realmente quer dizer? Na verdade, Luiza diz que ela gostaria que sua mãe lhe ouvisse, gostaria de passar mais tempo com ela, de ser mais próxima dela. E realmente, a mãe não ouve sua filha e revida: *"Mas que coisa chata de ficar o tempo todo reclamando, eu sempre lhe escuto!"* A mãe responde com um tom acusador, o que a impede de realmente ouvir o pedido da filha. Em uma abordagem empática, ela poderia entender a insatisfação da filha e sua real necessidade de ser ouvida. A mãe poderia, por exemplo, dizer: *"Estou vendo que você está chateada, você gostaria que eu lhe ouvisse. Sugiro que depois do jantar a gente passe um tempo juntas conversando. Você concorda?"*

O pai de Lucas, 2 anos de idade: *"Mas você é teimoso! Devolve logo o carrinho do Max. Ele não é seu!"* O pai de Lucas o acusa sem tentar entender o que seu filho está sentindo. Lucas grita e coloca o carrinho dentro do bolso. Ele está com muita raiva de seu pai e seus laços com ele se enfraquecem. O pai poderia tentar compreender o que seu filho sente, desta forma não brigaria com a criança. Ele poderia lhe dizer: *"Estou vendo que você adora brincar com carrinhos. Se você quiser, quando voltarmos para casa, podemos fabricar juntos um brinquedo com rodas. Certo?"* O olhar de Lucas se iluminaria, ele devolveria o brinquedo e estaria em uma relação pacífica com seu pai. Lucas se sentiria compreendido e em confiança.

Uma professora do último ano de pré-escolar diz: *"Vocês sempre deixam tudo espalhado, estou cansada de ficar o tempo todo arrumando a sala! Arrumem tudo imediatamente!"* Essa professora fala que ela gostaria de mais organização na sala. Ela também gostaria que a responsabilidade da arrumação fosse dividida. Porém, ao invés de reclamar, de acusar e dar ordem para que as crianças colaborem, o que não as levaria a participar da organização, ela poderia dizer: *"Estou cansada de toda essa bagunça e gostaria realmente de não me sentir sozinha para arrumar a sala, vocês concordam em me ajudar?"* A frase acima é um pedido de ajuda e não uma exigência, a maioria dos alunos ouviria e entenderia a professora e provavelmente a ajudaria de bom grado.

Nesses três exemplos, a primeira forma de se expressar, a que vemos habitualmente, está carregada de queixas e acusações contra alguém. A pessoa que se sente acusada reage com raiva ou reclusão: *"Você reclama o tempo todo, não aguento mais. Você não para de me criticar!"* A relação fica contaminada e a situação em um entrave.

    A segunda abordagem é completamente diferente. E inicia o diálogo com a autoempatia. A pessoa fala de si e exprime seus próprios sentimentos, em seguida comunica um desejo relacionado ao que ela está sentindo. O outro, por não se sentir acusado, continua disposto a ouvir. Ou seja, ele não fala o que está sentindo, mas estabelece uma conexão para compreender o que a outra pessoa está passando e deseja, sem acusá-la.

Esta mudança na forma de comunicar gera grande melhoria na qualidade da relação, pois proporciona mais clareza e tranquilidade nas nossas interações. Somos capazes de modificar o significado do que percebemos e mudamos radicalmente o impacto emocional em nós e nos outros. A empatia é uma qualidade humana, que depende, primeiramente, do ambiente educativo e cultural onde crescemos. Mas ela pode ser aprendida também na idade adulta.

As ilusões da relação humana

As ilusões, as falsas convicções são banais e corriqueiras em nossas relações. Imaginamos interagir e conhecer uma pessoa, mas, na verdade, geralmente essas interações apenas "transitam" superficialmente, sem um verdadeiro desejo de conhecer e compreender profundamente. Seria isso voluntário, por timidez, por desinteresse ou, por medo? Nas interações, a escuta é frequentemente desatenta, distraída. Interrompemos nosso interlocutor, retrucamos sua fala e falamos de nós mesmos. E rapidamente, a outra parte se sente ignorada.

O pai de Sacha, 6 anos de idade diz: *"O Sacha não gosta de música, ele não quer mais ir às aulas. E olha que no início do ano ele queria absolutamente tocar um instrumento. Ele não sabe o que quer. Estou muito chateado com ele.*
– Você perguntou como ele se sente, o que acontece durante as aulas?
– Não. "

O pai arruma um tempinho para ouvir seu filho. Sacha explica que ele tem muito medo do professor de música que grita, ameaça e reclama. Ele não quer mais ter aulas com essa pessoa. Ele está muito chateado com o professor, pois ele gostaria de tocar, mas está com medo. Ele não quer voltar para as aulas.

Outra ilusão, fonte de muitos equívocos, é pensar que nosso interlocutor é capaz de adivinhar ou saber quais são nossos verdadeiros sentimentos e desejos, sem que tenhamos de expressá-los.

A mãe de Lola e de Leo com 4 e 3 anos de idade e de Rose com 3 meses de vida disse: *"Eu não aguento mais, estou cansada. Eu me sinto sozinha com as crianças, eu nunca sei se estou fazendo a coisa certa com eles. Por isso que estou aqui.*
— *Você não conversa com seu cônjuge sobre as crianças, sobre a educação que gostariam de dar?*
— *Eu não pergunto. Ele sempre volta do trabalho às 9 horas da noite. E depois, ele continua trabalhando em casa respondendo e-mails. No final de semana, quer ficar tranquilo. Ele deveria perceber que eu preciso da opinião dele sem que eu tenha que perguntar.*

Essa mãe acredita ilusoriamente que não precisa se comunicar claramente com seu cônjuge, e que o mesmo deveria adivinhar sozinho o que ela deseja. Ela se coloca em uma posição de espera e condenação: *"Ele deveria saber o que eu sinto."* O ressentimento em relação ao seu cônjuge aumenta e envenena a relação, sem que nenhuma palavra seja pronunciada, até o dia em que ela chegará no limite e explode de raiva. Mas, se ela comunicar, sem agressividade, o que me disse durante a consulta, provavelmente ela será ouvida.

Muitos equívocos têm origem nessa ilusão de compreensão sem que uma mensagem tenha sido claramente apresentada. Quando não nos dedicamos a ouvir os sentimentos e as necessidades da nossa vida afetiva, a imagem que temos do nosso próprio ser fica comprometida, embaçada e consequentemente sua expressão também será confusa.

Transmitir às outras pessoas quem somos, o que queremos internamente e o que é importante para nós exige, primeiramente, que possamos entrar em conexão com o que acontece dentro de nós, de praticar a autoempatia. Após cumprida a etapa de autoconhecimento, podemos então expressar com maior clareza sobre nós mesmos. Nosso interlocutor nos compreenderá mais facilmente, e também nossas dúvidas, nossos questionamentos, nossas certezas, nossos sentimentos, nossas necessidades básicas. A relação se torna mais clara, enriquecedora e agradável.

A relação humana vista pelo lado da criança

O que diz e como se expressa a criança?

Desde que a criança vem ao mundo ela busca a relação com outro. Ela possui todas as capacidades necessárias para entrar em conexão. Mesmo sem falar, um recém-nascido é capaz de comunicar por meio de seu modo de ser, suas expressões, suas feições, seu olhar, seu sorriso, seu choro, seus gestos e sons. Claro, esse bebê precisa de um indivíduo adulto para compreendê-lo. Se essas pessoas são presentes e dedicam tempo para conhecer a criança, elas serão capazes de decifrar intuitivamente suas mensagens. Essa capacidade intuitiva é uma habilidade humana e não exclusiva às pessoas do sexo feminino. Os homens que passam tempo com um recém-nascido conseguem compreendê-lo perfeitamente.

Desde o nascimento, a criança sente, percebe o estado emocional das pessoas à sua volta. Ela é capaz de sentir empatia afetiva. Desde muito cedo, as crianças são capazes de perceber e de reagir aos estados afetivos das pessoas.[11] A psicóloga canadense Kiley Hamlin, mostrou em 2010, que desde 6 meses de idade as crianças possuem uma atração por pessoas calorosas, gentis, afetuosas e evitam as pessoas maliciosas e mal-intencionadas.[12] A criança, desde nova, mostra que é um ser extremamente sociável. Por volta de 1 ano de idade, apresenta comportamentos altruístas e com cerca de 14 meses de vida, sabe consolar alguém que esteja sofrendo.[13] Em 2011, Marco Schmidt, psicólogo no Instituto Max-Planck da Lípsia, mostrou que desde os 15 meses de idade, a criança já possui um espírito de equipe.[14]

Segundo Michael Lewis, psicólogo especializado em desenvolvimento infantil e professor na Universidade de New Jersey, a autoconsciência começa a aparecer com cerca de 15 meses de vida e se

---
11. Decety, 2010
12. Hamlin, 2010 e 2011.
13. Hamlin, 2007.
14. Schmidt, 2011.

desenvolve com 2 anos de idade. Ou seja, a criança começa a vivenciar os primeiros sentimentos ligados à percepção de si própria: acanhamento, ciúmes, empatia cognitiva. A empatia cognitiva aparece quando a criança é capaz de se colocar no lugar de outra pessoa. Esses três sentimentos: acanhamento, ciúmes e empatia cognitiva, exigem uma ação de autocontemplação, uma capacidade de considerar a si mesmo em interação com outro. Porém esses sentimentos não têm origem na capacidade da criança reconhecer e assimilar as regras estipuladas pelas pessoas ao seu redor.[15]

A idade de desenvolvimento da empatia cognitiva é um assunto muito discutido. Essa aptidão é a capacidade de atribuir intenções, crenças verdadeiras ou falsas, desejos e representações mentais a outros indivíduos. Um certo número de especialistas acredita que uma criança entre 2 anos e meio e 4 anos de idade possui essa aptidão, porém hoje a maioria dos pesquisadores considera que ela aparece mais cedo, desde 15 meses, ou até mesmo 8-10 meses de vida.[16]

Durante seu terceiro ano de vida, a criança começa a incorporar as regras da vida em sociedade, o que provoca nela uma nova gama de sentimentos, como culpa, vergonha, orgulho, vaidade. A assimilação dessas regras sociais e culturais é parte integrante de sua sociabilização.[17]

A criança precisa de um tempo considerável para conseguir expressar em palavras as suas emoções. Progressivamente, se for acompanhada por um adulto atencioso, aprenderá a sentir e a identificar exatamente o que está sentindo e então, nomeá-las. Quando o adulto nomeia as emoções da criança, e pede para ela confirmar se é realmente isso o que está sentindo: *"Parece que você está com muita raiva, ou acho que você está com medo (alegre, triste, com ciúmes etc.), é assim que você está se sentindo?"*, ele está ajudando a criança a identificar as emoções, a perceber o que está sentindo e a compartilhá-las. Conforme ela for crescendo, a criança saberá nomear com precisão o

---

15. Lewis, 2011.
16. Onishi, 2005; Roth-Hanania, 2011.
17. Lewis, 2011

que ela está vivenciando. E o adulto ouvirá toda a riqueza, a efervescência do seu íntimo. Sendo capaz de compreender a criança com maior facilidade.

Esse desejo de expressar o que nos move e o que nos comove é uma necessidade vital e profunda, independentemente da idade. Sem a possibilidade de se expressar, de interagir, de ser ouvido, a vida afetiva da criança vai se desbotando, ou até mesmo se despedaçando, deixando espaço para o desenvolvimento de medos, dúvidas e bloqueios.

Quando a criança não é ouvida ou respeitada

As consequências são rapidamente percebidas e se apresentam de formas diversas: a criança se retrai, como se uma parte dela murchasse por dentro, ou contrariamente, a criança é tomada pela raiva e agressividade, ou ainda, ela oscila entre fases de submissão ou de revolta.

Algumas vezes, pais e mães procuram psicólogo, psiquiatra ou pediatra e sim: *"Meu filho tem um 'problema', ele é agressivo, tem acessos de raiva, é provocador, é respondão, tem dificuldades no estudo, não direito bem, não come direito"*. Para eles é com certeza mais fácil imaginar que o "problema" está na criança e não na relação que eles têm com ela, sendo que muitas dificuldades encontradas nas crianças têm sua origem justamente no comportamento dos adultos com relação a elas, na ausência de empatia e de relações afetuosas.

Isto não se trata de colocar a culpa de todos os problemas nos pais e mães, mas sim de mostrar que quando uma criança não está bem, geralmente a interação e a atitude adotada pelo adulto não são adequadas a essa criança nessa situação. É importante perceber que existem outras maneiras de agir com ela

Um grande trabalho deve então ser feito com os adultos, e não com a criança, para ajudá-los a encontrarem por si próprios um caminho mais pacífico. Na maioria das vezes, quando os adultos mudam de atitude, passam a ter outra relação com a criança, param de gritar, começam a ouvir, conseguem respeitar e ter empatia, as dificuldades dela desaparecem como em um passe de mágica.

A particularidade da criança: um ser em construção, frágil, vulnerável, maleável

Não existe um equilíbrio na relação adulto-criança, pois é uma relação do mais forte contra o mais fraco. A criança é frágil, vulnerável, influenciável e maleável. O adulto pode facilmente dominá-la, manipulá-la, amedrontá-la, subjugá-la, maltratá-la.

Os maus-tratos praticados contra a criança e a violência educativa impactam negativamente o funcionamento do cérebro.

Sabemos que nosso cérebro é um órgão "plástico". O termo "plasticidade" representa a capacidade de "remodelagem", de desenvolvimento de novas conexões ou da supressão de circuitos de acordo com as nossas experiências ao longo de nossa vida. Essa descoberta crucial muda radicalmente a visão da evolução de um ser humano e de suas possibilidades de adaptação.[18]

A particularidade da criança é a de ter uma plasticidade cerebral muito maior do que a de um indivíduo adulto. A plasticidade do cérebro infantil é ambivalente, pois ela pode evoluir tanto beneficamente quanto prejudicialmente. O ambiente, a atmosfera na qual a criança está sendo criada (em casa, na escola e em atividades extraescolares), todas essas experiências relacionais recondicionam incessante e profundamente o cérebro, assim como possuem uma participação importante no desenvolvimento desse órgão e de suas habilidades cognitivas e sociais. Quando a criança vive em um ambiente inadequado, sua plasticidade cerebral é capaz de permitir uma evolução adequada e favorável, mas unicamente se a frequência e a duração dessas experiências nocivas não forem muito importantes.

---
18. Davidson, 2000 e 2012.

Nancy Eisenberg, professora e pesquisadora em Ciências da Educação no Arizona, confirma por meio de suas pesquisas, que quanto mais a criança tem experiências empáticas, mais ela se torna sociável e desenvolve menos comportamentos agressivos e antissociais.[19]

Para especialistas em neurociências afetivas, nossas experiências relacionais deixam marcas físicas em nosso cérebro, que nos modificam profundamente. O ser humano é uma entidade única onde o corpo, a vida afetiva e a mente são indissociáveis. Esses três aspectos interagem em permanência. Tudo o que vivemos fica registrado em nossa biologia, em nosso corpo e é traduzido em emoções, sentimentos, reflexões e ações.

A relação humana vista pelo lado dos pais e mães

Existem diversas formas de criar as crianças. Como escolher a "educação certa"? Não existe uma receita mágica, nem uma única maneira de fazê-lo. Então, como os pais podem saber o que é bom ou não para seus filhos?

Algumas pessoas são categóricas: *"Não é difícil educar uma criança. Basta fazer o mesmo que os nossos pais fizeram, não ficar com a criança no colo o tempo todo, ter autoridade, impor regras rigorosas, e a criança será bem-educada e comportada!"* Ouvimos frequentemente essas afirmações, porém quando essas pessoas têm filhos, muitas vezes elas mudam de opinião e percebem que não é assim tão simples: *"E eu que pensava que era fácil! Como colocar em prática o que eu tinha decidido antes? Eu não sei mais o que fazer!"*

O método ideal para a criança seria, de primeiramente, considerá-la como qualquer outro ser humano, que merece respeito e dignidade. Mas vimos justamente o contrário, adultos tendem a interagir de maneira pouco respeitosa, pelo simples fato do outro indivíduo ser uma criança.

As neurociências afetivas nos mostram uma representação mais clara do que é uma criança e dos fatores que contribuem para o seu

---

19. Eisenberg, 2000, 2009 e 2010.

desenvolvimento. Deste modo, o que é possível ou não solicitar e esperar de uma criança, conforme a idade e grau de amadurecimento do cérebro dela. Também nos ensinam que as relações afetivas vividas pela criança terão consequências no cérebro dela. E que uma educação baseada na dominação, fazendo uso de ameaças, chantagens, violências verbais ou físicas, causará impactos contrários ao desejado e nocivos ao desenvolvimento do cérebro.

Lembrar de nossa própria infância é interessante, mesmo que nem sempre seja agradável...

Relembrar as nossas experiências com os adultos, tentar sentir e compreender o que realmente teríamos gostado de vivenciar... Revisitar a nossa infância pode ajudar a ter maior clareza e a mudar a nossa atitude com nossos filhos.

Qual tratamento recebemos na nossa família, na escola, em outros lugares que permissivos, atenciosos? Recebemos a educação que gostaríamos de ter recebido? Qual relação gostaríamos de ter tido com os adultos quando éramos crianças?

Após essa viagem à nossa infância, voltemos ao presente para sentir o que idealmente desejamos em uma relação humana, com as pessoas à nossa volta, nossa família, nosso círculo de amizades e colegas de trabalho.

Essa reflexão, que pode ser feita individualmente ou com nosso cônjuge, com amigos, com um grupo de parentalidade, pode indicar o caminho a ser tomado com nossa criança e nos dar apoio quando aparecerem algumas dificuldades.

Uma criança possui as mesmas necessidades fundamentais que os adultos. Por isso, ao invés de ser considerada como um "mini ser humano" com "mini direitos", ela deseja ser plenamente respeitada, receber empatia e ser incondicionalmente amada por seus familiares, assim como nós adultos. Se a criança se beneficia de uma escuta zelosa desde pequena, quando crescer ela conseguirá expressar seus medos, seus questionamentos, suas preocupações, suas alegrias, e também será capaz de ouvir. A atitude empática, afetuosa permite estabelecer uma real relação com a criança. O adulto será capaz de conhecê-la e entendê-la melhor, o que facilita e deixa a relação mais serena.

Para se desenvolver, o cérebro precisa de relações serenas.

Essa relação "ideal" para a criança, respeitosa, empática, carinhosa, pode parecer um objetivo difícil de ser atingido. Portanto, é importante constatar que essa é a condição para que seu cérebro evolua e amadureça de maneira favorável e adequada.

Como seres adultos, perceber o tamanho desse desafio faz com que nós nos confrontemos e enxerguemos a nossa grande responsabilidade em relação às crianças. Nossa maneira de ser provoca efeitos diretos no cérebro da criança, em sua vida atual e futura. Porém, é reconfortante saber que podemos corrigir os impactos de eventuais erros, caso não perdurem por muito tempo, graças à plasticidade cerebral.

Cometer erros, se enganar é normal e frequente na educação. Reconhecer seus erros e pedir desculpas permite que a criança adquira uma inteligência relacional, pois ela aprende enormemente por meio da observação do adulto quando ele pondera e corrige seus atos. Desta forma, a criança compreende que não mudar sua posição e querer ter sempre razão, é uma forma de resistência que não leva à reflexão. Nunca é tarde para rever nossa maneira de ser com a criança, e podemos lhe explicar abertamente: "Eu estive pensando e eu não gosto da maneira como eu ajo com você. Eu decidi que não farei mais isso ou aquilo com você, eu farei..." Essa é uma linguagem que a criança entende perfeitamente.

Transmitimos principalmente o que somos e nossa maneira de ser para a criança

A criança está em eterno aprendizado. Ela está descobrindo o mundo e quando está tudo bem, ela tem uma enorme sede de aprendizado e de compreensão do que está à sua volta. Ela observa tudo com muita atenção, ela absorve tudo e registra tudo. Ela aprende por meio da imitação, em particular, imitando o comportamento dos adultos que vivem com ela. A criança é uma verdadeira "esponja" que absorve tudo o que vivência.[20] A criança nos observa. Somos um modelo, um exemplo e transmitimos primeiramente o que somos e nossa maneira de ser. Se os adultos, agem de forma respeitosa, empática, carinhosa, íntegra, curiosa, entusiasmada, compreensiva e atenta com outras pessoas, a criança imitará e fará o mesmo.

Muitos pais trazem seus filhos em consulta sem perceberem que a criança está lhes imitando e, portanto, tem o mesmo comportamento que eles. De fato, quando os adultos são rígidos com a criança, não a escutam, gritam, dão ordens em permanência, criticam constantemente, ameaçam, insultam, batem, transitam constantemente entre humilhações e carinhos, a criança adota os mesmos comportamentos. A criança não se sente reconhecida e entra num ciclo contínuo de busca de aceitação e "provoca" em permanência os adultos: *"Quem sou para os meus pais? Por que eles me tratam dessa forma? Eles me levam em consideração? Eles me amam?"* A criança se transforma na famosa "criança tirana" ou "criança-imperador", que provoca, agride, tem acessos de raiva, ou opostamente, se torna uma criança submissa, medrosa, ou até mesmo uma criança que busca o sofrimento.

Se além do comportamento desrespeitoso e degradante, o adulto adiciona um discurso moralista: *"Que criança malvada, você só faz besteira. Não devemos nos comportar assim. Isso é errado. Você tem que ser gentil e cordial, tem que ter educação, não pode falar palavrão, tem que falar 'bom dia', tem que agradecer, tem que se comportar"*, a criança é incapaz de entender a exigência desses pais, que se comportam exatamente de forma oposta do que pedem, e isso deixa a criança profundamente perdida.

Muitos pais ficam surpresos e não conseguem entender o comportamento de seus filhos.

A mãe de Leo, 4 anos, me diz: "Eu não entendo, o Leo grita por qualquer coisa. *Ele me dá ordens, diz que sou má. Na escola, ele é violento com os colegas da classe. Mas eu sempre lhe digo que ele tem que ser gentil, tem que se*

---

20. Nummenmaa, 2008.

comportar, falar educadamente, não pode gritar nem bater. Eu tenho a impressão que ele finge que não escuta para não obedecer." Peço então para que ela descreva como é o clima da casa. "*É verdade que ficamos irritados e gritamos muito com ele, às vezes ele leva uma palmada, fica de castigo, mas é porque ele merece!*" Leo não consegue entender. Sua mãe grita, bate, mas quando ele a imita, a professora e a mãe lhe dizem: "*Pare de gritar e de bater.*" Leo pensa: "*Os adultos podem fazer isso, mas para mim está errado! Eu não devo imitar os adultos? O que eu devo fazer, então?*"

Muitos adultos demoram para entender que suas atitudes possuem um papel fundamental no desenvolvimento de seus filhos. Se a criança não tem adultos respeitosos e coerentes ao seu entorno, seu desenvolvimento afetivo e social pode ser comprometido.

Adulto-criança: relações de submissão

Atualmente em nossa sociedade, a perspectiva mais comum que temos da criança, e que é amplamente veiculada nas mídias, é a da criança-imperador ou criança tirana. Porém, por baixo dessa visão está escondida outra realidade pouco conhecida e também categoricamente refutada: a maioria dos adultos não respeita as crianças.

Na França, a maioria dos pais ainda pratica uma relação de força para educar seus filhos, fazendo uso de chantagens, ameaças, humilhações, insultos, gritos, palmadas, bofetadas. Atitudes que os adultos julgariam insuportáveis e inadmissíveis se fossem proferidas por seus cônjuges ou colegas. Em contraponto, os mesmos pais dizem sobre seus filhos: "*É a coisa mais importante do mundo para mim. Eu amo meu filho(a) acima de tudo.*" Seria então possível amar sua criança, e ao mesmo tempo agredi-la e maltratá-la sem proibições, nem censuras? Seria interessante tentar entender a origem dessas atitudes tão paradoxais. Uma pesquisa SOFRES (Sociedade Francesa de Estudos e Sondagens) realizada na França em 1999 pela associação *Éduquer sans Frapper* (Educar sem Bater), nos mostra que 84% das pessoas interrogadas batem em seus filhos, sendo que 33% batem raramente e 51% batem regularmente, apenas 16% das pessoas interrogadas nunca batem.

Na maioria dos casos, os adultos se comportam dessa maneira por automatismo e não pensam na consequência de seus atos. Eles reproduzem o que eles vivenciaram em sua infância. Muitos pais têm dificuldade de refletir sobre essa questão, pois criticar o modo como foram educados seria muito doloroso. E mesmo tendo sofrido na infância, essas pessoas justificam a atitude parental: *"Meus pais agiram certo comigo. Eles não davam mole. Se eu fizesse uma besteira, eles me davam uma bofetada que ficava marcada durante horas. Eu ainda lembro. Mas eu merecia. Como você pode ver, eu estou bem hoje. Então eu faço igual."*

Outros pais usam a relação de força por se sentirem impotentes: *"Eu não sei mais o que fazer. Eu não gosto de agir dessa forma. Por favor, me diga o que eu devo fazer quando meu filho não me obedece, quando não quer ir dormir, não quer comer, não quer se vestir, quando ele só quer fazer o que dá na cabeça dele, e que faz besteiras e birras. Isso me revolta e eu acabo me irritando. Eu não quero que ele seja uma criança mal-educada!"* Essas falas são proferidas diariamente em consultas de apoio à parentalidade.

Outras famílias, emboscadas em acessos de raiva, me dizem angustiadamente: *"Eu desconto a minha raiva no meu filho."* Todas essas famílias, pais e mães possuem muitas vezes algo em comum, terem sofrido esse tipo de humilhação durante a infância, porém muitas pessoas se colocam em uma posição de justificativa, ou de negação com relação ao que realmente viveram. Geralmente abafamos as nossas emoções de tristeza, medo, raiva com relação aos nossos pais, pois essa confrontação é extremamente penosa. Suas próprias necessidades de respeito, consolo, proteção, compreensão não foram consideradas durante a infância, ocorre então uma reprodução, muitas vezes inconsciente, dessas atitudes de geração para geração. Os pais se sentem no direito de descontar na criança, que acaba se tornando um bode expiatório.

Este é o paradoxo no qual nos encontramos na França atualmente, país dos Direitos Humanos, onde é proibido bater em uma mulher, em um colega, mas humilhar e bater em uma criança pode ser feito legítima e impunemente.

Esses comportamentos possuem raízes muito profundas, históricas, culturais, religiosas e próprias de cada país. Algumas crenças antigas e arcaicas retratam a criança como um animal selvagem que deve ser domesticado e adestrado. Essas visões que podem ser observadas no mundo inteiro e em todas as religiões, encorajaram os adultos a usar a força para intimidar as crianças e às vezes maltratá-las. Constantemente forma inconsciente, esses fatores são determinantes na forma como enxergamos as crianças nos dias atuais e como devemos educá-las. Pais e mães estão presos por uma longa corrente de hábitos ancestrais, como mostra Olivier Maurel em sua importante obra *Oui, la nature humaine est bonne*[21] (Sim, a natureza humana é boa).[22]

Pais e mães, não se isolem

A responsabilidade de educar uma criança pode parecer angustiante para algumas pessoas. É primordial entender que uma criança não se cria sozinha e que aceitar ajuda não diminui a capacidade dos pais de criá-la. Muitas vezes isso permite acalmar as relações e superar os desafios naturalmente presentes no cotidiano com uma criança.

Quando os adultos não conseguem instaurar uma relação de respeito, a criança mostra que não está bem. Ela não possui realmente problemas psicológicos, mas está sofrendo com o relacionamento conflituoso com seus e que geralmente estão impregnados de relações de poder. A criança se sente humilhada e possui um profundo sentimento de raiva contra eles. Quase sempre, são os adultos que precisam de ajuda para mudar suas atitudes em primeiro lugar. Quando dizem: *"Eu não consigo mais controlar essa criança, ela é impossível!"*, isso significa que os pais precisam de uma pausa para relaxar, respirar. Procurar ajuda sem se culpar, pedir apoio a alguém, deixar a criança durante um final de semana ou um dia com alguém que goste e entenda de crianças (familiares, círculos de amigos ou vizinhança), é indispensável e muitas vezes também é suficiente para reencontrar um pouco de equilíbrio e a paciência necessária, e por conseguinte a criança também ficará mais calma.

Quando a situação entre o adulto e a criança se torna mais grave, apesar da ajuda da rede de apoio, existem associações e grupos que ajudam pais e mães com dificuldades, assim como consultas

---
21. Maurel, 2009.
22. Tradução de Barbara Barbalat

individuais com um médico ou psicólogo. Em alguns casos, a situação se torna realmente dramática para a criança, que deve ser afastada dessas relações nocivas, pois existe um risco real de desenvolvimento de manifestações psiquiátricas. Esse tipo de ação deve ser executada quando uma criança sofre maus-tratos físicos e morais graves, tendo consequências importantes nos planos afetivo, social e também cerebral. Esse sofrimento de ordem afetiva pode levar a danos irreversíveis no cérebro infantil.

Pais e mães, no geral, são os que provocam principal impacto na educação das crianças, mas tudo o que elas vivem na sociedade, o que elas veem e entendem também ecoam nelas: amizades, familiares, profissionais da educação infantil, vizinhança, sem esquecer o impacto dos computadores, videogames, televisão, rádio, livros, jornais etc. O ambiente como um todo causa impactos.

Por isso, idealmente, a sociedade deveria entender que a criança é um ser frágil, vulnerável e que lhe dar suporte, proteção e carinho é indispensável para seu bom desenvolvimento.

Por fim, é imprescindível que a sociedade perceba que algumas práticas educativas baseadas nas relações de força são extremamente nocivas. Se a atitude e o olhar dos adultos com relação às crianças fossem mais receptivos, compreensivos e empáticos, as crianças se comportariam de maneira menos agressiva, o que consequentemente se repercutiria em toda a sociedade.

2

O CÉREBRO DA CRIANÇA, UM CÉREBRO IMATURO

"Não existe um cérebro isolado. O cérebro se constrói por meio das interações com outras pessoas, e se desenvolve satisfatoriamente graças às pessoas que cuidaram e demostraram afeto por nós."
Louis Cozolino[23]

Três cérebros em um

De maneira esquemática, podemos dizer que temos três cérebros, que comportam diversas estruturas interligadas por uma complexa rede de circuitos neuronais *(Figura 1)*.

- **O cérebro arcaico,** também conhecido como "reptiliano", é a parte mais antiga do cérebro humano. Ele apareceu primeiramente nos peixes há quinhentos milhões de anos e em seguida nos anfíbios e répteis. Dele fazem parte o tronco encefálico e o cerebelo. O cérebro arcaico gerencia as funções primárias relacionadas à fisiologia básica (respiração, ritmo cardíaco, pressão arterial, sono, equilíbrio e outras funções fisiológicas essenciais). Sua outra função é a de desencadear comportamentos instintivos de sobrevivência diante de uma situação de risco, como reflexos de ataque ou fuga.

---
23. Cozolino, 2006.

Essas estruturas cerebrais são extremamente ativas no ser humano.

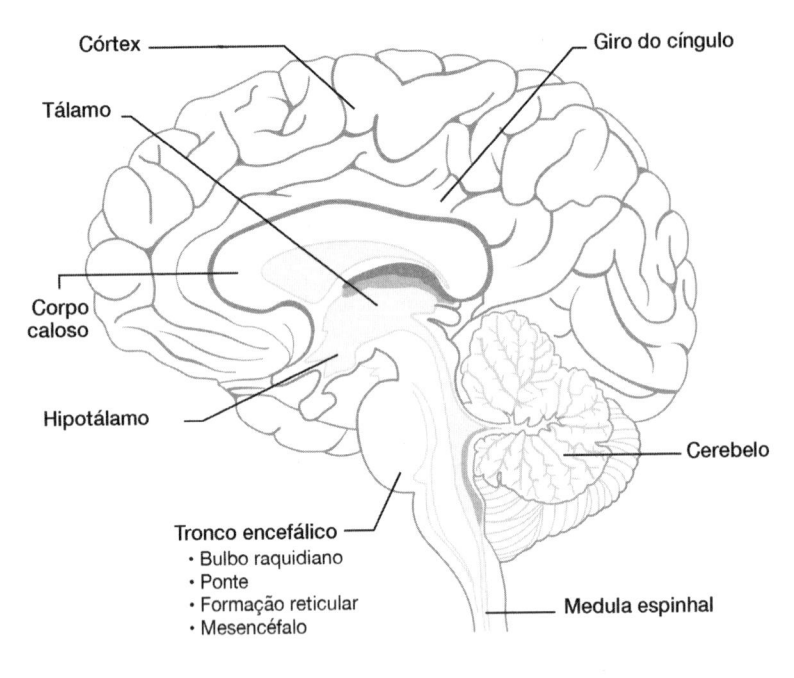

Córtex
Giro do cíngulo
Tálamo
Corpo caloso
Hipotálamo
Cerebelo
Tronco encefálico
• Bulbo raquidiano
• Ponte
• Formação reticular
• Mesencéfalo
Medula espinhal

Figura 2.1: As diferentes estruturas do cérebro

- **O cérebro emocional,** também chamado de "sistema límbico", surgiu nos primeiros mamíferos há 140 milhões de anos (*Figura 2*).

Sua definição anatômica varia de acordo com cada autor. Para o neurologista Jean Decety que trabalha na área de neurociências afetivas, ele é constituído de múltiplas estruturas intimamente interligadas: a amígdala e o hipocampo, assim como o hipotálamo, o córtex cingulado e o córtex pré-frontal, a ínsula, o núcleo accumbens, a área septal, os núcleos da base.[24]

Este cérebro nos permite sentir o que é agradável, desagradável, e todos os outros tipos de emoção. O neocórtex entra com uma função reguladora para que essas emoções não se tornem invasivas. Ele também atuará como regulador dos instintos primitivos

---

24. Decety, 2010.

de sobrevivência do cérebro arcaico, controlando as reações de ataque e de fuga.

O sistema límbico também participa nos processos olfativos e de aprendizado e na memória.

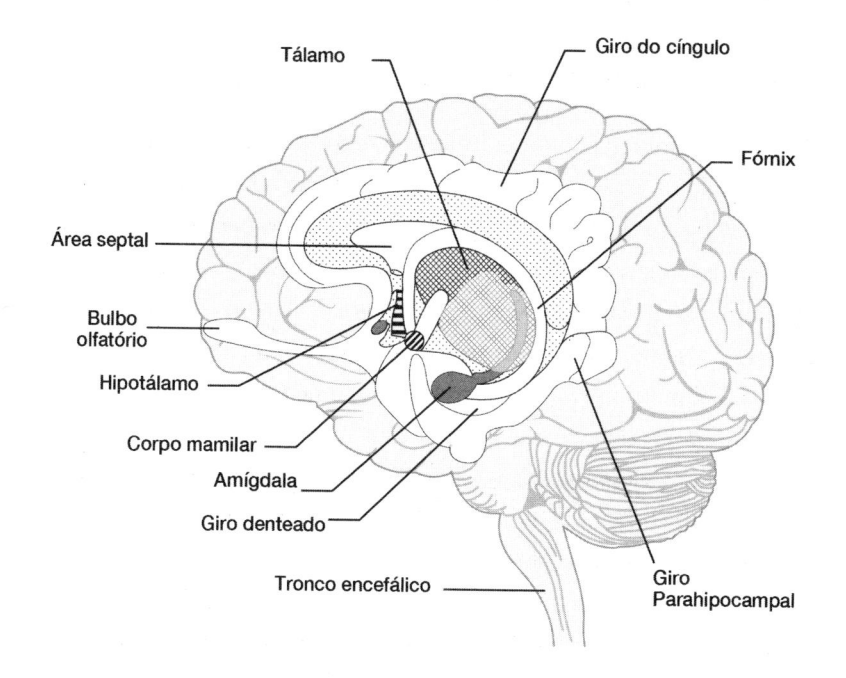

Figura 2.2: *O sistema límbico*

- **O neocórtex**, também chamado de "cérebro superior", ou ainda "cérebro racional", começou a se desenvolver nos primatas há cerca de dois ou três milhões de anos atrás.

Ele equivale a 85% do volume cerebral total nos seres humanos e cobre as regiões mais antigas, o cérebro arcaico e o cérebro emocional. O neocórtex é dividido em lobos: frontal, parietal, temporal e occipital.

Ele participa das funções cognitivas "superiores", como a consciência, a linguagem, as capacidades de aprendizado, as percepções sensoriais, os comandos motores voluntários, a noção espacial.

Dentre todas as regiões do neocórtex, a área pré-frontal é certamente a que mais se desenvolveu nos seres humanos. Ela é responsável pelo pensamento, raciocínio, criatividade, imaginação, resolução de problemas, planejamento, autoconsciência e empatia.

O cérebro: da infância à adolescência

O desenvolvimento do cérebro começa desde a vida intrauterina. Seis a oito semanas após a fecundação, os hemisférios cerebrais começam a se individualizar. Por volta da sétima semana, os nervos se conectam com alguns músculos, que permitem que embrião tenha movimentos espontâneos. Todas as principais estruturas cerebrais estão presentes no final da oitava semana de gestação. O segundo e terceiro trimestre serão direcionados principalmente ao crescimento dessa estrutura que acabou de se formar.[25]

O neocórtex continua sua formação durante os primeiros anos de vida da criança. Ele ainda não é capaz de controlar integralmente o cérebro arcaico e o cérebro emocional que são dominantes. Com 1 ano de idade, o neocórtex ainda é extremamente imaturo. Os bebês possuem uma quantidade limitada de conexões neuronais em seu neocórtex, as chamadas "sinapses".[26]

Uma grande parte do cérebro se forma nos cinco primeiros anos de vida da criança, mas seu amadurecimento continua até o final da adolescência e até a terceira década de vida da pessoa para algumas regiões cerebrais muito importantes do lobo frontal, em particular o córtex orbitofrontal e a área dorsolateral do córtex pré-frontal.[27]

As regiões cerebrais envolvidas na vida afetiva e social continuam se desenvolvendo durante toda a infância, o que será determinante para a inteligência emocional e social da criança.[28]

---

25. Para mais informações acesse www.douglas.qc.ca
26. Nowakowski, 2006; Tau, 2010; Belsky e De Haan, 2011
27. Gotgay, 2004.
28. Parsons, 2010.

Cem bilhões de células nervosas

Certamente podemos nos surpreender ao imaginar que nosso cérebro contenha nada menos que 100 bilhões de células nervosas e 1 trilhão de sinapses. O cérebro humano é a estrutura mais complexa do universo. Existem dois tipos de células nervosas: os neurônios e as células gliais.

- **Os neurônios** são células mais conhecidas do público em geral, com seu corpo celular estrelado de onde se prolongam os dendritos e um prolongamento mais longo chamado axônio, por sua vez, contendo ramificações.

Os neurônios formam uma grande e densa rede de conexões, e transmitem informações por estímulos elétricos, conhecidos como "impulsos nervosos". Eles se comunicam sem se tocaram diretamente, formando um espaço chamado "sinapse", onde moléculas, os neurotransmissores, transmitem o impulso nervoso de um neurônio para o outro.

Um neurotransmissor é uma molécula química que transmite a informação de um neurônio para o outro utilizando a sinapse. A liberação de neurotransmissores resulta em um impulso nervoso emitido pelo neurônio. O neurônio que emite o impulso e libera os neurotransmissores, é chamado de "pré-sináptico" e o que recebe "pós-sináptico". Liberados na extremidade de um neurônio, os neurotransmissores são captados pelos neurônios pós-sinápticos por meio de receptores específicos para cada neurotransmissor, situados em sua membrana.

Os receptores são estruturas proteicas, compostas de proteínas, situadas na membrana do neurônio, onde se fixam os neurotransmissores, ou outras substâncias químicas e medicamentos.

Existem múltiplos neurotransmissores: a serotonina, a dopamina, a acetilcolina, entre outros que veremos mais adiante.

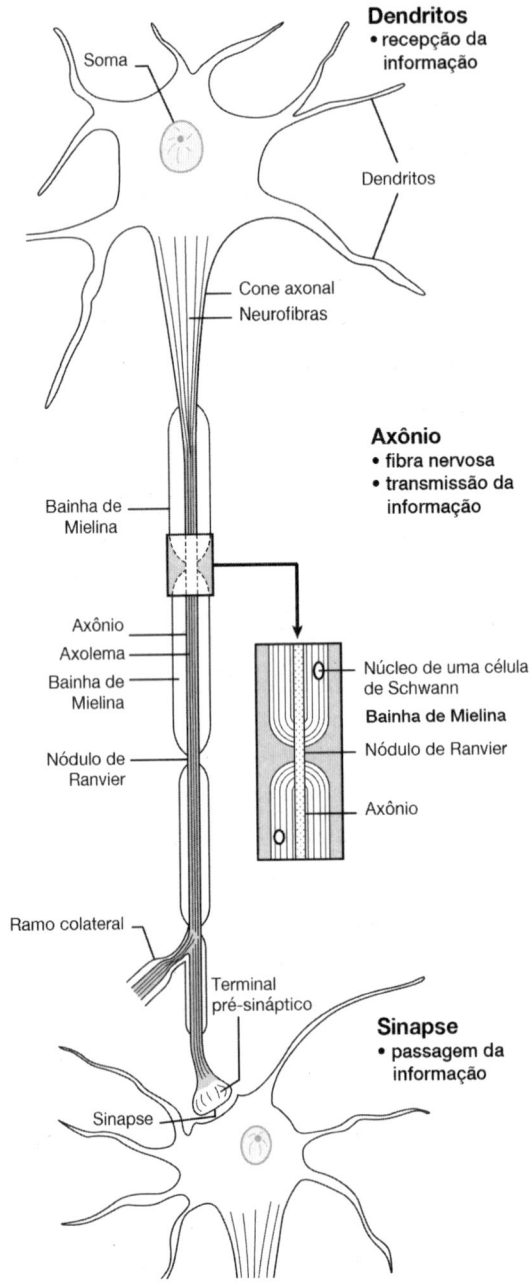

Figura 2.3: *Os neurônios*

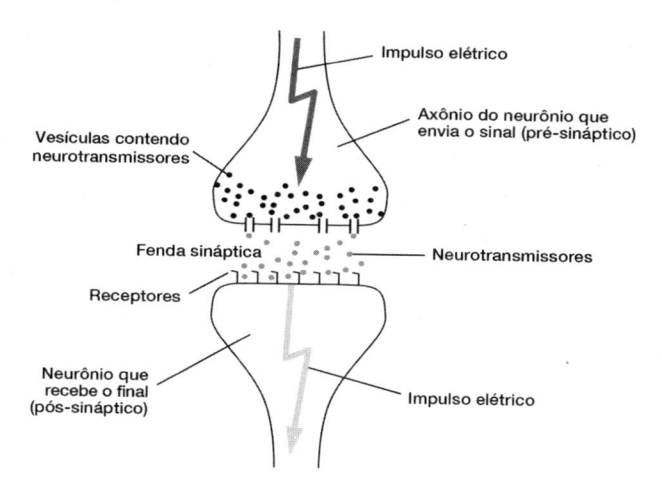

Figura 2.4: *Transmissões sinápticas*

O corpo celular dos neurônios corresponde ao que chamamos de "substância cinzenta".
Já a substância branca, contém as fibras nervosas, os axônios. Ela recebe esse nome graças à cor clara da mielina, formada por várias camadas concêntricas que envolvem os axônios. Esse revestimento, a bainha de mielina, isola os axônios entre si e permite aumentar a velocidade de propagação do impulso nervoso por meio das fibras nervosas.

As células gliais são um conjunto de vários tipos celulares:

- os astrócitos são responsáveis por nutrir os neurônios em energia, em glicose, além de terem uma função de limpeza;
- a micróglia é a primeira estrutura de defesa do cérebro contra moléculas estranhas;
- os oligodendrócitos criam a bainha de mielina que envolve e acelera a condução do impulso nervoso ao longo das fibras nervosas.

O desenvolvimento das células cerebrais

Os neurônios são produzidos entre a sexta e a décima oitava semana após a concepção.

O desenvolvimento do córtex cerebral depende de acontecimentos-chave como a produção das células cerebrais, a migração delas até seu local definitivo e sua especialização. Após terem sido produzidos, os neurônios migram até seu local definitivo onde irão adquirir uma especialização própria à região do cérebro para onde migraram. Eles estabelecerão conexões com outros neurônios por meio dos dendritos e das sinapses. Seus dendritos crescem, se dividem, suas ramificações se expandem e criam inúmeras conexões progressivamente.

Os fenômenos de proliferação e migração de precursores gliais, a distinção entre astrócitos e oligodendrócitos ocorre durante os primeiros anos de vida de um ser humano.[29]

A mielinização

O axônio dos neurônios é coberto por uma bainha chamada "mielina". O efeito isolante do axônio criado pela mielina acelera a transmissão do impulso nervoso. A velocidade de condução passa de 1 metro por segundo para 100 metros por segundo. Para comparar, o jamaicano Usain Bolt obteve seu recorde mundial correndo 100 metros em 9,58 segundos.

A mielinização se desenvolve de maneira progressiva ao longo da infância até a adolescência. Esse processo inicia-se no córtex sensório-motor e terminará na área mais complexa do cérebro, a zona orbitofrontal, no final da adolescência. Essa atividade de condução de informação nos lobos do neocórtex levam ao desenvolvimento das capacidades cognitivas, especialmente da memória e das habilidades de leitura e linguagem.

Os circuitos neuronais

Após o nascimento, as sinapses se formam de maneira muito intensa. Milhões de conexões se estabelecem, se desfazem e se restabelecem segundo as relações afetivas, o aprendizado e todas as outras experiências vividas pela criança. Isso influenciará a eficácia e a quantidade de sinapses. Quando uma conexão se torna inútil,

---
29. Stiles, 2010.

ela é eliminada e substituída por outra mais útil e eficaz, é o que chamamos de "poda neural".[30]

Aos 2 anos de idade, as sinapses atingem uma densidade duas vezes maior do que na idade adulta, e no início da adolescência elas atingem o mesmo nível que a de uma pessoa adulta. Um neurônio de média importância recebe cerca de dez mil conexões.

Durante a infância e a adolescência, o cérebro perde a metade de suas sinapses, para então guardar os circuitos que são mais utilizados e eliminar os outros. Essa intensa atividade de formação de sinapses e de organização de conexões explica que qualquer fenômeno ou evento capaz de alterar a formação desses circuitos, pode acarretar consequências importantes na vida atual e futura da criança.

O cérebro durante a adolescência

As estruturas cerebrais mais complexas são as últimas a chegarem à maturidade: os lobos temporais e depois os lobos frontais

Os lobos temporais e frontais são os principais responsáveis pelos processos cognitivos e pela regulação das emoções. Essas zonas testemunham uma intensa atividade sináptica durante a adolescência e atingem um desenvolvimento pleno por volta de 16-17 anos de idade.[31]

Logo, o córtex pré-frontal se torna mais eficaz. Nele se concentram as capacidades intelectuais, de memorização, de decisão.

Novas possibilidades intelectuais são viáveis com seu amadurecimento completo, em particular a habilidade do pensamento abstrato, de deduções, de generalizações ou coordenação de novos conceitos. O amadurecimento do córtex pré-frontal permite também o controle das reações emocionais: conseguir enxergar os acontecimentos de maneira serena, ser capaz de refletir e analisar as situações sem reagir por impulso.

A última etapa da reorganização do cérebro diz respeito a uma pequena área do lobo frontal, situada na área da testa, em cima das

---
30. Belsky e De Haan, 2011.
31. Blakemore, 2008.

órbitas oculares: o córtex orbitofrontal. Esta zona, juntamente com outras estruturas, atua como reguladora dos comportamentos sociais e emocionais[32].

Natureza e cultura

Quando as experiências são vividas repetidamente, as conexões e os circuitos cerebrais se consolidam em cinco ou seis meses. Devido à repetição, o circuito se solidifica cada vez mais, deixando uma marca profunda. Quando as experiências da infância se reproduzem com regularidade, elas ficam profundamente enraizadas e podem repercutir de maneira importante na vida adulta.

O desenvolvimento do cérebro depende de processos genéticos, mas também se forma sob a influência do ambiente onde vivemos.[33]

Durante a vida intrauterina e os dois primeiros anos de vida, o cérebro é extremamente sensível aos efeitos do estresse e do ambiente de forma ampla, incluindo as pessoas que participam da vida afetiva, as condições socioeconômicas e culturais. Ele também sofre a influência dos aportes nutritivos, produtos tóxicos, poluição etc.

As experiências vividas pela criança a impactam profundamente e podem modificar o desenvolvimento de seu cérebro. James Curley, da Universidade de Columbia em Nova Iorque, em um artigo publicado em 2011, resume os impactos do ambiente social no desenvolvimento do cérebro e seus muitos efeitos na fisiologia, no comportamento e na expressão das emoções. Ele mostra que o ambiente social e afetivo agem diretamente no cérebro, que possuem uma influência na expressão de alguns genes, no desenvolvimento dos neurônios, na sua mielinização, na formação de sinapses, nos circuitos neuronais, no funcionamento de algumas estruturas cerebrais muito importantes, na secreção de moléculas cerebrais (serotonina, dopamina, GABA ou ácido gama-aminobutírico, ocitocina etc.), no funcionamento neuroendócrino do eixo regulador de estresse (eixo hipotálamo-hipófise).[34]

---

32. Marsh, 2008.
33. Kundakovic, 2013.
34. Curley, 2011.

O desenvolvimento das células neuronais, sua migração e sua diferenciação começam no útero, mas continuam a se desenvolver principalmente após o nascimento. Todas essas etapas são extremamente importantes e extremamente sensíveis à influência do ambiente, como mostram inúmeros estudos com animais criados sob condições diferentes. Onde, por exemplo,, um animal vive em um ambiente afetuoso, com cuidados e com companhia, ou ao contrário, ele é isolado, ou então ele tem diversos brinquedos à disposição, ou possui um local de vida estéril. Esses estudos mostram que ratos criados em ambientes enriquecidos e propícios à interação com outros ratos, equipados de diversos jogos (bolas, túneis, escadas), com alimentos frescos à disposição, possuem um melhor desenvolvimento cerebral. A arborização dendrítica aumenta, fica mais densa e desenvolve progressivamente mais sinapses.[35]

Michael Meaney, diretor de pesquisas na Universidade McGill em Montreal, trabalha nas temáticas sobre o estresse, os cuidados maternos e a expressão dos genes. Desde 2001, ele mostra que os cuidados maternos desde os primeiros dias de vida favorizam o desenvolvimento do sistema neuronal e o bom desenvolvimento das funções cognitivas, das faculdades emocionais e das respostas neuroendócrinas em relação ao estresse.[36]

Em 2008, Frances Champagne e pesquisadores holandeses descobriram que filhotes de ratos que foram bem cuidados, lambidos e bem protegidos pelas mães, tinham uma grande prosperidade de neurônios em seu hipocampo, com uma rica e densa arborização, com um aumento do comprimento de seus dendritos e com uma maior densidade de sinapses, ao invés dos ratos que não foram cuidados ou pouco cuidados pelas mães.[37]

---

35. Markham, 2004.
36. Meaney, 2001.
37. Champagne, 2008. Frances Champagne, pesquisadora canadense que estuda a maternagem e seus efeitos nos genes, e os fatores ambientais que regulam o comportamento materno e paterno. Durante muito tempo ela participou da equipe de Michael Meaney em Montreal, mas atualmente trabalha na Universidade de Columbia em Nova Iorque.

As experiências de vida também afetam a mielinização.[38] Nos macacos, quanto mais enriquecido for o ambiente, quanto mais estímulos ele tiver, maior será a mielinização do corpo caloso.[39] Essa influência do ambiente na mielinização não foi verificada nos ratos maduros.[40] Esse ponto merece um destaque, pois ele mostra que o cérebro jovem ainda está em um período "crítico" e é extremamente sensível aos efeitos do ambiente, justamente por estar em uma fase de intenso desenvolvimento.

Nossas interações, nossas experiências determinam quais circuitos e quais conexões vão persistir ao longo do tempo. O aprendizado, as relações afetivas e sociais não atingem profundamente apenas as estruturas e circuitos cerebrais, mas também a expressão de alguns genes. Isso pode levar a um grande impacto no comportamento social da criança, principalmente na sua capacidade para superar o estresse, vivenciar suas emoções e expressar seu afeto.

Michael Meaney mostra que os cuidados paternos e maternos possuem uma influência decisiva, que será refletida na expressão de alguns genes, o que veremos posteriormente. Durante a nossa vida, os genes exprimem com mais ou menos intensidade as características ou doenças neles contidas. Sua capacidade de expressão é extremamente variável. Alguns genes não são capazes de se expressar. Outros se expressam, mas depois perdem novamente essa capacidade.[41]

A maternagem é fundamental, assim como a relação com seus semelhantes. Um estudo de 2013 mostra que as condições de criação de filhotes de ratos somente com a presença da mãe ou com a mãe e outros filhotes impactam na secreção de moléculas cerebrais essenciais na sociabilização, como a BDNF e a ocitocina, que veremos posteriormente. Observa-se que os filhotes de rato em contato com filhotes de outras ninhadas têm um aumento na taxa de receptores cerebrais para essas duas moléculas.[42]

---
38. Ullen, 2009.
39. Sanchez, 1998
40. Markham, 2009.
41. Meaney, 2005.
42. Branchi, 2013.

O CÉREBRO DA CRIANÇA, UM CÉREBRO IMATURO • 67

Dois aspectos importantes devem ser destacados:
Enquanto o cérebro não estiver completamente maduro, o processo de gestão de emoções e sentimentos não está totalmente operacional. Isso explica porque as crianças possuem tanta dificuldade para se controlarem e administrarem suas respostas emocionais ou afetivas.

As experiências vividas por uma criança possuem um impacto no desenvolvimento de seu cérebro e influenciam suas reações psicoafetivas e sociais, quando crianças, mas também na idade adulta.

Uma equipe de pesquisadores(as) da Universidade de Harvard, dirigida por Martin Teicher, mostra que o cérebro das crianças e adolescentes é extremamente vulnerável. Os maus-tratos repercutem no desenvolvimento global de seu cérebro, por conseguinte, em sua inteligência relacional e cognitiva.[43]

Essas considerações sobre o desenvolvimento e o amadurecimento do cérebro infantil nos permitem compreender que uma criança pequena não é fisiologicamente capaz de controlar as emoções e situações que ela vivencia.[44]

A criança é incapaz de reagir como uma pessoa adulta. Não se trata de não saber ou não querer, mas sim de *não ser capaz de fazer*, pois suas estruturas e redes cerebrais não estão plenamente operacionais.

Portanto, a criança terá reações espontâneas, sem ser capaz de refletir e de controlar suas emoções. Geralmente, a criança também não entende o que está acontecendo dentro de si, por ser tomada por uma emoção que ela não consegue controlar. Essas experiências emocionais influenciam na formação e no desenvolvimento das conexões sinápticas e dos circuitos cerebrais.

É de suma importância aprender e entender a evolução do cérebro infantil. Esse conhecimento justificaria, portanto que diversos padrões "educativos" fossem revistos, tanto em família quanto no ambiente escolar, tendo em vista a importância dos primeiros anos de vida de uma criança para o seu desenvolvimento afetivo e emocional, e consequentemente relacional e intelectual.

Durante toda a trajetória de um ser humano, seu cérebro é mais frágil e mais vulnerável justamente nos primeiros anos de vida.

---

43. Tomoda, 2009.
44. Belsky and de Haan, 2011

3

O CÉREBRO, A AFETIVIDADE E A VIDA RELACIONAL DA CRIANÇA

Dentre as principais preocupações do ser humano as relações afetivas possuem um lugar de destaque. Tanto que, mesmo quando estamos em repouso, os circuitos cerebrais dedicados às relações afetivas e sociais permanecem ativos.[45]

Atualmente, graças às técnicas sofisticadas de neuroimagem, como a ressonância magnética funcional (RMf), a ressonância magnética por difusão (IRMd), a tomografia por emissão de pósitrons (PET-CT) e que os especialistas começaram a entender melhor o complexo funcionamento do cérebro humano em situações relacionais.

Louis Cozolino, professor de psicologia na Universidade de Pepperdine na Califórnia, recorda que o cérebro, como um todo, participa das relações humanas, e que os circuitos cerebrais dedicados a essas relações se desenvolvem ininterruptamente ao longo da vida.[46] Porém, algumas regiões do cérebro são especialmente consagradas à nossa vida relacional.[47] Dentre os inúmeros circuitos e estruturas que participam da elaboração e do controle de nossas emoções, de nossos sentimentos, de nossa vida social, levaremos em consideração apenas os principais: o córtex pré-frontal, a amígdala, o hipocampo, o hipotálamo, a ínsula, o núcleo accumbens, o cerebelo, os dois hemisférios cerebrais e o corpo caloso. Mas existem muitos outros.

---
45. Mars, 2012
46. Cozolino, 2006.
47. Panksepp, 2002.

O córtex pré-frontal

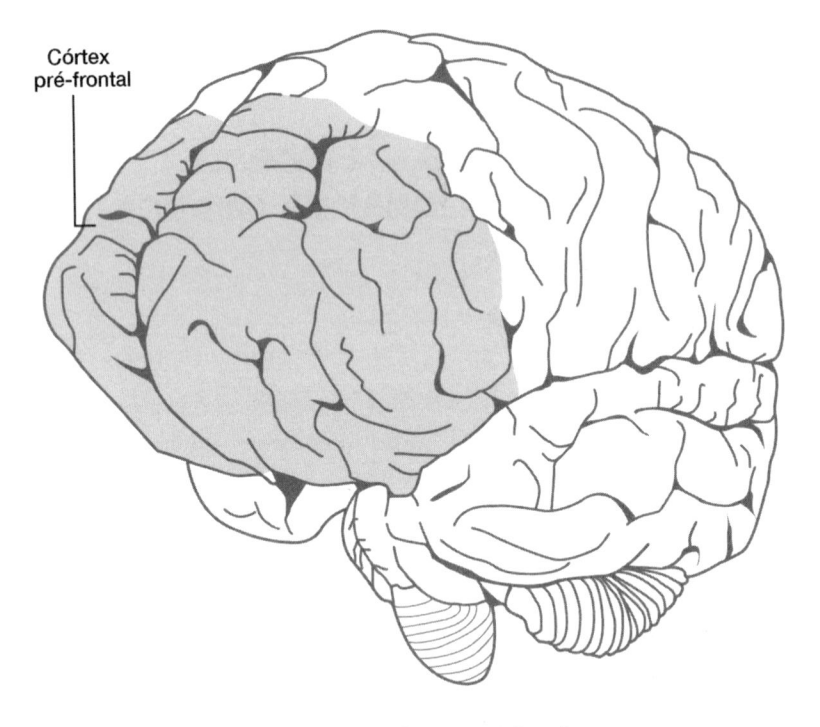

Figura 3.1: *O córtex pré-frontal.*

O córtex pré-frontal, localizado na parte anterior do lobo frontal, é uma das principais zonas do neocórtex (*figura 3.1*), onde identificamos muitas áreas importantes:

- O giro frontal inferior, onde se localiza o córtex orbitofrontal;
- O córtex cingulado anterior (CCA);
- O córtex ventrolateral;
- O córtex ventromedial;
- O córtex dorsolateral (*figura 3.2*).

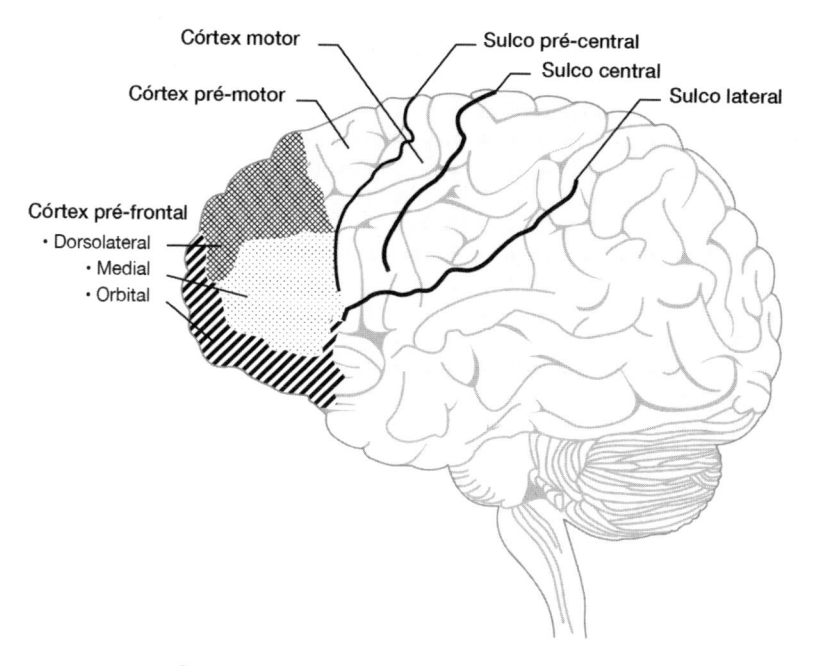

Figura 3.2: *As diferentes áreas do córtex pré-frontal.*

O córtex pré-frontal se conecta com diversas áreas cerebrais: as áreas córtico-sensoriais, as regiões subcorticais (sistema límbico, tálamo, subtálamo, mesencéfalo). Essas inúmeras conexões constituem a complexidade do cérebro, mas também sua riqueza.

Esse córtex é particularmente interessante. Nos primatas, diversos estudos mostraram que o volume do córtex está diretamente ligado ao tamanho do grupo social. Se o grupo social aumenta, o tamanho do córtex também aumenta.[48] Ao longo do processo evolutivo, a espécie humana se distinguiu das outras espécies de primatas devido ao tamanho mais volumoso de seu córtex pré-frontal. Esse volume mais importante no ser humano poderia ser o reflexo dos mecanismos extremamente complexos que são necessários ao estabelecimento de relações sociais que permitem a coesão de um grupo. Outro fato interessante desse córtex, é que esta última zona a amadurecer, e isso apenas no início da idade adulta.

---

48. Dunbar and schultz, 2007.

O córtex pré-frontal é a central de controle do cérebro, ele é responsável pelo planejamento e pelas tomadas de decisões. Ele também é responsável por funções superiores, como a linguagem, o raciocínio, a memória de trabalho, que nos permite armazenar uma informação ou uma instrução enquanto uma tarefa é executada. Ele também é a central de controle das nossas respostas emocionais. O córtex pré-frontal nos proporciona a capacidade de dizer "não" aos nossos ímpetos. Diante de uma situação relacional difícil, de onde podem surgir diversas emoções diferentes, o córtex pré-frontal nos ajuda a refletir, a analisar. Ele também abriga as funções responsáveis pelo paladar e olfato.

O córtex pré-frontal e a regulação das emoções. Qual a diferença entre emoções e sentimentos?

Vamos analisar a definição das palavras "emoção" e "sentimento". A diferença entre emoções e sentimentos nem sempre é clara e pode variar conforme diz os autores. As duas palavras pertencem ao universo do "sentir". Diante de um acontecimento, sentimos coisas e reagimos.

As emoções são reações automáticas, são respostas bruscas a um estímulo, geralmente geram surpresa, duram pouco tempo e provocam uma reação corporal e fisiológica evidente. Por exemplo: o medo, a raiva, o nojo, a surpresa, a alegria provocam sensações físicas, nos permitindo identificá-las.

Os sentimentos são mais elaborados, podem ser vivenciados, afetam nosso humor e usualmente são não são passageiros. Por exemplo: o afeto, a compaixão, a confiança, a decepção...

O que acontece com um adulto tomado por fortes emoções?

Quando um adulto é dominado pela raiva, ansiedade, medo, frustração, ciúmes etc., essa pessoa é capaz de se controlar, é capaz de não agredir e de não se deixar levar por seus ímpetos.

Se a situação não é dramática e seu córtex pré-frontal funciona corretamente, ele será capaz de analisar a situação, de tentar compreender o que está acontecendo e o que provocou suas emoções e sentimentos. Esse tempo de verificação, análise e entendimento, realizado em parte graças ao córtex pré-frontal, permite que a pessoa se acalme e tome as decisões adequadas diante de suas emoções, impedindo-a de agredir alguém física ou verbalmente, ou de fugir imediatamente, ou de ficar paralisada sem reação.

Portanto, o córtex pré-frontal permite que nossas emoções intensas e nossos ímpetos sejam regulados, permite que consigamos analisar com clareza e calma o que está acontecendo, e decidir o que precisa ser feito. Ele nos permite perceber quando reagimos exacerbadamente e que podemos administrar a situação. Permite também que possamos avaliar tranquilamente o que aconteceu, e, assim, o estado de pânico ou de raiva onde nos encontrávamos diminui progressivamente.

A reavaliação

Quando estamos diante de um conflito relacional, temos a possibilidade de dar um outro significado ao que estamos vivendo. Isso se chama "reavaliação". Essa atitude consciente muda o nosso estado emocional.[49]

Em 2010, Harold Koenisberg, professor de psiquiatria no Hospital Mount Sinai em Nova Iorque, descreve o circuito responsável dessa reavaliação. Este é um circuito extremamente complexo e que implica primeiramente o córtex pré-frontal, mas também o córtex cingulado anterior, a amígdala e a ínsula.[50]

Essa capacidade de reapreciação, que nos permite reexaminar uma situação onde a emoção é muito presente, já tinha sido perfeitamente descrita por Marco Aurélio há muitos anos, no século II d.C.: "O sofrimento não vem da situação em si, mas sim de como a avaliamos, e temos o poder de mudar nossa apreciação a qualquer momento."

---

49. Creswell, 2007; Giuliani and Gross, 2009
50. Koenisberg, 2010.

Entendemos, então, a importância desse circuito cerebral. Quando ele ainda é imaturo ou não funciona corretamente por diversas razões (distúrbio de desenvolvimento cerebral, lesões cerebrais traumáticas, patologias neurológicas e psiquiátricas, anomalias no amadurecimento devido a sequelas de maus-tratos na infância), as pessoas são incapazes de analisar e avaliar o que estão vivenciando. Elas são tomadas abruptamente por emoções negativas oriundas de situações de conflito. Logo, essa capacidade de reapreciação possui uma implicação direta nas relações sociais. Ele permite rever nossa atitude, nossa maneira de enxergar alguém e, desta forma, sermos capazes de melhorar a situação quando necessário.

Júlia, 4 anos de idade, é uma criança muito esperta e feliz. Ela brinca no parquinho com sua melhor amiga. Todas as duas se divertem, riem, correm, pulam, vão ao escorregador, gritam de alegria. Sua mãe olha para o relógio, são 19h. Ela pensa: Temos que voltar logo para casa. *"Júlia, vamos embora, vem logo!"* Júlia não responde e continua a brincadeira. *"Júlia, eu já disse, vamos. Você está ouvindo?"* Júlia finge que não ouve. *"Júlia, você está surda? Vem agora!"*

Irritada, a mãe vai até Júlia, puxa-a pelo braço bruscamente e grita: *"Agora chega! Você nunca me obedece."* Júlia diz: *"Você é malvada. Eu não gosto mais de você."* Ela se debate e bate na mãe. Júlia recebe dois tapas na mesma hora e começa a chorar.

Essa cena se repete em outras ocasiões. A mãe de Júlia fica triste, com raiva de si mesma e da filha. Ela nunca teria imaginado ser violenta com ela. Ela se sente culpada. Ela sente que a relação com sua filha está se deteriorando. Ela também acredita que a filha é muito desobediente, que ela é muito geniosa. *"Ela pensa repetidamente: "Ela vai ser realmente difícil quando crescer..."*, ela pensa repetidamente...

Um dia, conversando com uma amiga, mãe de muitas crianças, ela percebe que poderia ver a situação por outro ângulo. Ela poderia se colocar no lugar da filha de 4 anos de idade, contente de brincar com uma amiguinha. Ela percebe que uma criança não consegue parar de brincar imediatamente, que ela poderia ser mais calma e mais paciente. No trabalho, ela também não gosta de receber ordens em um tom categórico e ouvir: *"Ande logo com isso..."* Enfim, ela reavalia a situação.

Ela conclui que da próxima vez tentará agir diferentemente. Agora, ela se sente mais calma e confiante; falará carinhosamente e avisará sua filha com antecedência para que ela tenha o tempo necessário de aceitar que é hora de partir...

Nesse mesmo dia, no parque, já são quase 19h, ela chega perto de Júlia tranquilamente e diz: *"Júlia, eu sei que você está se divertindo muito com sua amiga. Eu gostaria de poder ficar mais tempo, mas preciso ir fazer a jantar. Temos que voltar para casa. Você pode brincar mais cinco minutos e depois vamos embora. Certo, Júlia?"* Júlia replica: *"Ah... Mas eu não quero voltar para casa. Eu quero continuar brincando.*

– *Eu sei, meu amor. Mas quando eu te disser que está na hora de ir embora, você poderá dar tchau para sua amiga e você vem. Certo, Júlia?*

– *Tá bom, mamãe."* E as duas vão embora de mãos dadas, tranquilamente.

Se a mãe de Júlia não tivesse reavaliado a situação, ela continuaria tendo uma postura autoritária, o que comprometeria a relação das duas.

Quando o córtex pré-frontal é hipoativo

Alguns adultos violentos, extremamente ansiosos e coléricos, assim como as crianças, são invadidos pelo medo, pela raiva, pelos instintos agressivos e defensivos, gerado pelo cérebro emocional e arcaico.

A ressonância magnética mostra que nesses adultos, a atividade do córtex pré-frontal é muito baixa, como na primeira infância, idade na qual o córtex pré-frontal ainda é imaturo.[51]

O córtex pré-frontal hipoativo é incapaz de atuar como regulador das emoções intensas. Esses adultos agem como crianças pequenas e

---

51. Coccaro, 2011.

são invadidos por fortes emoções e ímpetos, sem conseguir controlá-los e sem conseguir se acalmar. Existem múltiplas causas para essa falha no desenvolvimento do córtex pré-frontal, mas uma delas é a violência que algumas pessoas sofreram na infância.

Duas regiões do córtex pré-frontal possuem um papel importante na nossa vida afetiva e relacional: o córtex orbitofrontal e o córtex cingulado anterior

O córtex orbitofrontal (ou COF)

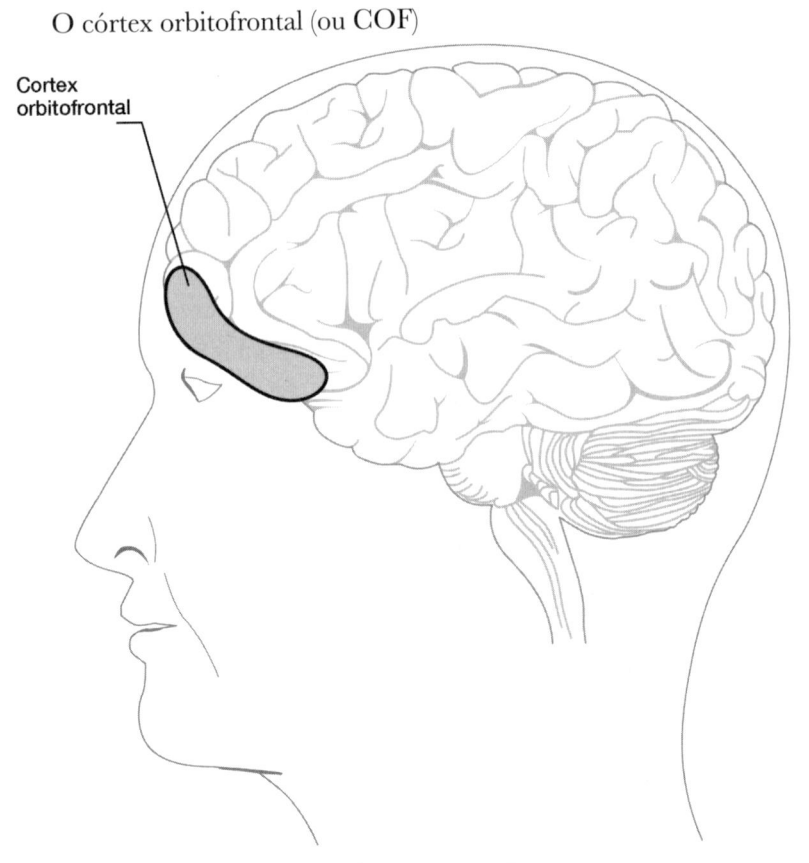

Figura 3.3: *O COF*
O córtex orbitofrontal corresponde a uma pequena área do lobo frontal, como seu nome indica, na parte da frente, na região da testa, acima das órbitas oculares.

O COF está ligado ao centro de controle das emoções do cérebro e as estruturas essenciais como o neocórtex (centro de controle do pensamento), a amígdala (centro de alerta) e o tronco encefálico (onde são reguladas as funções fisiológicas fundamentais). Ele se conecta também com o córtex cingulado anterior (CCA), essencial na nossa relação com si próprio e na relação com os outros. Ele está conectado ao córtex somatossensorial, necessário à nossa percepção do nosso corpo e do mundo externo. O córtex somatossensorial, repleto de informações sensoriais, de movimentos e da decisão de agir, se conecta profundamente com o sistema límbico, principal área da nossa vida emocional.

O COF também se relaciona com o lobo temporal, responsável pela percepção das intenções e pela avaliação do ambiente que nos cerca. Além de ter conexões com os centros de controle da atenção e da memória.

O COF é vital para a nossa vida social

O COF, estrutura cerebral extremamente preciosa, possui um papel fundamental em nossas capacidades de afeto, empatia, regulação das nossas emoções e também no desenvolvimento do nosso senso moral e nossa habilidade de tomada de decisões, além de todas as outras habilidades onde a relação com outro está em jogo. O volume desse córtex está diretamente ligado às competências sociais.[52]

O COF é extremamente importante em nossa capacidade de afeto e empatia

Quando alguém olha para a foto de um ente querido e sente carinho e amor, a ressonância magnética funcional mostra uma atividade no seu COF, sendo essa atividade ainda mais importante quando os sentimentos são intensos. Como mães que olham a foto de seu pequeno bebê sorrindo. Quanto maior for o amor, mais importante será

---
52. Powell, 2010.

a atividade no COF. O COF das mesmas mulheres é minimamente ativado quando olham fotos de crianças e adultos sorrindo, mas que elas não conhecem.[53]

O COF nos permite ter empatia, nos permite entender as emoções e sentimentos de alguém e também, sentir compaixão.[54] Ele avalia o tom de voz, os odores corporais, que são dois elementos importantes nas relações interpessoais. Essa região também é extremamente sensível a outros sinais como o olhar, essencial para decifrar o estado emocional da pessoa que está a nossa frente. Os olhos estão diretamente ligados ao COF por vias nervosas específicas. Quando nosso olhar "mergulha" nos olhos de outra pessoa, nosso centro de empatia adentra profundamente em sua "alma" para tentar compreendê-la. Quando dois indivíduos se olham com intensidade, eles "conectam" suas áreas orbitofrontais. Somos capazes então de ler as emoções mostradas na face do outro indivíduo e reproduzi-las, como se fossem nossas próprias emoções.[55]

Quando encontramos alguém, o COF nos ajuda a saber se gostamos ou não da pessoa diante de nós. Recebemos uma informação instantânea do que estamos sentindo e o que a pessoa também sente por nós. Recebemos mensagens não verbais, que serão decifradas e que nos darão uma resposta e a melhor forma de agir.

O COF é um regulador emocional

O COF regula a amígdala, que é o nosso centro de alerta, do medo e da ansiedade. Ele age diretamente na amígdala para conter nossos ímpetos e nossos atos precipitados e imponderados. Ao encontrar com alguém, o COF regula as nossas reações emocionais conforme a pessoa que está diante de nós. Se não tivéssemos um freio, nossos gestos se tornariam incontroláveis.

---

53. Nitschke, 2004
54. Decety, 2008; Brink, 2011.
55. Rempel-Clower, 2007.

O senso moral e a tomada de decisões

Essa estrutura cerebral, devido ao seu papel como gestor das emoções, nos instrui sobre o nosso mundo interior, ela decodifica o mundo exterior e guia nossas ações. Sua multitude de conexões permitem uma rápida comunicação e coordenação entre nossos sentimentos, pensamentos e ações. Involuntariamente, começamos a agir, e rapidamente a ponderação entra em ação, nos permitindo rever nossos atos, caso necessário. O COF nos auxilia na tomada de decisões de acordo com o que percebemos e sentimos, mas também graças à nossa capacidade de refletir e ao nosso senso moral. Logo, ele é indispensável na construção de nossa vida afetiva e relacional.

Quando o COF atinge sua completa maturidade, a pessoa adquire também um senso de comportamento moral,[56] aprimora sua capacidade de se colocar no lugar de outrem em conflitos ou discussões, e se torna realmente responsável por seus atos.[57] Ela sabe tomar as devidas decisões no devido momento.[58]

O COF tem, portanto, um papel fundamental na nossa vida social. Ele permite regular as nossas emoções, ter empatia por outro, contribui no desenvolvimento do nosso senso moral e nos ajuda a começar algo.

Lesões no COF acarretam grandes distúrbios na regulação de emoções, no humor e na vida social de uma pessoa.

A vida dessa pessoa se torna caótica e incoerente, encontrando-se em uma série de acontecimentos que podem lhe ser muito prejudiciais. A pessoa não é mais capaz de tomar decisões adequadas em questões essenciais com relação à sua própria vida: como escolher um cônjuge, um trabalho, um lugar para morar. Ela não consegue se integrar na sociedade e nem antecipar as necessidades e reações dos outros indivíduos. Ela perde a noção do senso moral.[59]

---
56. Mol, 2002
57. Decety, 2008.
58. Kringelbach, 2005
59. Damasio, 1995.

Allan Schore foi um dos pioneiros a mostrar que o desenvolvimento do COF depende das experiências vividas pela criança. Esse importante fato altera a nossa visão do que é realmente necessário para o desenvolvimento de uma criança.

Allan Schore é um dos fundadores da neurociência afetiva e social. Ele é diretor do departamento de psiquiatria da Universidade de Los Angeles e pesquisa sobre o impacto dos traumas precoces no desenvolvimento cerebral e sobre a neurobiologia do apego.

Sua instrução multidisciplinar lhe permitiu observar o ser humano com um ponto de vista externo, sem estereótipos, sem pré-julgamentos. Ele é pediatra, neurologista, psiquiatra, psicanalista, químico e biólogo. Allan Schore frisa que os adultos possuem um papel fundamental na vida da criança para o desenvolvimento dessa região, o córtex orbitofrontal, necessária para a condução de relações humanas satisfatórias. Segundo ele, as disfunções emocionais estariam principalmente localizadas no COF.

"Se pais e mães oferecem à criança a escuta e segurança necessárias, o COF se desenvolve, prospera. Se existe um comportamento de indiferença ou abusivo, o crescimento do COF estagna, o que leva a uma menor capacidade de regulação do tempo, da intensidade ou da frequência das emoções. Relações humanas saudáveis dependem, em parte, desse circuito neuronal.[60]"

Uma pesquisa recente compara dois grupos de crianças de 14 anos de idade. O primeiro grupo (com 31 crianças) sofre castigos físicos, e o outro grupo não (41 crianças). Quando uma criança sofre castigos físicos, o COF apresenta alterações importantes, diminui de volume e a criança não tem um desenvolvimento emocional e social normal.[61]

Outro estudo, realizado na Romênia, feito com crianças órfãs, mostra um desenvolvimento irrisório do COF, uma consequência direta da negligência que essas crianças sofreram, pela falta de afeto e atenção.[62]

---

60. Schore, 1994.
61. Hanson, 2010.
62. Chugani, 2001.

Esses dados nos convidam a refletir sobre as pessoas com quem a criança convive. Se o ambiente à sua volta não é "bom", seu COF não se desenvolverá e não funcionará corretamente. A criança, e em seguida a pessoa adulta, será incapaz de regular suas emoções, tendo grandes dificuldades para demonstrar afeto por outras pessoas, para sentir empatia, além de ter seu senso moral e capacidade de tomar decisões afetados.

Maturação do COF

Essa maturação depende em parte do ambiente onde vive a criança. Se as pessoas à sua volta proporcionam tudo o que a criança necessita, segurança afetiva e escuta, os circuitos do COF serão progressivamente estimulados.

A criança vivência um salto de crescimento neuronal que multiplica seus circuitos, iniciando-se por volta dos 5 anos de idade até por volta dos 7 anos. Com 5-6 anos de idade, aproximadamente, a criança começa a controlar um pouco melhor suas emoções negativas, a compreender suas causas e a saber como ultrapassá-las.

Mas essa maturação ainda está muito longe de seu fim. Essa região tão importante para a compreensão de si e de outrem, tão importante para podermos nos comportar de maneira ética, terminará seu amadurecimento apenas no início da idade adulta.

Ou seja, antes de 5-6 anos de idade, a criança tem ímpetos que são dificilmente controláveis: querer comer imediatamente algo que gosta, bater o pé e exigir obstinadamente conseguir algo, dizer "palavrões" com deleite, fazer travessuras e palhaçadas, fazer caretas em locais inapropriados, gritar muito por diversão, ter crises incontroláveis com medo de algo etc.

Com frequência, pais e mães pensam que seus filhos de 3-4 anos de idade são capazes de controlar todas as suas emoções e ímpetos, e perdem rapidamente a paciência quando são confrontados com esse tipo de comportamento irracional, e acabam pensando que a criança está fazendo de propósito. Entretanto, ao contrário do que os adultos gostariam, nessa idade ela é ainda muito pequena para ser "racional".

Ela ainda é submersa por grandes crises de birra, de raiva, de reações impulsivas. Ela ainda faz muita "pirraça" e muitas "besteiras".

Toda vez que uma criança pequena observa como um irmão ou irmã, um coleguinha ou um adulto, consegue atravessar um conflito emocional com calma e sensatez, os circuitos de seu COF, responsáveis por regular a amígdala, vão "repetir" e gravar a cena vivenciada. Esses circuitos se fortalecem no cérebro infantil e, progressivamente, os circuitos do COF que regulam os ímpetos emocionais se tornam cada vez mais eficazes e a criança se torna mais "racional".

Mateus, 3 anos de idade, brinca tranquilamente quando de repente, sua irmã Elisa de 6 anos de idade arranca brutalmente das mãos de Lucas, seu irmão de 9 anos de idade, o controle de seu videogame. Ela grita: *"Estou cansada de ver você jogar, agora o videogame é meu!"* Lucas, calmamente diz: *"Você pode esperar que eu termine a minha partida? Eu vou acabar daqui a cinco minutos."* Elisa se acalma e diz: *"Tá bom. Mas você promete me deixar brincar depois?*
Sim", responde Lucas.

Mateus parou de brincar para observar tudo o que o irmão e a irmã faziam. Os circuitos de seu COF registraram a cena, e se fortalecem para que, progressivamente, ele também consiga responder calmamente em situações de conflito.

Inversamente, quando os adultos não compreendem o comportamento de seus filhos e reagem dizendo: *"Pare agora mesmo de birra, mas que drama!"*, ao brigarem, reagirem bruscamente, punirem, baterem, eles estão atrasando a "idade da razão" das crianças, impedindo que o COF amadureça. Os comportamentos normais dessa idade perduram por mais tempo, fazendo com que a criança não consiga controlar suas emoções intensas, nem seja empática com outras pessoas. Mais tarde, ela poderá apresentar grandes dificuldades para tomar decisões e ter um comportamento eticamente correto.

Daniel Siegel, pedopsiquiatra, professor na Universidade de Los Angeles, descreve a relação pais/mães-criança em três cenários em *"Como as nossas relações e o cérebro interagem para a construção de quem somos"*.[63]

---

63. Siegel, 1999

Podemos nos inspirar nesses cenários, usando como exemplo uma criança de 14 meses, idade das primeiras experiências e aventuras, que tenta subir em um banco pouco estável. Quando a criança está diante de uma dificuldade, ela primeiro olha para seu pai, sua mãe, para ver se será encorajada ou não a tal façanha, se ela será autorizada ou negada. As respostas que pais e mães dão nesses momentos desafiadores são cruciais para a construção de sua personalidade e para desenvolver a confiança ou descrença nos adultos à sua volta.

Primeiro cenário
O pai ou a mãe dizem: *"Estou vendo que você está com vontade de escalar algo."* E tranquilamente conduzem a criança para um outro lugar onde ela poderá escalar com segurança: *"Está vendo? Aqui você pode subir sem cair e se machucar."* A criança entende que seus pais não consentem todos os seus atos, mas permitem que ela gaste sua energia em outro local, diferente de onde ela havia escolhido em primeiro lugar. Essa atitude parental compreensiva empática permite a maturação do córtex orbitofrontal.

Segundo cenário
O pai ou a mãe estão presentes, mas não prestam nenhuma atenção na criança. Que busca um contato visual, mas sem sucesso. A criança cai e os adultos dizem em um tom casual: *"Não faça isso de novo. Pare de fazer besteira!"* E desviam novamente a atenção da criança. Esse comportamento parental de desatenção e indiferença à criança e aos seus sentimentos, acarreta estresse, retarda a maturação do COF e geralmente faz com que a criança fique "pirracenta", provocadora, resmungona, chorona. Na verdade, ela está buscando desesperadamente o afeto, o apoio e a atenção de seus pais. Essa atitude parental pode originar distúrbios comportamentais e grandes dificuldades para expressar suas emoções e criar relações afetivas; e isso durante a infância, assim como na idade adulta.

Terceiro cenário
O pai e/ou a mãe gritam com raiva: *"Não!"*, porém, sentem-se culpados pela reação brusca, mudam de ideia e pegam a criança no colo para

acalmá-la. Mas logo em seguida, colocam a criança no chão dizendo: *"No final das contas você não merece colo, você só faz besteira!"* Essas reações parentais ambivalentes provocam mudanças bruscas e incontroláveis de humor na criança, sendo assim ela terá um comportamento super agitado e não conseguirá dominar seus impulsos. A maturação do COF desacelera, ele não consegue mais frear os ímpetos da criança. Conforme a criança cresce, com frequência, a sua autoconfiança diminui. Na idade adulta, essa pessoa será ambivalente em sua vida privada, profundamente dividida entre o desejo de afeto e o medo de não o conseguir.

O afeto é certamente indispensável para a criança, mas é insuficiente. Para se desenvolver harmoniosamente, ela precisa imperativamente de adultos que lhe mostrem o caminho, que a encorajem, que desenvolvam sua autoconfiança e que são capazes de demonstrar uma presença empática, calorosa e coerente, onde palavras, atitudes, gestos, olhares e o tom de voz caminham juntos e não causam ambiguidade. O adulto é, portanto, um guia, um modelo para a criança, ele sabe dizer não, sabe impor limites, mas o faz com calma, gentileza e afeto.

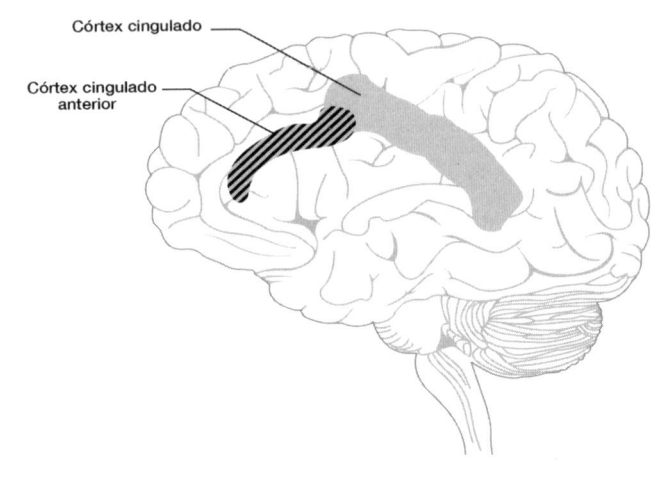

Figura 3.4: *O CCA*

O córtex cingulado também é chamado de "giro" ou "circunvolução cingulada". Ele se situa na face interna dos hemisférios, acima do corpo caloso. O córtex cingulado anterior pode ser dividido anatomicamente em uma parte dorsal, dedicada às funções cognitivas, e uma parte ventral que participa das funções emocionais (*figura* 3.4). A parte ventral do CCA se conecta com a amígdala, o núcleo accumbens, o hipotálamo e a parte anterior da ínsula.

O CCA: uma interface entre emoção e cognição

O CCA, assim como o COF, possui um papel importante fazendo a interface entre a emoção e a cognição, mais precisamente, transformando nossos sentimentos em intenções e ações. Ele participa das funções superiores, como o autocontrole sobre as nossas emoções, a capacidade de concentração para resolver problemas, o reconhecimento dos nossos equívocos, a capacidade de encontrar soluções que se adaptam às eventuais mudanças. Funções estas que possuem laços estreitos com nossas emoções.[64]

O CCA participa também na capacidade de reavaliação, o que nos leva a reexaminar uma situação particularmente emocional. Por exemplo, perceber o que estamos sentindo durante uma discussão, estimula a capacidade de conexão das redes neuronais. Ter consciência desses sentimentos garante melhor regulação hormonal. As pessoas encorajadas a praticarem a introspecção e a expressarem claramente o que sentem, têm o tamanho de seu córtex frontal e de seu CCA aumentado, o que tranquiliza a amígdala.[65]

O CCA se envolve em diversos sentimentos

O CCA, estrutura essencial na relação pessoal com outras pessoas e com nós mesmos(as), tem um papel fundamental na empatia e na autoempatia.

Com relação a nós mesmos, o CCA participa da autoempatia e é ativado quando olhamos para dentro de nós, com atenção e com a intenção de compreender o que acontece dentro de nós.

---

64. Mais informações no *site*: *Le Cerveau dans tous ses états*, Universidade McGill (le cerveau.mcgill.ca).
65. Allman, 2001 ; Craig, 2004.

Na relação com outrem, ele tem participação na empatia e é ativado quando dedicamos uma grande atenção e escuta a alguém, além de nos ajudar em nossa forma de nos expressar e na compreensão facial da pessoa que está diante de nós. Ele também será ativado quando cuidamos de alguém, quando ajudamos ou brincamos com alguém.

Segundo Hugo Critchley, professor de psiquiatria em Brighton, as diferenças individuais observadas na capacidade de perceber as próprias emoções ou a dos outros indivíduos, estão relacionadas a uma ativação mais ou menos importante do CCA. Os exames de imagem cerebral mostram uma importante atividade do CCA em pessoas mais sensíveis às relações interpessoais, capazes não apenas de avaliar melhor uma situação social, mas também de sentir como as outras pessoas presentes a percebem.[66]

O CCA possui um papel importante na maternagem e na relação da mãe com seus filhos.[67] Quando uma mãe ouve seu bebê chorar, seu CCA é ativado. Nos mamíferos, se essa zona estiver destruída, as fêmeas deixarão de cuidar de seus filhotes, que morrerão por negligência materna.[68] E para o filhote, essa zona também é essencial no relacionamento com sua mãe. O CCA permite que o filhote chame sua mãe quando precisa. Um filhote de macaco com o CCA comprometido não irá mais chorar quando for separado de sua mãe.

O CCA participa de diversos sentimentos positivos como o amor ou a confiança, mas também na ocorrência de sentimentos negativos como a mágoa, a decepção, a vergonha, a culpa. Ele também é ativado quando julgamos nossos semelhantes.[69]

O CCA é ativado em caso de dor física e rejeição social

De acordo com Naomi Einsenberger, professora de psicologia na Universidade de Los Angeles, e sua equipe, essa estrutura é a sede, tanto da dor física quanto do sofrimento causado pela rejeição social,

---

66. Critchley, 2004.
67. MacLean, 1985.
68. Bush, 2002.
69. Eisenberger and Lieberman, 2004.

quando ela nos atinge diretamente, mas também quando se refere a outra pessoa. Nosso cérebro grava todas as rejeições sociais na mesma área que a do sofrimento físico. A rejeição social ou o medo da rejeição são uma das principais causas de sofrimento e ansiedade nos seres humanos. A rejeição social é uma sensação que pode ser tão dolorosa quanto a dor física.

Naomi Eisenberger acredita que o CCA funciona como um sistema de alarme que detecta o perigo da rejeição social e estimula as outras partes do cérebro a reagirem em resposta. Essa área possui conexões intensas com a amígdala, estrutura cerebral que nos alerta em caso de perigo. Ela nos lembra que durante a pré-história, o pertencimento a um grupo era indispensável para sobrevivência dos seres humanos. A exclusão era frequentemente equivalente a uma sentença de morte, como ainda é o caso para os filhotes de mamíferos recém-nascidos. O desejo de conexão, de pertencer a um grupo é, portanto, uma necessidade humana primária, fundamental, uma garantia de sobrevivência.[70]

Em 2003, Louise Hawkley, pesquisadora na Universidade de Chicago, ressalta que o sentimento de pertencimento social depende menos da frequência dos contatos ou da quantidade de relações do que do sentimento de aceitação por um pequeno grupo de pessoas importantes para nós.

Quando duas pessoas se encontram, o COF e o CCA estão intimamente conectados. O circuito COF-CCA está em plena atividade. Essas duas regiões, com papéis similares, trocam informações por meio dos neurônios "em fuso" (ou neurônios de von Economo), que têm a particularidade de enviar o impulso nervoso em altíssima velocidade, permitindo ter rapidamente uma intuição, um "julgamento" da pessoa em face: *"Essa pessoa me agrada, ou não."* Esse circuito se ativa principalmente quando estamos em um relacionamento e devemos fazer uma escolha: *"Será que eu amo ou não amo essa pessoa? Devo ou não continuar esse relacionamento?"*, e se mudamos de opinião durante a interação com a outra pessoa, nosso cérebro social adapta nossos gestos e falas conforme a necessidade. Esse circuito nos permite agir de uma forma mais consciente e mais adequada a cada situação.

---

70. Hawkley, 2003

O CCA, assim como o COF, são muito importantes para a nossa vida social, eles coordenam nossos pensamentos, nossas emoções e as respostas corporais conforme os nossos sentimentos e os das outras pessoas.

As regiões ventrolateral, ventromedial e dorsolateral do córtex pré-frontal

As regiões ventrolateral e ventromedial do córtex pré-frontal também atuam em nossa capacidade de empatia e de interação social. Elas permitem que consigamos conter as nossas emoções exacerbadas, que possamos analisar tranquilamente uma situação e tomar decisões adequadas.[71]

A região ventromedial está envolvida na nossa compreensão dos outros indivíduos e na capacidade de estabelecer laços sociais.[72] As lesões nessa região provocam mudanças de humor e reações emocionais desmedidas, com comportamentos impulsivos e inapropriados.

A região dorsolateral também está implicada na regulação das emoções e na empatia.[73] Ela participa da regulação do sistema neuroendócrino em situações de estresse.

Por que a criança não controla bem suas emoções?

A imaturidade do córtex pré-frontal e dos circuitos que o conectam ao sistema límbico nas crianças

Os neurônios do córtex pré-frontal (COF, CCA, córtex ventromedial), onde uma boa parte do controle racional das emoções é estabelecida, atingirá sua maturação apenas no início da idade adulta. Além disso, as conexões que transmitem as informações entre o córtex e o sistema límbico ainda não estão muito bem desenvolvidas nas crianças.[74]

---

71. Bar-On, 2003
72. Lewis, 2011.
73. Decety, 2010 et 2011.
74. Nelson, 2011; Perlman, 2011; Qin, 2012.

Essa informação nos permite compreender melhor porque a criança ainda pequena é rapidamente tomada por tempestades emocionais tão intensas e por comportamentos impulsivos de ataque ou de fuga, que são provenientes diretamente do cérebro arcaico e emocional.

Rafael e Elliot, os dois com 3 anos de idade, brincam no mesmo cômodo. Rafael está olhando o seu livro preferido. Elliot, procura algo em um baú com brinquedos e encontra um cavalinho de pau vermelho, que ele sobe imediatamente e começa a pular e gritar alegremente. No mesmo instante, Rafael joga seu livro de lado e vai até Elliot, o empurra fazendo-o cair e uma briga se inicia. Elliot, com muita raiva, grita e bate violentamente em Rafael...

Aos 3 anos de idade, essa cena é normal. A alegria é expressa com alvoroço, assim como a inveja e a raiva. Ser capaz de se acalmar e analisar a situação, exige maturidade e um aprendizado que a criança vai adquirir progressivamente. Rafael não é capaz de conter seu desejo de montar no cavalinho. Ele não consegue ter este raciocínio: *"Vou deixar Elliot brincar com o cavalinho de pau, vou esperar a minha vez pacientemente."* Quanto a Elliot, ele não consegue controlar a raiva que sente contra Rafael e o agride. Ele não é capaz de ter este raciocínio: *"Entendo que ele também queira brincar com o cavalinho, vou lhe dizer o que penso, mas não vou bater nele."* Após o calor do momento, quando todos estão novamente calmos, se um adulto explicar calmamente que eles poderiam ter agido de outra forma, as crianças são capazes de entender. Porém, no momento do conflito, o desejo de Rafael brincar com o cavalinho e a raiva de Elliot tomam conta deles e impedem qualquer tipo de argumentação razoável. Mesmo com a presença de um adulto no mesmo cômodo no momento, geralmente é impossível evitar a queda de Elliot tendo em vista a rapidez das reações.

Em contrapartida, se o adulto começa a gritar, punir, bater, ele está adicionando uma camada de agressividade à situação. As crianças ficam com raiva contra o adulto e ficam ainda mais agitadas, e não conseguem ouvi-lo.

Um adulto calmo é capaz de tranquilizar uma criança. Porém, dar lições de moral quando a agitação diminui, também não funciona, pois geralmente isso aborrece as crianças e elas não ouvem. Entretanto, as crianças adoram quando esse tipo de cena é revivida por meio da brincadeira, como, por exemplo, com fantoches. Com um fantoche em cada mão, o adulto diz: *"Num belo dia, X e Y estavam brincando no quarto, quando de repente X tira um lindo cavalinho de pau vermelho do baú de brinquedos..."* As crianças ouvem atentamente e dizem: *"De novo!"* O adulto então recomeça a estória e encena diversos cenários. Evidentemente, em um determinado momento, o personagem de Rafael diz para o de Elliot: *"Eu quero muito brincar com o seu cavalinho, você me empresta?"* E Elliot responde: *"Sim, mas espera um pouquinho..."* e a crianças sorriem...

Quando o adulto usa a brincadeira, as crianças aceitam e escutam. Elas percebem que podemos viver uma situação de inúmeras maneiras diferentes. Isso as ajuda a refletir. Elas encenarão novamente a cena sozinhos, tentarão entender a mensagem e em seguida, pouco a pouco, elas serão capazes de transpor a cena para a realidade. Ainda assim, é importante lembrar que as estruturas cerebrais que controlam as emoções levam muitos anos para serem realmente eficazes.

Essa imaturidade cerebral pode ser percebida nas crianças por meio de diversas manifestações extremamente desconcertantes para os adultos. Elas são geralmente qualificadas de "pirraças", com episódios de choro incontrolável, irritabilidade imprevisível, onde batem os pés no chão, crises de agitação ou de raiva, ou de gritos, resumindo, comportamentos que os adultos julgam totalmente irracionais e inadequados. Algumas vezes, nesses momentos de crise onde a criança é incapaz de se controlar, ela pode se jogar no chão, bater a cabeça contra a parede ou no solo, lançar objetos ou seu prato de comida, bater nas pessoas à sua volta, morder, chutar etc.

Nina, 2 anos de idade, passeia com seu pai. Os dois estão muito contentes juntos. Eles estão tendo um momento agradável, quando de repente Nina vê o seu brinquedo preferido em uma vitrine e ela exige o brinquedo imediatamente. Seu pai lhe diz não, o que deixa Nina ainda mais brava contra o pai. Ela grita, bate o pé no chão e empaca. Por sua vez, o pai briga com ela, que grita ainda mais. *"Pare logo com esse drama! Você é muito boba!"*

Nina não é boba, está apenas sendo submersa pelas emoções que não controla. Aos 2 anos de idade, a criança está sujeita a emoções extremamente intensas: empolgação, alegria, raiva, medo, que a dominam e que ela não consegue moderar. Gritar e punir não adiantam, a não ser para humilhar a criança, para deixá-la com raiva do adulto e para deteriorar a relação entre os dois. Muitas vezes, quando a cena se produz na rua, o adulto se sente vulnerável diante do olhar julgador das outras pessoas. Manter a calma tranquilizará a criança, em seguida, tentar direcionar a atenção dela para outra coisa, geralmente basta para que ela esqueça o motivo inicial de sua irritação.

Geralmente, os pais ficam preocupados com esses comportamentos extremamente turbulentos. Não se trata de "pirraças", nem de distúrbios comportamentais patológicos, mas sim de uma consequência direta da imaturidade do córtex pré-frontal e dos circuitos que transportam a informação entre o córtex e o sistema límbico. O cérebro superior ainda não está suficientemente desenvolvido para conseguir controlar essas tempestades emocionais. As crianças pequenas são frequentemente reféns dessas emoções e ímpetos primitivos de ataque ou fuga. Elas ainda não são capazes de analisar ou de ponderar a situação.

Portanto, é muito importante conhecer e compreender que esses momentos são passageiros, e que não durarão se os adultos tentarem acalmar as crianças ao invés de usarem a agressividade com reprimendas, ameaças, gritos, punições ou tapas.

Consolar uma criança "chorosa" contribui para o amadurecimento de seu cérebro

Uma criança contrariada, chorando, precisa de ajuda para ficar calma novamente. Quando um adulto tranquiliza, cuida e reconforta uma criança que está chorando ou nervosa, está ajudando no desenvolvimento de conexões essenciais dos lobos frontais dela, que permitirão que sejam gradualmente abrandados seus sentimentos de perigo iminente, de ameaça e de medo, sentimentos acionados pelo seu cérebro emocional. As inúmeras células de seu neocórtex começarão então a estabelecer conexões com as células do cérebro arcaico e límbico. É importante lembrar que reconfortar não significa ceder aos desejos da criança.

Nina, em uma loja, diante de um brinquedo que ela quer ter imediatamente, está presa em uma crise de raiva. Ela grita, se sente mal. Ela está submersa por essa emoção. O que ela está sentindo é muito desagradável. Ela não sabe como fazer para sair dessa crise de raiva e aflição. Sozinha, ela levará muito tempo para recuperar sua calma e controle. Seu pai, com toda a tranquilidade e compreensão, é capaz de acalmá-la. Isto não significa que ele cederá a esse desejo repentino da pequena e comprará o brinquedo que ela tanto deseja.

Ao tentar acalmar sua filha, ele a ensina a controlar sua impulsividade e contribui para o amadurecimento do cérebro.

> Todas às vezes que um adulto tranquiliza, cuida, reconforta, abraça a criança, com atitudes e gestos gentis e carinhosos, faz uso de um tom de voz calmo, tranquilizador e olha para a criança de forma compreensiva, ele está lhe ajudando a encarar suas emoções e impulsividade.
>
> Um comportamento parental afetuoso possui um grande impacto positivo na maturação dos lobos frontais da criança. Sendo assim, ela será capaz de controlar as emoções avassaladoras e a impulsividade de seu cérebro emocional e arcaico mais rapidamente.[75]

A imitação é outro fator muito importante no desenvolvimento. Os adultos são modelos para as crianças. Se em seus primeiros anos de vida, a criança tem a sorte de ter ao seu redor, adultos que lhe dão o carinho e a atenção necessários, ela se desenvolverá positivamente

---
75. Fox, 2010.

imitando essas pessoas. Como veremos posteriormente, a imitação é assegurada pela ação de neurônios específicos, chamados de "neurônios espelho".

As redes de comunicação entre o córtex e o sistema límbico são fortalecidas com o tempo e naturalmente passarão a controlar esses impulsos primitivos de raiva, medo e ansiedade. Então a criança será capaz de enfrentar as situações emocionais frequentes. Progressivamente, ela conseguirá controlar o choro e raiva desmedidos. Seu cérebro emocional e social funcionará corretamente, e a criança terá consciência de si, do que sente e de como pedir ajuda para outras pessoas.

Quando a criança é deixada sozinha, sem que ninguém vá acalmá-la, ela corre o risco de não desenvolver as conexões cerebrais necessárias. Ela não será capaz de controlar suas emoções e terá reações violentas como gritar, bater e morder. Ao chegar na idade adulta, talvez ela não consiga ser uma pessoa serena, não consiga compreender e controlar suas emoções. Podendo ter crises de ansiedade, de agressividade ou depressivas, sem conseguir criar laços afetivos e compaixão com outras pessoas.

Victor sempre foi punido pelo seu pai e sua mãe quando fazia uma de suas "pirraças". Já com 18 meses de idade, Victor sofria chantagens, ameaças, gritos, palmadas. Ele era trancado em seu quarto, era colocado embaixo da água fria "para se acalmar", era proibido de assistir seus desenhos animados preferidos.

Victor tem 4 anos de idade agora e seus pais vêm me ver desesperados, pois o menino está cada vez mais agressivo. Ele responde, grita, bate, tanto em casa quanto na escola. O pai e a mãe de Victor foram convocados na escola para que ele fosse consultado por um(a) especialista, pois ele é agressivo, bate nas outras crianças, quebra os brinquedos.

Desde muito pequeno Victor sempre foi punido quando chorava. Ele era proibido de chorar. Seu pai e sua mãe não tentavam entender quais eram suas emoções ou seus sentimentos quando ele chorava, ele ouvia apenas: *"Que coisa feia ficar chorando, pare de fazer pirraça. Menino forte não chora!"*

Ou seja, ele enterrou suas mágoas, seus desejos, suas emoções. Ele aprendeu a não dar ouvidos ao que ele ou outras pessoas sentem. Ele não desenvolveu empatia por si nem pelos outros. Ele é um verdadeiro furacão. As outras crianças fogem dele e ele muitas das vezes fica isolado durante o recreio. Ele entendeu que os problemas devem ser resolvidos gritando e batendo, assim como seus pais fazem. Portanto, repete esse padrão e não compreende quando lhe dizem: *"Bater não é certo, você deve ser gentil."* Victor conhece apenas as relações de força às quais foi submetido, agindo da mesma forma com as outras pessoas.

Em 2011, Emil Coccaro, professor de psiquiatria na universidade de Chicago, mostrou que os adultos violentos apresentam um córtex pré-frontal hipoativo. Podemos, então, nos questionar se esses adultos não tiveram à sua volta pessoas compreensivas e carinhosas quando eram crianças. Se não tiveram durante a infância pessoas que lhes consolassem nos momentos de ansiedade, raiva e tristeza. E se esse déficit não é justamente o que provoca um mau desenvolvimento do córtex pré-frontal.

A teoria do apego

O bebê nasce com uma necessidade vital e fundamental de criar laços com a pessoa que cuida dele e que possivelmente será a pessoa que irá consolá-lo, protegê-lo e acarinhá-lo caso ele precise.

Para o psiquiatra e psicanalista inglês John Bowlby (1907-1990), a criança, para se desenvolver harmoniosamente, precisa ter laços afetivos com pelos menos uma pessoa que a proteja e cuide dela de maneira coerente e duradoura. Essa pessoa será a base da segurança afetiva dela, para quem ela recorrerá em caso de alerta, de sofrimento, em busca de proximidade física e afetiva, o que lhe conferirá tranquilidade e conforto, e progressivamente a força e o desejo de explorar o mundo por si própria. É a famosa teoria do apego. O bebê vem ao mundo com essa necessidade inata. O papel do adulto é o de atender a essa necessidade de proteção.

Esse laço é construído nos primeiros meses de vida com a pessoa que cuida do bebê. Essa necessidade de apego persiste ao longo da vida. Diversas pessoas podem ter esse papel de porto seguro, mas uma figura de apego principal se destaca. O apego é um processo recíproco, em que as interações entre a criança e a figura de apego são necessárias. A qualidade desse apego dependerá da rapidez e da forma como o adulto responde aos sinais enviados pela criança.

Em 1963, Mary Ainsworth, uma colaboradora de Bowlby, desenvolveu um experimento que ela batizou de "situação estranha". Nesta experiência com crianças de cerca de 1 ano de idade, comportamentos de apego são ativados por meio da indução de fatores estressantes como a saída e retorno repetidos dos pais.

Quatro tipos de comportamentos foram então definidos:

- O primeiro tipo de comportamento (A), um apego ansioso-evitativo: a criança se mostra indiferente à saída e ao retorno do pai ou da mãe. As demandas da criança são recebidas com agressividade, rejeição ou indiferença. A criança aprende que ao mostrar seu sofrimento, recebe em troca consequências negativas. Ela conclui que não merece nem amor, nem afeto.

- O segundo tipo de comportamento (B), consiste em um apego seguro: onde a criança protesta com a saída da pessoa de apego e se acalma com seu retorno e busca proximidade. O pai ou a mãe atende de maneira estável e apropriada aos sinais da criança, principalmente o seu sofrimento. O adulto se mostra disponível, coerente e carinhoso. A criança aprende que ao expressar suas necessidades, alguém irá cuidar dela. Ela entende que merece afeto.

- O terceiro tipo de comportamento (C), é um apego ansioso-ambivalente ou resistente: a criança fica ansiosa com a separação e o comportamento no retorno é ou de busca de proximidade ou de rejeição. As reações dos pais são imprevisíveis. O mesmo comportamento da criança pode ser tanto acolhido com entusiasmo ou com irritação. Como a criança não consegue decifrar o adulto, ela não consegue determinar o que deve fazer para agradá-lo. A criança então conclui que ela não merece nem amor, nem afeto.

- O quarto tipo de comportamento (D), é caracterizado por um apego inseguro-desorganizado: a criança fica completamente desorientada, estática quando o pai ou a mãe volta, com uma postura que evoca o medo, a confusão ou até mesmo a depressão. O adulto é uma pessoa desorganizada, que pode maltratar a criança. A criança não sabe como agir, pois não se sente segura, nem quando está longe, nem quando a figura paterna/materna se aproxima. Em decorrência, uma desvalorização da autoestima é observada. Esse apego desorganizado geralmente é oriundo de ambientes familiares extremamente desfavoráveis.

No geral, em uma população de crianças de 1 ano de idade, temos a seguinte proporção em termos de comportamento: 55% de crianças apresentando apego seguro (B), 22% de casos com comportamento ansioso-evitativo (A), 8% de crianças ansiosas-ambivalentes (C) e 15% de crianças ansiosas-desorganizadas (D).

O tipo de apego inicial possui um papel fundamental de proteção ou agravante ao longo da vida, especialmente quando o indivíduo tiver de confrontar circunstâncias difíceis.

Perceber os sinais enviados pela criança e responder de maneira adequada beneficia para que um apego seguro seja instaurado.

Quando o adulto é capaz de perceber e interpretar corretamente os sinais e demandas implícitas enviados pela criança e responder de maneira adequada e no momento certo, ele está favorecendo um apego seguro.

Um importante fator que contribui para o bom desenvolvimento da criança é ter um apego "seguro" com os pais. Uma criança segura será mais sociável, empática e manifestará uma boa autoestima. Quando as interações precoces dentro da família são afetuosas, elas garantem que a criança desenvolva um apego seguro, além de uma capacidade para estabelecer boas relações sociais na idade adulta.[76]

É possível identificar os fatores de predisposição de comportamentos seguros ou ansiosos. O adulto que rejeita ou não entende as solicitações da criança, que demonstra aversão ao contato físico, que pouco demonstra suas emoções ou que responde de maneira incoerente, provocaria um apego ansioso. Uma criança que vive um apego ansioso,

---

76. Bakermans-Kranenburg, 2007.

provavelmente demonstrará isolamento social, queixas somáticas e comportamentos de oposição e agressivos.

Se os pais são inábeis ou não podem cuidar da criança, outras pessoas podem assumir esse cuidado, dando afeto, atenção e permitindo que a criança se desenvolva normalmente, caso o traumatismo inicial não tenha sido significativo ou duradouro.

Samir, 3 meses de idade, está passeando na rua com sua mãe. O final da manhã se aproxima, Samir está cansado e começa a ficar agitado e choroso. Imediatamente, a mãe entende a necessidade do filho. Ela o pega no colo e lhe diz: *"Estou vendo que você está cansado e com fome, vamos voltar para casa."* Um adulto que percebe com exatidão os sinais enviados pela criança e responde prontamente, colabora para o seu sentimento de segurança. A criança se sente em confiança, sente que o adulto a compreende, que ela pode contar com ele.

Para se desenvolver harmoniosamente, a criança não precisa apenas de uma relação de apego com o adulto que a protege e lhe dá segurança, mas essencialmente também precisa de afeto.

Para pais e mães que assim desejam, e que dispõem dessa possibilidade, uma licença parental remunerada, suficientemente longa durante o primeiro ano de vida do bebê, é importante para criar essa relação entre a criança e seu pai ou sua mãe.

Quando a criança vai para uma creche, a relação de afeto é mais facilmente estabelecida se o(a) cuidador(a) é responsável por apenas um ou dois bebês. Porém, é impossível que esse adulto consiga realmente responder às necessidades afetivas de cada bebê quando é responsável por cinco ou seis crianças de menos de 1 ano de idade.

O choro do bebê

Durante os três primeiros meses de vida, o choro é o meio que o bebê tem para exprimir todas as suas emoções e necessidades. Portanto, o choro faz parte da vida de um bebê humano, que nunca chora sem um motivo. Algumas crianças choram muito pouco, apenas quando têm fome. Outros bebês choram com mais frequência. Nesses casos, pais e mães são reféns de muitas inquietudes, além de vivenciarem sentimentos de incompetência, incapacidade, fadiga e algumas vezes, raiva. Os choros nos três primeiros meses de vida são a primeira causa de deslizes dos adultos com relação às crianças.

O bebê chora para mostrar suas emoções e para pedir ajuda.

Ao menor sinal de cansaço, de irritabilidade, de preocupação, de medo, de raiva, o bebê chora, pois todas essas emoções o invadem e o desestabilizam. Ele clama por ajuda para que o consolem, pois não sabe agir de outra forma.

O bebê chora para expressar suas necessidades

Muitas necessidades importantes fazem o bebê chorar: a necessidade de afeto, de interação, de alegria, de brincar, de ser consolado, de segurança etc. A criança chora quando precisa de carinho, de colo, de ser ninado, mudar de posição, passear. A criança também chora quando fica entediada ou quando está cansada. O cansaço é muito frequente nos bebês pequenos, pois sua capacidade de atenção é muito curta. Em caso de muito estímulo, a criança se sente sobrecarregada e chora. Frequentemente, quando precisa dormir, o bebê fica agitado e chora, como se estivesse lutando contra o sono, enfrentando então sensações desagradáveis.

Em alguns momentos, o bebê chora para indicar que precisa de tranquilidade e descanso, mas em outros momentos, ele chora para indicar que está aborrecido e quer ser balançado.

Ele também chora para satisfazer suas necessidades fisiológicas: fome, sede, frio, calor etc. Chora porque quer que a fralda seja trocada.

Algumas vezes o choro tem o objetivo de sinalizar a hora de se alimentar. Muitos pais pensam que o choro sempre significa: *"Estou com fome"* e imediatamente se preparam para alimentar o bebê. Essa é uma grande armadilha. Não devemos reduzir o choro de uma criança apenas à fome. Isso pode trazer perturbações para ela que não é compreendida em toda a sua multiplicidade de emoções e necessidades. Um condicionamento, um hábito podem ser instaurados entre emoção e alimentação. *"Quando sinto emoções desagradáveis, comer me acalma."*

Portanto, os adultos precisam escutar os choros do bebê, com atenção e empatia, caso contrário ele não será capaz de compreender a criança.

O bebê também chora quando está sofrendo

Esse tipo de choro é diferente. Os pais o reconhecem fácil, intuitivamente e geralmente levam a criança para uma consulta médica.

O ser humano nasce em um estado de grande vulnerabilidade

O bebê é dependente da boa vontade dos adultos. Sua sobrevivência está nas mãos de seus pais. Ele é completamente dependente das pessoas que o cercam. O bebê precisa dos adultos para se alimentar, se vestir, se aquecer, se proteger do calor. Sua dependência é extrema, por completo, sendo assim, ele é um ser extremamente frágil e vulnerável. Essa vulnerabilidade se apresenta por meio de emoções violentas que invadem o bebê, que começa a chorar e não consegue se acalmar por si só.

Nos quatro primeiros meses de vida, as regiões do cérebro destinadas à nossa sobrevivência e a nos alertar em caso de perigo, são dominantes e estão extremamente ativas. A criança vive em estado de alerta e de vigilância. Diante de uma situação estranha ou incompreensível, o bebê é rapidamente invadido pelo medo, pela ansiedade, pela raiva. Ele precisa imperativamente de um adulto que entenda sua insegurança, que o tranquilize, que o console e que o ame tal qual.

Frases ditas por ignorância ou por hábito...

Não é simples para os pais saberem o que precisa ser feito, principalmente quando familiares e colegas não param de repetir:

"*Deixe a criança chorando, para que ela saiba quem manda. Esse bebê vai ficar pirracento e mandão. Ele está apenas fingindo e você acredita!*", "*Essa criança vai ficar mal-acostumada se ficar o tempo todo no colo! Deixe*", "*Chorar faz bem. É importante chorar para abrir os pulmões! Pare de dar colo*", "*Seu bebê já tem 3 meses de idade, você já pode deixá-lo chorando, ele precisa aprender a dormir sozinho e deixar você tranquilo(a) durante a noite*".

Pais e mães precisam ser muito firmes para resistirem a todos esses conselhos, palpites e hipóteses. Quando o cuidador escuta e se conecta com seus sentimentos, eles percebem e sabem que precisam responder às necessidades de seu bebê. Mas ouvir esse tipo de frase constantemente causa grandes perturbações no adulto, assim como na compreensão e percepção de sua criança. A hesitação se instaura: "*Se eu atender a todos os seus chamados, como essa criança vai crescer? Será que vamos viver sob sua tirania?*", "*Meu terapeuta disse que é importante estabelecer limites... O pediatra disse o mesmo*", "*E eu? O que vai ser de mim? Vou viver apenas em função de seus caprichos?*"...

Muitos familiares e colegas dizem esse tipo de frases por hábito e por ignorância. Essas pessoas foram criadas dessa forma, ouvindo essas frases e não receberam a empatia necessária para, por sua vez, sentirem empatia por outras pessoas.

A fadiga dos pais e mães...

Sim, uma criança pequena exige muito. Com frequência, o adulto menos cansado assume o turno de cuidar da criança. Porém, devido às curtas noites de sono, algumas vezes o cansaço chega a níveis extremos. Tanto pais quanto mães não estão em condições de consolar ninguém. Eles não querem mais ouvir os choros da criança, querem apenas dormir e recuperar suas noites de sono. Algumas pessoas colocam tampões de ouvido e não se levantam mais. A criança se sente desemparada e desesperada. Os hormônios do estresse a invadem.

Uma pitada a mais de cansaço e alguns pais não têm mais forças para manterem a calma e acabam reagindo brutalmente, sem conseguirem entender a criança: *"Você chora tanto que me irrita. Cale a boca!"* Eles não sabem como acalmar a criança e acabam se sentindo incompetentes. A raiva aumenta, insultam a criança e podem chegar a ter gestos violentos contra ela, até mesmo contra um pequeno bebê.

Muriel e João estão muito felizes com a chegada de Tom, seu primeiro filho. Ele é um bebê lindo. Papai e Mamãe estão nas nuvens. Mas progressivamente, as noites picotadas, encurtadas, os despertares pela manhã bem cedo impactam o humor de João: *"Eu não aguento mais, eu preciso dormir. Não é você que tem que levantar às 5 da manhã para ir trabalhar. Faça ele ficar quieto!"* Muriel não sabe o que fazer, no final do dia Tom chora, fica agitado, algumas vezes isso pode durar duas horas seguidas. Durante a madrugada ele acorda com fome a cada três horas e não dorme em seguida. Muriel percebe que seu cônjuge não vai mais lhe ajudar durante as crises de choro do bebê. Ela está consumida pela fadiga após um mês e meio do nascimento de Tom. A mulher se levanta de madrugada maquinalmente e não sente o mínimo prazer em cuidar do filho. Ela não sabe onde encontrar forças para, no dia seguinte, passar mais uma noite em claro com seu filho gritando em seus braços.

Quando ninguém atende aos seus chamados, ao seu choro, a criança aprende que não deve se conectar com o que está sentindo

A criança se torna "um anjinho". Os adultos não serão mais incomodados, pois a criança não vai mais expressar suas emoções, dores, medos, raivas e necessidades. Uma parte de seu ser é apagada.

É bastante simples inibir o choro de uma criança e torná-la uma criança "boazinha". Basta deixá-la chorar por alguns dias, sem socorrê-la e ela passará a reclamar apenas em casos de dor.

Na verdade, as pessoas devem acender uma luz de alerta quando do um bebê de menos de 5 meses de idade é "muito bonzinho". Os adultos devem se perguntar: *Por que ele não se exprime? Por que ele não demonstra a alegria e a espontaneidade típicas dessa idade? É o medo que o impede de se expressar? Do que ele tem medo? O que o trava?*

Em coletividade

Vemos crianças entre 3 meses e 3 anos de idade em berçários, creches... Nessa idade, elas são muito frágeis emocionalmente. A criança pequena pode se encontrar em uma situação extremamente vulnerável se a equipe de cuidados não for bem capacitada ou em quantidade suficiente. Em meio a tantos indivíduos, a criança pode se sentir perdida, desorientada, desconfortável com tanto barulho e agitação, deixando de compreender o que acontece ao seu redor. Em um ambiente onde algumas crianças se empurram, pegam os brinquedos umas das outras e chovem ordens por todos os lados, raramente um adulto consegue dedicar o tempo necessário para entender e acolher as emoções de uma criança.

E se por sua vez, essa criança também empurra outra que acabou de "roubar" seu brinquedo, ela ouvirá: *"Pare com isso, seja gentil, isso é feio de fazer, isso não se faz."* Ao ouvir essas sanções, a criança começa a chorar, se isola num canto ou, algumas vezes, é punida sem entender nada. Isso pode parecer insignificante, mas essas atitudes criam um círculo vicioso que suscita introversão, a criança se tornará "um anjinho", que não consegue se expressar, ou opostamente, manifestará seus sentimentos por meio de crises de raiva, agressividade e agitação. É possível que a criança comece a morder e bater nas outras pessoas. E neste caso, o adulto acrescenta uma camada: *"Que coisa feia de se fazer, você não é gentil, você é muito (má)."* Essas frases ficam marcadas nela e a percepção de si se torna muito negativa:

"Eu sou má, agressiva." A criança começará então a se comportar dessa forma, com a tendência a agir conforme a imagem que fizeram dela. Se a criança é taxada de má e agressiva desde pequena, ela crescerá com esse rótulo dentro de si.

Nesses momentos, ela precisa da presença de uma pessoa que irá adotar outro tipo de atitude. Obviamente o adulto impedirá as agressões, ao passo que lhe mostrará o caminho correto a seguir, com uma atitude demonstrando segurança, calma, compreensão e disponibilidade. O adulto dedica um momento para ter uma interação personalizada, ele tenta acalmar a criança e utiliza palavras adaptadas à sua idade, lhe mostra que suas emoções são ouvidas e acolhidas, sem lições de moral ou grandes discursos. *"Eu entendo que você esteja com muita raiva, mas não podemos morder."* E quando ela estiver calma, o adulto diz coisas que possam consolar e alentar: *"Eu confio em você, em breve você conseguirá agir de outra maneira."* A confiança é o alimento afetivo indispensável para o crescimento harmonioso da criança.

Frequentemente, nas estruturas que recebem crianças pequenas, a equipe de cuidadores(as) não é suficientemente numerosa. Logo, o estabelecimento de relações personalizadas é dificultado nos momentos em que a criança precisa de mais atenção. Seria fundamental diminuir a quantidade de crianças por adultos.

Além disso, a equipe não é capacitada sobre as temáticas de desenvolvimento do cérebro afetivo e social infantil. A maioria das pessoas que trabalham em creches e berçários geralmente desconhecem esses aspectos fundamentais da vida emocional e afetiva das crianças e como eles deveriam ser tratados.

Portanto, é primordial proporcionar uma melhor capacitação das pessoas que trabalham na primeira infância. Isso impactaria positivamente no desenvolvimento das crianças, facilitaria o trabalho das equipes e certamente proporcionaria grande satisfação profissional e pessoal.

A amígdala

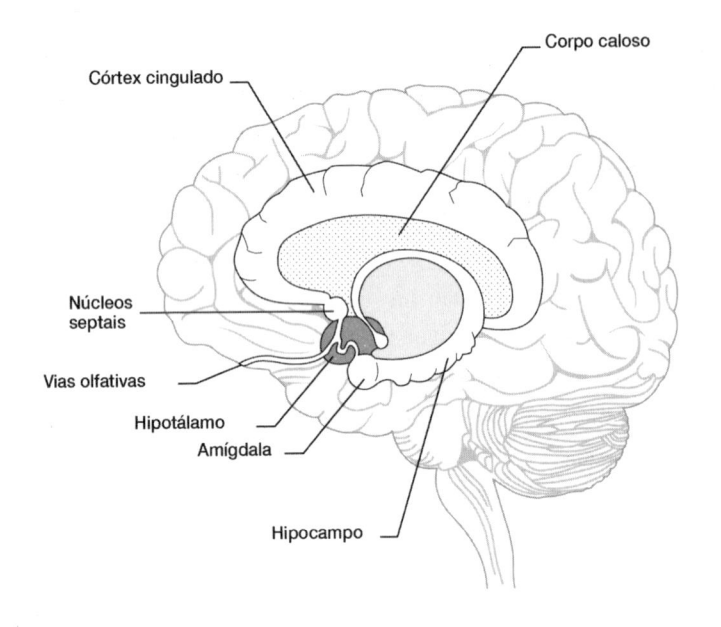

Figura 3.5: *Localização das estruturas cerebrais*

A amígdala recebeu este nome devido à sua forma amendoada. Ela está situada na região anterior e interna do lobo temporal, contígua ao hipocampo *(Figura 3.5)*. Ela se conecta com o córtex pré-frontal e o hipocampo e também com as regiões sensoriais do tálamo e do córtex. A amígdala é funcional desde o oitavo mês de gravidez.

A amígdala é considerada como o centro das emoções e das relações sociais

A amígdala é uma estrutura indispensável em nossas relações com o mundo e faz parte dos diversos circuitos neuronais que participam de nossas experiências emocionais e principalmente em nossas vivências relacionadas ao medo e ao apego. A amígdala é o local onde as nossas primeiras percepções emocionais são elaboradas. Em 2011, Shir Atzil, da Universidade Bar-Ilan em Israel, nos recorda que a amígdala possui uma grande implicação no comportamento maternal.[77] Ela possui um papel fundamental em nossas relações sociais[78] e está intimamente ligada a duas estruturas primordiais para a vida afetiva e social, o COF e o CCA. A amígdala participa do "contágio emocional". Sentimos em nosso próprio corpo as emoções e sentimentos de outra pessoa que são comunicados diretamente com o nosso entorno.[79] Um estudo da Universidade de Boston mostra a relação entre a quantidade de contatos sociais e do tamanho da amígdala. Quanto maior a quantidade de contatos sociais, mais volumosa ela será.[80]

Pessoas que sofreram lesões bilaterais na amígdala são "anestesiadas" de suas emoções e não são mais capazes de terem sensações de angústia nem de prazer.

A amígdala possui um papel central em nossas reações de medo

Seu papel é o de identificar qualquer situação potencialmente perigosa ao nosso redor e de nos alertar. Ela nos faz reagir, automática e inconscientemente, em uma fração de segundo.

Ela funciona como um radar em constante vigilância, principalmente em situações desconhecidas, estranhas ou perigosas. A amígdala é ativada quando temos reações de medo e de ansiedade. Ela alerta o hipotálamo, que por sua vez começa a secretar hormônios do estresse. Joseph LeDoux, responsável pelo Instituto do Cérebro Emocional em Nova Iorque, chama a amígdala de "centro do medo".[81]

Ela nos auxilia a utilizar todos os recursos necessários para evitar o perigo, nos levando à fuga ou ao ataque. Mais amplamente, a amígdala regula nossas reações conforme os acontecimentos dos

---

77. Atzil, 2011.
78. Belsky e De Haan, 2011.
79. Cozolino, 2006.
80. Bickart, 2011.
81. LeDoux, 2005

à nossa própria sobrevivência ou à sobrevivência da espécie, como a presença de alimentos, de parcerias sexuais, de rivais, de crianças em perigo.

Os dois circuitos do medo

O que acontece quando estamos com medo? Temos dois circuitos que nos permitem reagir face ao medo:

- Um circuito curto, rápido e automático, porém impreciso e sem intervenção da consciência. A ação vence o raciocínio. O circuito é rápido, mas passível de erros;
- Um circuito longo, mais lento e mais certeiro, onde o raciocínio vence a ação e o córtex é solicitado. Este circuito é mais eficaz, porém, menos rápido.

Quando sentimos medo, primeiro temos um estímulo sensorial: vemos, ouvimos, sentimos algo assustador e imediatamente pulamos de medo. Os estímulos sensoriais são enviados ao tálamo e em seguida aos centros sensoriais correspondentes que avaliam se existe realmente uma ameaça ou não:

- Caso esse estímulo represente uma ameaça, a amígdala será imediatamente alertada, nos fazendo reagir, mas sem que a informação passe pelo córtex. Este é o circuito curto que explica as reações emocionais ultrarrápidas, de ataque ou de fuga diante do perigo, sem que tenhamos tempo de ponderar a situação;
- Frações de segundos depois, as informações são transmitidas ao córtex que avalia se a ameaça é real. Este é o circuito longo. Se entendemos que não havia nenhum perigo, significa então que levamos então um grande susto... por nada.

Porém, em caso de perigo real, se não reagimos imediatamente, o resultado poderia ser fatal. Portanto, as reações automáticas da amígdala protegem a nossa vida.

A amígdala, perfeitamente madura, provoca inúmeras reações na criança em seus primeiros anos de vida e que ela é incapaz de administrar sozinha.

O estresse estimula a amígdala e no próximo capítulo veremos que ela atua em dois grandes sistemas que regulam a resposta em caso de estresse.[82] A amígdala, centro do medo, já está totalmente madura no nascimento do bebê, porém as estruturas cerebrais capazes de acalmá-la, as áreas orbito frontal e ventromedial, ainda têm um funcionamento mínimo. O bebê frequentemente tem medo, mas ao contrário dos adultos, ele não é capaz de ponderar a situação e se acalmar. Acabamos de ver os dois circuitos do medo no cérebro, um curto e um longo. Um bebê utiliza o circuito curto, sendo incapaz de adotar o circuito longo que permitiria a possibilidade de raciocinar e de se acalmar, pois seu córtex, o hipocampo, as conexões entre o córtex e o sistema límbico continuam pouco desenvolvidos. O bebê não é capaz de controlar seu medo sem a ajuda de um adulto que o console e o acalme.

Estamos no verão. Pedro, 3 anos de idade, vai à praia pela primeira vez. Nos braços de seu pai, ele olha para o mar atentamente. O mar é magnífico, imenso e um pouco agitado. Pedro está ao mesmo tempo, fascinado e impressionado. Os pais de Pedro o levaram até o mar para que ele descubra o prazer de brincar na praia e querem a todo custo que ele coloque os pés na água.

A criança fica estática, grita. A imensidão do mar, o odor diferente lhe causam medo, assim como as ondas, que apesar de pequenas, fazem barulho e espuma... *"Estou com medo."* Ele não é capaz de raciocinar. Os pais não dão atenção ao que Pedro está sentindo e dizem: *"Você não precisa ter medo.* Não seja bobo! Nada vai acontecer com você..." Eles obrigam a criança a colocar os pés na água. Pedro esperneia, grita, entra em pânico... Ele está muito chateado contra seus pais que não querem lhe ouvir, e caso situações semelhantes aconteçam, ele não se sentirá mais em segurança com eles e não confiará mais neles.

---

82. Tottenham, 2010.

Quando os pais entendem seus filhos, eles compreendem que não se deve forçar alguém que tem medo. Se todos os dias eles brincarem na praia, progressivamente Pedro perderá o medo. O mar deixará de ser esse imenso desconhecido, a criança começa a conhecê-lo. O medo vai se dissipando. Em poucos dias, Pedro decidirá que ele está pronto para colocar os pés na água, e o fará com expressões de alegria e olhando orgulhosamente para seus pais. Essa é uma grande vitória para ele, pois não tem mais medo.

A amígdala participa da nossa memória emocional inconsciente

Para entendermos o funcionamento da memória, é importante lembrar algumas noções básicas.

O processo de memorização possui três etapas: a codificação, o armazenamento e a recuperação. A primeira etapa, a codificação, corresponde à aquisição de uma informação, de um fato, de uma lembrança. Em seguida, essa informação será armazenada durante um tempo variável. Por fim, essa lembrança poderá ser lembrada, acessada para ser reutilizada.

Consideramos que existem alguns tipos de memória: a memória imediata, a memória de curto prazo e a memória de longo prazo.

- A memória imediata é aquela que conservamos durante um tempo extremamente limitado;
- A memória de curto prazo é aquela de fatos recentes. Ela também é chamada de "memória de trabalho". Seu sistema de armazenamento no córtex pré-frontal é temporário, de apenas alguns minutos. Ela permite o acesso de informações para a realização de tarefas cognitivas como o raciocínio e a compreensão;
- Já a memória de longo prazo dura vários dias ou anos. Ela é dividida em memória implícita e explícita.

A memória implícita, inconsciente

Ela é subdividida em memória processual e memória emocional:
- A memória processual é a aquisição de conhecimentos e competências. Ela permite aprender algo sem memorizar o aprendizado. Ela nos permite realizar tarefas automaticamente como dirigir um carro, dar um nó etc.;
- A memória emocional é um dos principais assuntos que tratamos aqui. A memória dos eventos emocionais passa pela amígdala.

A memória explícita

Ela diz respeito às lembranças acessíveis de maneira consciente:
- A memória episódica, relativa à nossa vida pessoal, nossas lembranças autobiográficas;
- A memória semântica, que corresponde ao nosso conhecimento, nossa cultura, nosso aprendizado.

A memória explícita, consciente, passa pelo hipocampo.

Nas crianças, o hipocampo amadurece mais tarde, enquanto a amígdala já é capaz de armazenar lembranças inconscientemente. Isto explica porque não conseguimos nos lembrar dos primeiros acontecimentos de nossa vida. No início da vida, a memória implícita, inconsciente, já está em pleno funcionamento e um traumatismo precoce pode deixar marcas e causar perturbações mentais e comportamentais na idade adulta, por meio de mecanismos impossíveis de serem acessados conscientemente.

A amígdala participa da memória emocional, inconsciente, dita "implícita"

A lembrança de um acontecimento com grande carga emocional fica para sempre marcada em nossa memória inconsciente devido à ação da noradrenalina nos receptores beta-adrenérgicos da amígdala. A noradrenalina está associada ao funcionamento do sistema de alerta do organismo por meio do sistema nervoso vegetativo e do eixo hipotálamo-hipófise, e provoca manifestações fisiológicas como a aceleração dos batimentos cardíacos, da respiração, da sudorese e uma diminuição das defesas imunes.

A amígdala nunca esquece

A amígdala, madura desde o nascimento do bebê, é capaz de armazenar as suas lembranças, porém elas são inconscientes. Todas as lembranças de medo vividas durante a infância deixam uma marca inconsciente e permanente na amígdala. Ela armazenará essas lembranças e nunca as esquecerá. Essas memórias de medo continuam agindo na criança sem que ela perceba, perturbando-a e transformando-a.

Rafael, 6 meses de idade, está chorando. Ele está cansado, ele quer colo. Sua mãe entra bruscamente no quarto, com impaciência ela grita: *"Chega. Fica quieto, pare de chorar. Eu não aguento mais ouvir você chorando."* Rafael se assusta com os gritos da mãe. Esse não é um episódio isolado, Rafael se sente sozinho, perdido. Sua mãe não o consola quando ele precisa. Ele não se recordará desses momentos, mas um sentimento de insegurança permanecerá dentro dele, sem compreender sua origem. Inconscientemente, a imagem de sua mãe gritando com ele e não atendendo aos seus pedidos continuará lhe causando impactos.

Vanessa tem a mesma idade que Rafael, ela também chora e quer colo. Seu pai ouve seu chamado e com muito carinho a pega no colo e diz: *"Estou aqui meu amor. Você pode sempre contar comigo quando tiver algo errado e quando precisar de um colinho."* Vanessa deixa de chorar rapidamente, seu rosto se relaxa e ela sorri. Ela não se lembrará desses momentos quando precisava de carinho e atenção e que seu pai a socorria. Mas esses momentos permitirão que ela se sinta segura e confie em seus pais.

Quando um adulto se irrita, fica com raiva, grita, "faz cara feia", castiga, demonstra ansiedade e medo, esses sentimentos são diretamente transmitidos para a criança. Todas essas situações provocam estresse nela e ficam marcadas, gravadas em sua amígdala. O funcionamento inconsciente da amígdala nos permite entender porque não lembramos dos traumatismos vivenciados nos primeiros anos de vida.

Um traumatismo precoce, um traumatismo vivido no nascimento ou nos primeiros anos de vida, poderá perturbar indefinidamente a pessoa durante a infância e em seguida na vida adulta, por meio de mecanismos conscientemente inacessíveis. Portanto, educar usando o medo, a ameaça, é extremamente nocivo para a criança, pois deixa marcas profundas prejudiciais que continuam agindo mesmo quando o indivíduo cresce.

Nomear o que sentimos acalma a amígdala

Quando analisamos, ponderamos voluntariamente uma situação difícil, somos capazes de alterar seu impacto emocional. Trata-se da reavaliação evocada anteriormente.

Ao nomear o que estamos sentindo, conseguimos agir sobre a amígdala, acalmando-a.[83] Os medos adquiridos ficam parcialmente registrados nos circuitos conectados à ela. Quando uma lembrança faz emergir o medo, se utilizarmos palavras que diminuam sua intensidade, essa lembrança será novamente registrada com um impacto emocional menor. E progressivamente poderemos repensar essas lembranças sem sentir o pânico a que estava associado. Porém, se nos deixamos levar pelo medo, sem tentar entendê-lo, nosso medo será ampliado a cada novo acesso à lembrança.

Segundo Joseph LeDoux, algumas vezes basta evocar essa difícil provação com uma pessoa que propõe uma visão diferente, para conseguir se liberar progressivamente de uma lembrança, lhe conferindo um novo registro. As palavras por si só são capazes de modificar a maneira como o cérebro registra os nossos sofrimentos.[84]

Uma criança não consegue acalmar sua amígdala

No meio da madrugada. Manon, 18 meses de idade, acorda. A lua atravessa a cortina provocando sombras que se movimentam na

---
83. Hariri, 2000.
84. LeDoux, 2002 e 2005.

parede. Ela grita de medo. Sua mãe chega em seguida. *"O que houve filhinha?"* Nessa idade, Manon ainda está descobrindo sobre o mundo ao seu redor. Ela ainda não entende de onde surgem essas sombras que se mexem e lhe amedrontam. Ela fala poucas palavras e ainda não consegue formar frases. É incapaz de se acalmar sozinha e de dizer: *"Não é nada, são apenas sombras."* Ela também não consegue verbalizar para sua mãe o que ela está sentindo, o que lhe dá medo... Não consegue dizer: *"Estou com medo das sombras na parede. O que é isso, mamãe?"* A mãe entende que a filha está com medo, ela não sabe a origem, mas isso não a impede de pegar a criança no colo e de dizer: *"Estou aqui com você filhinha, você pode ficar sossegada que estou te protegendo..."* e Manon, agora serena, volta a dormir.

A criança pequena ainda não é capaz de entender o que está acontecendo dentro de si, nem de nomear essas sensações, essas emoções. Ela não é capaz de acalmar sua amígdala sozinha. Quando um adulto propõe algumas palavras e a criança concorda, isso ajuda a formar sua autoconsciência e autoconhecimento: *"Você está com medo? Está com raiva? É isso que você está sentindo?"* E a criança pode confirmar ou não o que está sentindo.

Se o adulto usa esse tipo de linguagem com a criança, esta fará o mesmo quando crescer e conseguirá expressar melhor seus sentimentos, suas sensações. Isso ajuda no desenvolvimento de uma inteligência emocional indispensável para regular suas emoções e criar relações harmoniosas com outras pessoas.

O hipocampo

A origem do nome hipocampo vem de seu formato curvado que se assemelha ao de um cavalo-marinho (do grego Hyppokampos, cavalo-marinho; Hippos, cavalo e Kámpos, monstro marinho). Ele está situado na base do lobo temporal, logo atrás da amígdala *(figura 3.6)*.

O hipocampo recebe múltiplas informações sensoriais, visuais, auditivas, somestésicas (informações somatossensoriais do corpo). Ele está ligado à amígdala.

Quando nascemos, o hipocampo ainda não está maduro.

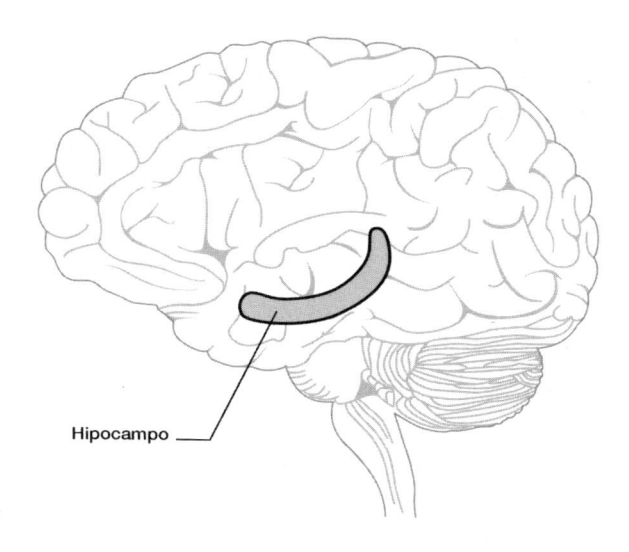

Figura 3.6: *O hipocampo*

O hipocampo possui um papel indispensável no aprendizado, na memória emocional, na memória consciente e na memória a longo prazo.

Os diferentes tipos de memórias exigem o estabelecimento de inúmeros circuitos e estruturas cerebrais. O hipocampo é um desses centros da memória e funciona como um local de triagem das informações recebidas.

Ele possui um papel fundamental na nossa memória de longo prazo e nos permite guardar as lembranças da nossa vida. Ele também participa da capacidade de memorizar um contexto espacial, da memória de lugares e da memória emocional.

A memória emocional

Conforme visto anteriormente, possuímos dois sistemas de memória:
- Um sistema inconsciente, a memória implícita que usa preferencialmente a amígdala;

- Um sistema consciente, a memória explícita que depende do hipocampo e do córtex cerebral, e que nos permite ter lembranças conscientes. O hipocampo organiza a memória explícita, o aprendizado consciente, colaborando com a amígdala, o córtex cerebral e outras estruturas.[85]

Ainda não houve um consenso sobre a idade na qual a memória explícita funciona corretamente. Muitos(as) especialistas pensam que ela não é plenamente funcional antes dos 5 anos de idade, já outros pesquisadores e pesquisadoras dizem que ela já está ativa desde os 3 anos de idade, e até mesmo em crianças com 1 ano e meio de idade.[86]

Na idade adulta, em um acontecimento de forte impacto emocional, como um acidente de carro, o hipocampo nos permite lembrar do lugar, das pessoas presentes, da forma como reagimos e das emoções vividas nesse momento.

Por intermédio da amígdala, lembrar desse tipo de evento pode levar a alterações fisiológicas: o coração se acelera, o corpo começa a transpirar etc.

Em caso de grande estresse, a atividade hipocampal diminui e gera perturbações na atenção e na memória.[87] A lembrança do acontecimento, os fatos tais como ocorreram podem ficar embaçados, ou até mesmo serem apagados. De acordo com LeDoux, esses efeitos podem ter duas grandes consequências:

- Uma boa: mantemos uma memória inconsciente do acontecimento traumatizante para que ele não nos afete;
- Uma má: a reação provocada pelo estresse e o medo associado vai ecoar em outras situações além do episódio traumatizante (mesmo que a pessoa não se lembre mais das circunstâncias exatas desse episódio). Essas marcas esclarecem as reações de medo, de ansiedade inesperadas e inexplicáveis e deixam a pessoa mais susceptível a um trauma posterior.

---
85. Cozolino, 2006.
86. Siegel, 2010.
87. LeDoux, 2002.

Em uma situação aterradora, o hipocampo participa no registro consciente da lembrança desse acontecimento, e a amígdala, por sua vez, traduzirá o medo de maneira visceral.[88]

A memória de longo prazo

O hipocampo transforma o conteúdo da nossa memória de trabalho (as novas informações retidas temporariamente no córtex pré-frontal durante o tempo de execução de uma tarefa) em memória de longo prazo. Essa estrutura é essencial para reter os fatos ocorridos na nossa vida, é a chamada memória "episódica, autobiográfica". Tudo o que aprendemos, todas as nossas lembranças dependem do hipocampo. Portanto, o hipocampo é permanentemente solicitado e fabrica novos neurônios ininterruptamente ao longo da nossa vida. Ele é o berço de uma neurogênese contínua. Ele é permanentemente remodelado e seu tamanho varia de acordo com nossos aprendizados e lembranças.

A memória e o aprendizado estão intimamente ligados e são interdependentes. A memória é essencial para qualquer tipo de aprendizado já que ela permite que as novas informações sejam registradas e em seguida lembradas. A memória é o rastro que fica de um aprendizado. Portanto, o hipocampo é uma peça central em todo o processo de aprendizagem.

O estresse pode levar à destruição dos neurônios do hipocampo

O hipocampo faz parte dos circuitos que controlam nosso humor e emoções. Sendo extremamente sensível ao estresse e a todo tipo de adversidade emocional. O estresse provoca a secreção de cortisol, hormônio liberado pela glândula suprarrenal. Em caso de estresse prolongado, a grande quantidade de cortisol afeta os neurônios do hipocampo, diminui sua quantidade, interrompe sua multiplicação, além de poder destruí-los, causando efeitos catastróficos na

---

88. Cozolino, 2006

aprendizagem e na memória. O cortisol ativa a amígdala, o centro do medo, e altera o hipocampo. A pessoa fica paralisada pelo medo, sendo incapaz de ouvir ou de aprender. Nada fica registrado em seu hipocampo, apenas as emoções de medo e de ansiedade ficam gravadas em sua amígdala.

O hipocampo nas crianças

O ato de maternar beneficia o desenvolvimento do hipocampo

Michael Meaney demonstrou que o ato de maternar beneficia o desenvolvimento do hipocampo nos ratos. A qualidade e a quantidade de cuidados maternos e o contato que proporciona segurança estimulam a criação de receptores de glicocorticoides, diminuindo a exposição do hipocampo ao cortisol.[89] As reações nocivas do estresse são amenizadas e o hipocampo fica protegido.[90] Um dos efeitos biológicos de um apego seguro seria a diminuição da sensibilidade do hipocampo ao estresse.[91]

Conforme dito anteriormente, em 2008, Frances Champagne provou que os filhotes de ratos que receberam muitos cuidados maternos, que foram lambidos e protegidos, apresentavam uma grande quantidade de neurônios em seu hipocampo, com uma rica e densa arborização, além de um aumento do comprimento de seus dendritos e com uma maior densidade de sinapses, ao invés dos ratos que não foram cuidados ou pouco cuidados pelas mães.[92]

Em 2012, um estudo efetuado por Joan Luby, professora de psiquiatria na Universidade de Saint Louis, mostrou que quando uma

---

89. Lembrando que os receptores são estruturas proteicas situadas na membrana do neurônio, onde se fixam os neurotransmissores, ou outras substâncias químicas, ou medicamentos. Neste exemplo, os neurônios do hipocampo são dotados de receptores para glicocorticoides. O cortisol irá se fixar nos receptores.
90. Meaney, 1989.
91. Cozolino, 2006.
92. Champagne, 2008.

mãe apoia, encoraja sua criança ainda pequena, seu hipocampo aumenta de volume. Esta pesquisa, onde 92 crianças foram estudadas, revelou que existe uma relação entre uma atitude de incentivo na primeira infância e o aumento do volume do hipocampo entre 7 e 13 anos de idade.[93] Assim como, inversamente, os maus-tratos contra a criança diminuem o volume de seu hipocampo.[94]

Memória e imaturidade do hipocampo

As áreas que nos permitem ter lembranças conscientes, o hipocampo e córtex cerebral, são imaturas nas crianças pequenas. O amadurecimento de uma parte do hipocampo provavelmente se inicia por volta de 18 meses de idade, permitindo então que a memória explícita, consciente, comece a se desenvolver aos poucos.

Visto que a memória explícita necessita de redes neuronais que envolvam o hipocampo e as estruturas corticais, o desenvolvimento da memória consciente ocorre paralelamente ao amadurecimento desses sistemas. A amnésia dessas lembranças da nossa infância explica-se pelo desenvolvimento tardio do hipocampo e das estruturas corticais.[95]

A mãe de Aisha procura ajuda médica, pois sua filha de 5 anos tem dificuldades para dormir, além de frequentemente acordar gritando no meio da madrugada. Às vezes durante o dia, Aisha parece ausente, triste, perdida. Ela não quer comer nada. A mãe diz que quando a menina tinha 18 meses de vida presenciou cenas de massacre em seu país de origem.

Aisha não é capaz de se lembrar desses episódios impiedosos, pois seu hipocampo ainda não estava maduro com 18 meses de idade. Porém, sua amígdala sim, desde seu nascimento. O terror desses

---
93. Luby, 2012.
94. Teicher, 2012.
95. Cozolino, 2006; Siegel, 2010.

acontecimentos ficou profundamente marcado em sua amígdala. E essas lembranças, nas quais ela não se lembra, continuam agindo em sua mente e lhe apavorando.

Em casos como o de Aisha, é extremamente importante e necessário que a criança seja acompanhada por especialistas no tratamento de vítimas de traumatismos graves.

O medo impede a reflexão e o aprendizado

Aprender é essencial para uma criança. As crianças são movidas pela sede de aprendizado, de descoberta, de compreender o mundo. Por meio do conhecimento adquirido, esse pequeno ser humano constrói progressivamente uma imagem do mundo ao seu redor.

Quanto mais o aprendizado estiver inserido em uma atmosfera de incentivo e de encorajamento para a criança, melhor será sua capacidade de memorização e de compreensão. O aprendizado pode ser comprometido quando o estresse domina o ambiente escolar, o medo do julgamento ou de parecer idiota diante do(a) professor(a) e colegas de turma.[96]

O estresse sofrido pela criança durante os estudos pode diminuir a quantidade de neurônios do hipocampo, ou como vimos, destruí-los. Ou seja, o contexto social pode repercutir na quantidade e no fim dos neurônios e de suas conexões.

Quando professores(as) passam a entender os efeitos nocivos do estresse no cérebro da criança, a forma de ensinar é modificada para não exercer mais uma pressão inútil sobre os(as) alunos(as). O clima na turma se torna mais agradável, tanto para adultos quanto para crianças e estas se mostram mais dispostas a aprender, e consequentemente seus resultados melhoram.

O que acontece no hipocampo quando professores(as) pressionam os(as) aluno(as) e proferem falas negativas, humilhantes, que magoam? *"Você não entende nada, que idiota, você nunca vai entender nada!"*

---

96. Elizuya, 2005.

O que acontece quando a pressão vem dos pais e mães, que se irritam contra a criança, que gritam quando ajudam com o dever de casa, por exemplo? *"Você não aprende nada! É muita burrice, você não serve pra nada! O que vai ser de você quando crescer?"* Nesses casos, tanto docentes quanto os(as) cuidadores(as) alteram as capacidades de aprendizado, de memorização e de reflexão da criança, e vão justamente no sentido oposto do desejado.

Valentim, 7 anos de idade, está muito contente em voltar às aulas. Ele quer muito aprender a ler e a escrever. Ele se esforça para escrever, mas o professor diz: *"Mas que caderno sujo! Tem um monte de rabiscos. Olha só, cheio de manchas. Você não consegue escrever corretamente? E essas letras... Estão horríveis! Só tem garrancho. Ninguém consegue entender nada! Não sei se você vai aprender a escrever direito..."* Desde então, Valentim sente um embrulho na barriga todas as manhãs e está cada vez mais tristonho. O professor convoca seus pais: *"Valentim escreve cada vez menos, e a cada dia está mais retraído e fechado. Eu não sei o porquê. Tem acontecido algo em casa?"* O professor não sabe que o estresse age diretamente no hipocampo de Valentim, um órgão essencial para o aprendizado e a memorização. O estresse sofrido por Valentim o "paralisa", ele entra em pânico e não consegue mais aprender o que o professor lhe diz.

Mas se ao contrário, o professor começasse a encorajar e a ajudar Valentim, com paciência e gentileza, progressivamente o medo irá embora. Ele reconquistará sua autoconfiança e aprenderá a escrever.

Desde os primeiros instantes, o estresse perturba, ou até mesmo inibe os circuitos que nos permitem pensar, aprender, refletir, memorizar. Quanto mais intenso for o estresse, mais nos sentimos desprovidos de nossas faculdades mentais. Ter as ideias claras é praticamente impossível.[97]

---

97. Bangasser, 2010.

O cortisol estimula a amígdala que toma um lugar preponderante e diminui a atividade do córtex pré-frontal e do hipocampo.

A ansiedade, a raiva, o medo alteram nossas faculdades de reflexão e nos impedem de aprender, de desenvolver a criatividade e de ter novas ideias. A tristeza pode diminuir profundamente o fluxo dos nossos pensamentos, enquanto a alegria é capaz de aumentá-lo além de ampliar nossa criatividade.[98]
Estes fatos devem ser levados em consideração em todo o processo educativo. Um contexto estressante diminui as capacidades cognitivas. Então temos um círculo vicioso: a criança com medo aprende mal, tem notas baixas, encontra-se em dificuldade escolar. A criança então se sente mal, se sente humilhada e não quer mais ir para a escola. Os métodos de ensino capazes de abolir o medo e o estresse por completo são muito mais agradáveis e gratificantes para o corpo docente, além de permitirem que estudantes aprendam melhor, memorizem melhor e desenvolvam sua criatividade.

O hipotálamo

Situado em uma região profunda do cérebro, o hipotálamo possui uma multitude de conexões. Ele está intimamente ligado à hipófise. Está conectado ao tronco encefálico e regula o sistema vegetativo. Além de estar vinculado ao sistema límbico e ao córtex pré-frontal.

O hipotálamo ocupa um lugar central no funcionamento do cérebro. Ele sintetiza inúmeras moléculas. Ele regula secreções hormonais, o eixo hipotálamo-hipófise e o sistema vegetativo (sistemas simpático e parassimpático) essenciais nas reações em situações de estresse, que veremos no próximo capítulo.

Portanto, ele possui um papel crucial como chefe de orquestra de importantes funções do organismo: endócrinas, respiratórias, cardíacas, de fome e sede, de sono, de regulação de temperatura. Além de ter um lugar de destaque nas alterações emocionais e de humor.

---

98. Damasio, 2003.

A ínsula

A ínsula encontra-se no interior do sulco lateral do córtex, entre o lobo frontal e o lobo temporal. Por intermédio do tálamo, ela recebe informações sensoriais que são enviadas para diversas estruturas conectadas ao sistema límbico, como a amígdala, o corpo estriado ventral.

A ínsula funciona como uma ponte entre as regiões destinadas às emoções, como a amígdala e as regiões que regulam as emoções, como o córtex pré-frontal.

Ela é importante em nossas relações sociais, envolvendo o amor, a confiança, a autoempatia, a compaixão, a cooperação, o sentimento de justiça, a mágoa, a decepção, o constrangimento.[99] Ela participa da nossa autoconsciência. Está associada aos processos de dor e às diversas emoções básicas, como a raiva, a alegria, a tristeza, o medo e o nojo.

Ela também teria uma grande participação nos desejos conscientes, como a busca ativa por comida. Ela participa da percepção que temos do nosso próprio corpo e do corpo de outras pessoas. Ela nos transmite informações sensoriais oriundas dos órgãos internos.

A ínsula é ativada como resposta:

- À nossa autoconsciência, nossas emoções e nossa identidade;
- Às emoções próprias ou das outras pessoas
- Às expressões visuais: o olhar, todas as expressões faciais, o nojo, a decepção etc.;
- Às sensações corpóreas: gostos desagradáveis, náuseas, odores, sensações térmicas, contato físico reconfortante, sensações somáticas ou viscerais ou dolorosas, batimentos cardíacos. Ou seja, a ínsula transmite informações emocionais sobre o estado do corpo.[100]

O núcleo accumbens

O núcleo accumbens está localizado em uma parte central do cérebro. Ele é parte integrante do sistema de recompensas, participa das

---

99. Lamm e Singer, 2010.
100. Craig, 2009.

emoções e da motivação. Ele tem uma importante implicação no comportamento de maternagem.[101] Ele também está envolvido com o riso, o prazer, a dependência e o medo.

O cerebelo

O cerebelo é uma importante estrutura cerebral, situado entre o cérebro e o tronco encefálico. Apesar de ocupar apenas cerca de 10% da caixa craniana, ele contém mais de 50% dos neurônios do cérebro. O cerebelo desenvolve um papel primordial na coordenação dos movimentos. Ele também participa das nossas capacidades de atenção e de linguagem, além de atuar em nossa vida social e emocional.

Os hemisférios do cérebro

As duas metades do córtex pré-frontal possuem funções específicas, especialmente no que tange ao humor. Em indivíduos destros, o córtex pré-frontal direito está mais implicado no desenvolvimento de sentimentos negativos e o córtex pré-frontal esquerdo no desenvolvimento de sentimentos positivos. Sendo que essas funções são invertidas em pessoas canhotas.

O hemisfério direito permite a compreensão de sinais afetivos e emocionais

Ele está ligado às sensações do nosso corpo e possui uma densa conexão com a amígdala, nosso centro de alerta.

O crescimento do hemisfério direito é intenso durante os primeiros 18 meses de vida de uma criança, acompanhado pelo rápido desenvolvimento das capacidades sensoriais e motoras.

O hemisfério direito é particularmente dedicado às emoções e às interações sociais. Geralmente, a mãe, o pai, carrega a criança em seu braço esquerdo. Nessa posição, o bebê ouve o coração do adulto que

---

101. Atzil, 2011; Barett e Fleming, 2011.

o carrega, permitindo que a troca de olhares, a informação visual da criança tenha um acesso direto ao hemisfério direito de seus pais.[102]

Quando a relação com a criança é harmoniosa, a conexão com o hemisfério direito do adulto é intensa e permite um bom crescimento desse hemisfério na criança.[103] Essas primeiras interações constituem a base para que se desenvolvam progressivamente o afeto, o apego e a identidade.

Quando existe um desequilíbrio na relação adulto-criança, a conexão com o hemisfério direito é reduzida, levando a um crescimento tênue desse hemisfério. Isso impacta diretamente o desenvolvimento da criança, prejudica a construção de sua identidade e de sua vida afetiva.

O hemisfério esquerdo é sede da linguagem e de sua compreensão

O hemisfério esquerdo (em indivíduos destros) passa por um grande salto de crescimento durante o segundo ano de vida da criança, coincidindo com a eclosão da linguagem que surge por volta dos 18 meses de vida. Quando o adulto ajuda a criança a nomear o que está sentindo, ele está contribuindo para seu equilíbrio psíquico.

O corpo caloso

O corpo caloso é uma rede de fibras que transmite informações entre os dois hemisférios cerebrais. Para uma boa inteligência social, a comunicação intracerebral deve transcorrer corretamente.

Nas crianças, existe uma má comunicação entre os dois hemisférios. Tendo em vista que o corpo caloso ainda não amadureceu, ele é incapaz de permitir que as informações circulem de maneira correta entre os dois lobos frontais.

---
102. Cozolino, 2006.
103. Schore, 2000, 2005 e 2012.

Desta forma, os hemisférios funcionam independentemente um do outro. Isso explica o fato de a criança ter mudanças repentinas de humor. Em um momento está alegre, rindo, cantando, falando, brincando (prevalência do cérebro esquerdo), e de repente a criança fica descontente, silenciosa, se joga no chão como um bebê (prevalência do cérebro direito). Essas mudanças de humor repentinas desestabilizam os adultos. Quando os adultos se mostram compreensivos e afetuosos, progressivamente a criança encontrará formas para expressar sua raiva (cérebro esquerdo) por meio de palavras ao invés de se jogar no chão.

Mourad, 2 anos de idade, está muito chateado, sua irmã acabou de pegar o seu brinquedo preferido. Mas quando seu pai lhe diz: *"Sim, eu sei, você está com raiva, você queria brincar com essa boneca. Eu entendo, mas agora está na vez da sua irmã. Vem comigo, vamos passear um pouco..."* seu humor muda instantaneamente, Mourad deixa sua raiva para trás e dá a mão animado para seu pai, pronto para viver novas aventuras...

Os acessos de raiva corriqueiros na criança pequena geralmente passam rápido quando um adulto lhe diz e faz sentir que seus sentimentos foram levados em conta. Em seguida, propor de ver ou fazer algo que lhe interessa ajudará a criança a sair dessa situação conflituosa.

De acordo com Margot Sunderland, pais, mães e adultos em geral possuem um importante papel no funcionamento harmonioso dos dois hemisférios do cérebro infantil. Todas às vezes que o adulto ajuda a criança a entender o que ela está sentindo, ou que conseguem nomear corretamente suas emoções, eles estão contribuindo para o desenvolvimento da rede de comunicação entre os dois hemisférios e o corpo caloso.

Ao chegarmos no final deste capítulo, devemos guardar em mente esta noção absolutamente fundamental, a imaturidade do cérebro da criança e seu desenvolvimento ainda em progresso, o que explica a manifestação de comportamentos frequentemente desconcertantes desses pequenos seres. Conhecer as razões desses comportamentos permite que os adultos compreendam melhor a criança, que tenham atitudes mais adequadas e possam proporcionar um ambiente afetivo propício a um desenvolvimento harmonioso.

Quando a criança cresce cercada de carinho, de segurança afetiva, desenvolve não apenas uma inteligência emocional e social, mas isso também evitará a emergência de perturbações fisiológicas cerebrais e até mesmo estruturais, que, uma vez instaladas, geralmente estão na origem de dificuldades afetivas e comportamentais durante a infância, adolescência e idade adulta.

4

O CÉREBRO DA CRIANÇA E O ESTRESSE

Todo ser vivo procura preservar o equilíbrio de seu organismo. Na ocorrência de um episódio estressante, esse equilíbrio é abalado. A criança, por ter um organismo ainda em desenvolvimento, é mais vulnerável ao estresse do que pessoas adultas. As consequências de um grande estresse em uma criança podem ser terríveis. Elas repercutem no cérebro e são capazes de originar distúrbios comportamentais ou até mesmo déficits cognitivos.

Dois sistemas regulam nossa resposta ao estresse, o sistema nervoso autônomo (antigamente chamado de sistema nervoso vegetativo) e o sistema neuroendócrino. Esses dois sistemas ajudam o organismo a se proteger ou a se adaptar diante das ameaças provocadas pelo estresse. O sistema nervoso autônomo responde imediatamente liberando adrenalina e noradrenalina. A secreção dessas moléculas, em resposta a uma situação de estresse ou de uma atividade física, provoca o aumento do ritmo cardíaco, da tensão arterial e a dilatação dos brônquios e pupilas. O sistema neuroendócrino reage posteriormente, secretando o cortisol, uma molécula que apresenta múltiplas ações fisiológicas. O cortisol aumenta a taxa de açúcar no sangue durante o estresse. Sua ação tem repercussões na pele, no sistema imunitário, cardíaco, renal, esquelético, sanguíneo, em processos inflamatórios e no ciclo circadiano (o ritmo diurno-noturno).

O sistema nervoso autônomo (SNA) ou sistema vegetativo

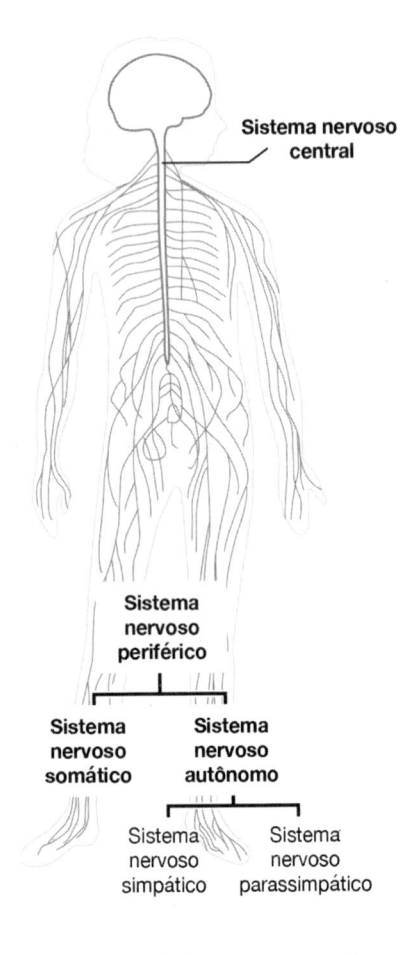

Figura 4.1: *O sistema nervoso autônomo*

O sistema nervoso autônomo também é conhecido como "sistema nervoso vegetativo". As vias nervosas estão presentes em todo o organismo e subdividem-se em dois sistemas:

- O sistema nervoso simpático;
- O sistema nervoso parassimpático (*figura 4.1*).

Ele depende principalmente do hipotálamo e funciona de maneira inconsciente, automática.

O sistema nervoso simpático é como um gatilho que nos prepara para a ação

Este sistema estimula a medula suprarrenal, glândula situada acima do rim, que secreta adrenalina e noradrenalina (também conhecidas como "catecolaminas"). Ele prepara o nosso organismo para agir, tanto fisicamente quanto intelectualmente. Diante de uma situação muito estressante, o sistema simpático orquestra a resposta de luta, fuga ou inibição. Ele dilata os brônquios, acelera o ritmo cardíaco e respiratório, pode provocar distúrbios no ritmo cardíaco, contrai os vasos sanguíneos periféricos, dilata as pupilas, aumenta a pressão arterial, aumenta a sudorese, diminui as defesas imunitárias, reduz a atividade digestiva e corta o apetite. A exposição crônica às catecolaminas pode aumentar a taxa de lipídios e levar à aterosclerose.

O sistema nervoso parassimpático nos acalma e regula as emoções

Quando ativado, as funções gerais do organismo são desaceleradas com o objetivo de conservar energia. O eixo parassimpático nos proporciona um melhor equilíbrio emocional, pois ajuda no raciocínio e concentração.

O ritmo do coração e da respiração diminuem, assim como a pressão arterial. As defesas imunitárias aumentam e o funcionamento digestivo é estimulado. O sistema parassimpático está associado ao neurotransmissor acetilcolina (um neurotransmissor é uma molécula química que transmite a informação de um neurônio para o outro por meio da sinapse).

A acetilcolina participa da memória, da aprendizagem e da contração muscular. Ela diminui o ritmo cardíaco, dilata as artérias, baixa a pressão arterial, contrai os brônquios, o tubo digestivo e as pupilas.

O sistema neurovegetativo ainda não está maduro no nascimento de uma criança

O sistema simpático, que confere energia, se instala desde o primeiro ano de vida do bebê, o que lhe proporciona uma grande força vital. Quanto ao sistema parassimpático, que age como um freio ou um controlador de ímpetos, ele começará a se desenvolver apenas no segundo ano de vida.

A imaturidade desse sistema é um dos fatores que explica o fato das crianças pequenas terem dificuldade de controlar essa vitalidade interior.

Quando não consolamos uma criança, seu sistema simpático fica hiperativo

Quando os adultos não tentam consolar calma e afetuosamente uma criança tomada pela tristeza, ansiedade, estresse ou medo, a hiperatividade de seu sistema simpático é reforçada. Caso essa situação seja repetitiva, e a criança viva em um ambiente estressante, grandes quantidades de adrenalina e noradrenalina serão liberadas e podem repercutir de forma nociva no comportamento e na saúde da criança: infecções mais frequentes, problemas respiratórios, de apetite, digestivos, de sono, dores de cabeça, crises de pânico, cansaço crônico.[104]

Consolar uma criança ativa seu sistema parassimpático

Michael Meaney mostra que o maternar ajuda o sistema parassimpático a regular as emoções relacionais.[105] Quando consolamos, acolhemos uma criança angustiada por meio de uma presença calma, afetuosa e com gestos carinhosos, seu sistema parassimpático é ativado e as funções vitais de seu organismo que foram perturbadas pelo estresse serão reguladas. O ritmo cardíaco, a respiração, o sistema digestivo, o sistema imunitário, retomam seu equilíbrio.

---

104. Habib, 2001.
105. Meaney, 1989 e 1996.

Ou seja, os adultos podem ajudar um bebê a regular seu sistema neurovegetativo, que sozinho ele seria incapaz de fazer. Quanto mais a criança for consolada, mais rapidamente seu sistema nervoso vegetativo volta ao equilíbrio, além de ter efeito mais duradouro.

Ter uma atitude compreensiva, reconfortante, protetora é indispensável quando uma criança pequena tiver sido tomada por uma crise de choro. Ela é incapaz de se controlar sozinha, esse tipo de crise é, portanto, um sofrimento real. Além disso, o contato carinhoso e gentil permite que importantes substâncias sejam liberadas. A ocitocina e os opioides, que veremos posteriormente em outro capítulo, são substâncias que promovem o bem-estar e reduzem o estresse.

Pais e mães reagem de formas diferentes ao choro de seu bebê. Marina, Louise e Lucas nasceram perfeitamente saudáveis. Quando Marina chora, seus pais seguem os conselhos da família: *"Deixe-a chorar, para ela não ficar mal acostumada..."* Eles fecham a porta do quarto para não a ouvir. Marina chora e se sente mal, perdida. Ninguém vem lhe socorrer quando ela precisa. Ela fica cada vez mais agitada, dorme mal e chora cada vez mais... A mãe e o pai de Louise também ignoram seu choro. Mas seu temperamento é diferente do de Marina, e ao invés de gritar ainda mais, ela se fecha e se cala. Mas dentro dela, ela se sente só, triste, abatida, inquieta. Para evitar o sofrimento, progressivamente ela aprende a não escutar o que ela sente. Ela se protege em uma carapaça taciturna e não sentirá mais o que acontece dentro de si.

Lucas, ao contrário, desde o nascimento é atendido e consolado quando chora. Com 3 meses de idade, Lucas é calmo, atento, risonho. Ele chora cada vez menos... Ele se sente bem e em segurança. Ele sabe que seus pais virão lhe consolar caso ele precise.

O sistema neuroendócrino:
O eixo hipotálamo-hipófise (HPA)

Também conhecido como eixo hipotálamo-pituitária-adrenal, é um eixo neuroendócrino que compreende três estruturas: o hipotálamo, a hipófise (também denominada glândula pituitária) e as glândulas adrenais (também conhecidas como suprarrenais). Este eixo produz reações hormonais em cascata. O hipotálamo secreta diversos hormônios que regulam a hipófise e o sistema nervoso autônomo. A hipófise situa-se na base do cérebro, logo abaixo do hipotálamo. Quando o hipotálamo estimula a hipófise, por sua vez, ela secreta hormônios que ativam as glândulas adrenais, que são pequenas glândulas situadas acima dos rins.

Este sistema neuroendócrino, que provoca múltiplos efeitos no cérebro e em todo o organismo, tem um papel fundamental no controle do estresse.

Em uma situação de estresse

O hipotálamo secreta o Hormônio Liberador da Corticotrofina (CRH) que agirá diretamente na hipófise. Por sua vez, a hipófise vai liberar o hormônio adrenocorticotrófico (ACTH ou corticotrofina), que seguirá até o córtex das glândulas adrenais, loca que será secretado o cortisol (*figura 4.2*).

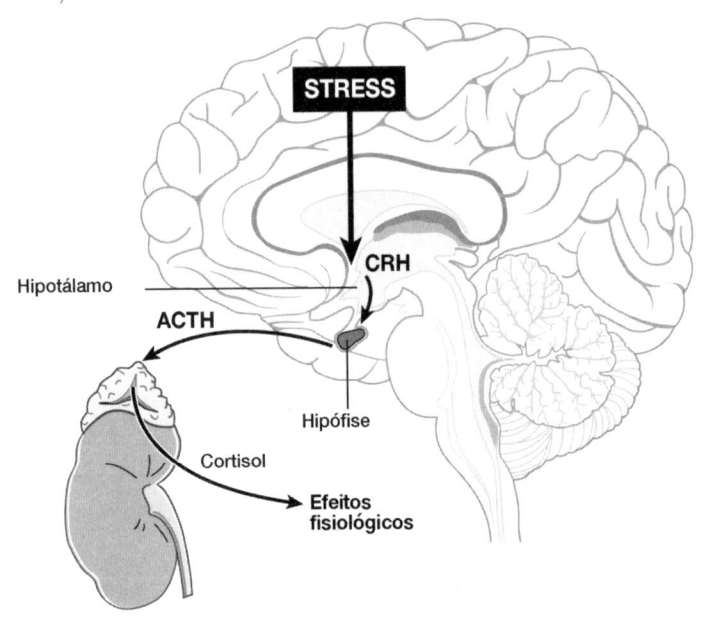

Figura 4.2: *O eixo hipotálamo-hipófise*

O estresse permanente deixa o eixo HPA hiperativo

Em caso de estresse permanente, ocorre uma hiperatividade do eixo hipotálamo-hipófise, que provoca a liberação contínua de cortisol. Quando as taxas de cortisol se mantêm elevadas em um período prolongado, algumas zonas cerebrais da criança podem ser afetadas.

O estresse nos primeiros anos de vida pode levar a uma hiperatividade permanente desse eixo. As consequências são imediatas na criança, provocando inúmeras alterações de humor, mas que também afetarão o indivíduo mais tarde em sua vida adulta. Esse adulto se torna permanentemente hipersensível ao estresse, com manifestações de ansiedade e/ou depressivas.[106]

Os dois sistemas, o eixo hipotálamo-hipófise e o sistema nervoso autônomo, são essenciais em nossa via afetiva e social. Eles possuem conexões bidirecionais com o córtex pré-frontal e o córtex cingulado anterior (CCA). E essas duas regiões cerebrais fundamentais para nossa vida relacional, por sua vez, regulam a atividade do eixo hipotálamo-hipófise, o SNA e a amígdala.

O estresse produz um fluxo de adrenalina, de noradrenalina e de cortisol tóxico para o organismo

O que acontece no organismo de uma criança submersa pela tristeza, angústia, medo ou raiva e que está chorando e gritando sozinha, sem ninguém para lhe consolar? Um grande estresse. Frequentemente, ao invés de consolar a criança, o pai ou a mãe grita: *"Já chega! Chega de choro! Eu não aguento mais ter uma criança infernal como você que chora por tudo, que não para de fazer birra, que não obedece, que enrola... Não quero mais ouvir você!"* Pode acontecer de o adulto deixar a criança sozinha, ou de empurrá-la, de lhe puxar com força pelo braço, de a colocar para dormir, de lhe punir ou bater.

Nesses momentos, quando a criança é privada de consolo, calma, compreensão e carinho, o estresse é intenso e sua situação é de grande sofrimento. Seu cérebro é invadido pela adrenalina, noradrenalina e

---

106. Frodl, 2010.

cortisol, liberados em grande quantidade pelas glândulas adrenais,[107] na região da medula adrenal e córtex adrenal.

A adrenalina e a noradrenalina

Essas duas moléculas têm uma participação importante no nosso humor. Elas são liberadas pelas fibras do sistema nervoso simpático e pelas glândulas adrenais. Quando essas substâncias são liberadas em níveis normais, temos energia e alegria de viver. Porém, em níveis muito elevados, essas substâncias nos fazem sentir angústia e/ou raiva. Um sentimento de medo nos submerge e nosso corpo entra em estado de vigilância contínua, pronto para se acuar, para um ataque ou fuga iminente.

Lucas, 3 anos de idade, está sozinho vendo um desenho animado. As imagens de monstros, bruxas e lobos lhe assustam muito. A adrenalina começa a invadir seu corpo: seu coração se acelera, ele começa a transpirar, ele fica aterrorizado.

O cortisol

Em quantidade moderada, o cortisol é benéfico, ajuda a acalmar o nosso organismo em uma situação de estresse por meio do aumento da taxa de glucose no sangue.

Porém, em taxas elevadas, o cortisol provoca um sentimento de fraqueza, de desânimo, de tristeza e de grande insegurança.

A criança se sente ameaçada e angustiada. Tudo ao seu redor parece hostil e agressivo. Seus pensamentos, suas emoções, suas percepções estão cobertas por um sentimento de medo, de perigo iminente.

---

107. Lembrando que as glândulas adrenais são principalmente responsáveis pela gestão de situações de estresse por meio da secreção de catecolaminas (adrenalina e noradrenalina) e de glicocorticóides (cortisol). Essas glândulas são divididas em duas estruturas fisiologicamente diferentes e estão situadas acima do rim. A medula adrenal secreta as catecolaminas: a adrenalina e a noradrenalina). O córtex adrenal secreta os glicocorticóides (cortisol), os mineralocorticóides que regulam os níveis de sódio e água no corpo e os hormônios andrógenos (especialmente a testosterona).

A criança se sente bloqueada, sem ser capaz de executar algo ou de ultrapassar pequenos obstáculos.

Quando o cortisol é secretado de forma prolongada, ele também pode modificar o metabolismo e a imunidade do organismo, levando ao desenvolvimento de doenças crônicas ou autoimunes (diabetes, esclerose múltipla, artrite reumatoide etc.),[108] e provocando repercussões nefastas no cérebro ainda imaturo da criança.

Quando a adrenalina, a noradrenalina e o cortisol são secretados em grande quantidade, seus efeitos negativos no organismo podem explicar importantes modificações psicológicas e comportamentais. Além de perder totalmente a confiança, a criança enxerga os outros e o mundo como uma ameaça constante. Este estado de alerta e desconfiança contínuo conduz a criança à fuga, ao ataque ou ao acuamento. No caso da fuga e do acuamento, a criança se sentirá deprimida e poderá se isolar. Em estado de ataque, ela se torna agressiva, antissocial e fica presa em um ciclo permanente de conflitos. Sua vida se torna insuportável.[109]

Jade, 4 anos de idade, é uma menininha triste. Ela nunca sorri. Durante o recreio, ela fica sozinha em um canto. Tudo à sua volta lhe dá medo, tanto os adultos quanto as outras crianças. Em casa, seus pais estão sempre muito ocupados para cuidar dela e a negligenciam completamente.

Enzo, 5 anos de idade, é o "terror" da hora do recreio. Ele bate, empurra, grita, brinca de luta em permanência. Na sala de aula, ele é agitado, não ouve o(a) professor(a), nunca consegue se concentrar. Em casa, seus pais o insultam, lhe batem.

A ocitocina secretada durante as relações agradáveis e carinhosas age como uma molécula antiestresse.

No Capítulo 6, falaremos mais sobre a ocitocina, que é um hormônio antiestresse e um poderoso ansiolítico. Seu efeito calmante ocorre

---
108. Harpaz, 2013.
109. Claessens, 2011.

por meio da redução da atividade do eixo HPA e do sistema nervoso simpático. A ocitocina diminui a secreção de cortisol e aumenta a atividade parassimpática: a pessoa se acalma, o ritmo cardíaco e respiratório diminuem. Ela reduz a atividade da amígdala e diminui as reações de medo.

O estresse é extremamente nocivo para o cérebro da criança

Os efeitos do estresse ainda no útero e durante a primeira infância podem ocasionar consequências muito negativas no desenvolvimento do cérebro da criança.[110]

O cortisol age lentamente e pode permanecer no cérebro em níveis importantes durante horas, dias ou até mesmo semanas. Quando ele apresenta taxas muito elevadas ou é secretado de maneira prolongada, possui efeitos extremamente tóxicos para algumas estruturas cerebrais em desenvolvimento.

O estresse durante a vida pré-natal e a primeira infância diminui a neurogênese (o desenvolvimento de novos neurônios).[111] Bruce Mcewen, psiquiatra, pesquisador e diretor do laboratório de neuroendocrinologia da Universidade Rockefeller em Nova Iorque, demonstrou que o estresse pode provocar até mesmo a destruição de neurônios de estruturas importantes do cérebro, como o córtex pré-frontal, o hipocampo, o corpo caloso e o cerebelo.[112]

O estresse pode afetar o desenvolvimento de circuitos neuronais, pois o cortisol altera diretamente a mielina que envolve as fibras nervosas e acelera a transmissão do impulso nervoso. Experiências pós-natais estressantes diminuem a quantidade de fibras mielinizadas.[113]

Por fim, os estudos de Bruce Mcewen também revelaram que o cortisol em grande quantidade interfere negativamente na expressão do Fator Neurotrófico Derivado do Cérebro (BDNF), um fator de

---

110. Curley, 2011; Kundakovic, 2013
111. Korosi, 2012.
112. Mcewen, 2007 e 2011; Frodl, 2010.
113. Choi, 2012.

crescimento dos neurônios que age diretamente no desenvolvimento neuronal e na plasticidade cerebral.[114]

Algumas estruturas cerebrais são particularmente vulneráveis ao estresse na primeira infância

Em 2012, Heledd Hart, do Instituto de psiquiatria de Londres, fez uma análise de todos os trabalhos relativos ao impacto dos maus-tratos no cérebro infantil. Esses trabalhos confirmam os efeitos extremamente nocivos dos maus-tratos, que afetam diferentes estruturas cerebrais.[115]

O hipocampo

Conforme visto anteriormente, esta estrutura tem um papel fundamental na memória, na aprendizagem e no controle das emoções. Os receptores de glicocorticóides, particularmente densos no hipocampo, destacam sua importância na regulação do estresse.

Os neurônios do hipocampo possuem receptores de glicocorticóides onde o cortisol irá se fixar. Vimos que em 1989, Michael Meaney demonstrou que a qualidade e a quantidade de cuidados maternos e o contato reconfortante estimulam a criação de receptores de glicocorticóides, diminuindo a exposição do hipocampo ao cortisol. As reações nocivas do estresse são amenizadas e o hipocampo fica protegido.

Quando o estresse é significativo durante a primeira infância, o cortisol em quantidade excessiva pode alterar profundamente o desenvolvimento do hipocampo, provocando uma redução das sinapses, ou até mesmo a morte de seus neurônios.

Conforme a gravidade do estresse, diversas patologias podem se manifestar, como perda de memória, crises de ansiedade ou de pânico, transtornos dissociativos (de identidade, de despersonalização-desrealização), sintomas similares aos encontrados no transtorno de estresse pós-traumático (ou PTSD), que veremos ao final deste capítulo.

---
114. Mcewen, 2008.
115. Hart, 2012.

A amígdala

A amígdala participa das nossas reações de medo, reações impulsivas de fuga ou de agressividade e na nossa memória. Acontecimentos estressantes na primeira infância alteram profundamente o funcionamento dos neurotransmissores na amígdala: a dopamina, a serotonina e o GABA (ácido gama-aminobutírico). Essas alterações podem provocar incontroláveis acessos de raiva e violência.

A dopamina participa de diversas funções essenciais como o controle motor, a atenção, o prazer, a motivação, o sono, a memória e a cognição. Ela atua de forma importante em diversas dependências, como o álcool e as drogas.

A serotonina contribui em diferentes funções como o sono, o humor, o apetite, a dor e a regulação da temperatura corporal.

O GABA regula a ansiedade e contribui para a motricidade e a visão.

Michael Meaney mostrou que o ato de maternar estimula o crescimento de receptores de glicocorticóides na amígdala, o que diminui o nível de cortisol no sangue e consequentemente os efeitos negativos do estresse.[116]

O córtex cerebral

O córtex pré-frontal, estrutura fundamental do ser humano racional, responsável e ético, é extremamente sensível ao estresse. A presença de receptores de glicocorticóides, onde se fixa o cortisol, é abundante no córtex pré-frontal.

Na primeira infância, um estresse importante age diretamente no córtex pré-frontal e pode levar à destruição de seus neurônios. Além de frear seu amadurecimento e diminuir seu volume.

Em seu estudo de 2010, visto no capítulo anterior, Jamie Hanson, da Universidade de Wisconsin, mostrou que acontecimentos estressantes ocorridos nos primeiros anos de vida da criança podem alterar o córtex orbitofrontal (COF), região indispensável para nossa vida afetiva e social.

---

116. Meaney, 1989 e 1996.

O CÉREBRO DA CRIANÇA E O ESTRESSE • 139

Esta região, que evolui até os 20 anos de idade, e algumas vezes até mais, é extremamente vulnerável aos efeitos do estresse durante os primeiros anos de vida. Hanson estudou 72 crianças, onde 31 sofreram maus-tratos físicos na escola por outras crianças ou em suas famílias (de palmadas a pontapés) e 41 crianças não sofreram nenhum tipo de maus-tratos físicos. O cérebro das crianças maltratadas apresentava um menor volume global, especialmente nas regiões do COF e dorsolateral do córtex pré--frontal. Entretanto, o cérebro das crianças que não sofreram maus-tratos não apresentava tais anomalias. Outras regiões também apresentavam uma diminuição de volume: o lobo temporal direito, o lobo frontal direito e os dois lobos parietais, o tálamo, o cerebelo e o lobo occipital. As crianças maltratadas por pais e mães eram as que apresentavam anomalias mais importantes. Apresentando também muitos transtornos comportamentais, distúrbios alimentares e depressões.[117]

Quando a criança vive em um ambiente extremamente nocivo, seu córtex pré-frontal ainda imaturo não é capaz de enfrentar um novo episódio de estresse e de acalmar a amígdala.[118] A criança pode então adotar um comportamento evasivo para não enfrentar a situação estressante, mas sendo incapaz de evitá-la, sua amígdala hiperativa faz com que a criança adote um comportamento agressivo.

Opostamente, quando o ambiente é favorável durante a primeira infância, o córtex pré-frontal será capaz de acalmar as reações emocionais da amígdala durante a idade adulta.[119]

O corpo caloso

Um episódio estressante durante a primeira infância pode alterar o desenvolvimento do corpo caloso ou até mesmo levar à destruição de seus neurônios, impedindo uma boa comunicação entre os hemisférios do cérebro.

O cerebelo

O cerebelo é extremamente rico em receptores de glicocorticóides.

---
117. Hanson, 2010.
118. Taylor, 2006.
119. Lieberman, 2007.

Quando o estresse é intenso, o cortisol em níveis elevados pode destruir os neurônios do cerebelo, levando ao possível aparecimento de transtornos no controle das emoções, no comportamento social, assim como dificuldades cognitivas e de linguagem.[120]

Os primeiros anos de vida são determinantes

Crianças que sofrem privação afetiva e maus-tratos em alguns períodos específicos de seu desenvolvimento podem ter seu equilíbrio afetivo afetado de forma irreversível na idade adulta. Os períodos de grande fragilidade começam desde a vida intrauterina, onde situações de grande estresse vividas pela gestante podem repercutir no desenvolvimento da criança.[121] Em seguida, os primeiros anos de vida são considerados como um período extremamente sensível para as vias neuronais implicadas na construção de laços socioafetivos.[122] Se a criança tem experiências negativas repetidas durante esse período, seu equilíbrio afetivo poderá permanecer fragilizado pelo resto de sua vida e se tornar um indivíduo sujeito a diversos transtornos comportamentais: dificuldades de concentração com agitação (transtorno do déficit de atenção e hiperatividade, o TDAH), ansiedade, agressividade, comportamentos antissociais.[123]

Muitas pesquisas recentes mostram que a forma como tratamos as crianças durante os primeiros anos de vida repercutirá de maneira profunda na idade adulta, pois as consequências da difusão dessas moléculas reativas ao estresse podem durar a vida inteira, provocando distúrbios importantes na regulação das emoções e da atenção.[124]

Em alguns casos, a criança não manifesta as consequências do estresse vivido na primeira infância, mas que serão reveladas posteriormente, durante a adolescência ou no início da vida adulta.[125]

---

120. Teicher, 2003 e 2006.
121. Talge, 2007; Glover, 2011.
122. Gunnar, 2009.
123. Beatson, 2003.
124. Gunnar, 2009; Taylor, 2010.
125. Toga, 2008; Frodl, 2010.

Fontes significativas de estresse

Durante os primeiros anos da vida de uma criança, os maus-tratos físicos, morais, afetivos, sexuais, a negligência e o abandono possuem consequências graves.

Dentre esses maus-tratos sofridos por uma criança, os mais nocivos são a negligência e o abandono precoce,[126] que podem alterar profundamente o desenvolvimento do córtex pré-frontal e levar a graves distúrbios na regulação das emoções e da atenção.[127]

As crianças postas em orfanatos frequentemente apresentam alterações cerebrais e transtornos psicológicos e cognitivos: depressão, ansiedade, agitação, déficit de atenção, agressividade, dificuldades de aprendizagem. Esses distúrbios podem ser revertidos mais facilmente se essas crianças forem adotadas antes dos 2 anos de idade.[128]

Com 35 anos de idade, X é uma mulher feliz e realizada. Ela vive com o homem que ama, tem duas crianças e escolheu um trabalho que adora, ela é decoradora de interiores.

Porém, quando ela conta sua história, ela diz: *"Minha trajetória foi longa! Meus primeiros anos de vida foram muito caóticos com uma mãe esquizofrênica, que vivia sozinha e só cuidava de mim quando ela estava razoavelmente bem. Na maior parte do tempo, eu era totalmente negligenciada, ela me deixava sozinha enquanto ela ficava na rua. Ela bebia muito. Eu era muito magra e estava sempre suja. Quando eu tinha 4 anos, minha mãe foi internada e minha avó materna cuidou de mim. Eu vou ser eternamente grata a ela, pois apesar de ser bem idosa, ela me deu muito amor, conseguiu me confortar e me valorizar. Os primeiros anos com ela foram muito difíceis. Eu tinha oscilações de humor, tinha crises horríveis de raiva e muitos pesadelos. E progressivamente ela conseguiu me tranquilizar. Ela me ajudou a me reconstruir, me ajudou a encontrar meu caminho. Claro que de vez em quando eu tenho alguns períodos de vacilação, mas que são passageiros. Eu lembro que hoje eu tenho uma família, um marido que me ama, duas crianças que eu adoro e um trabalho que me satisfaz, e então consigo retomar as rédeas."*

---

126. Maestripieri, 2006; Bruce, 2009.
127. Hanson, 2010.
128. Bos, 2010.

A Senhora Z, 30 anos de idade, vem me consultar com sua filha de 5 anos de idade: *"Ela é insuportável. Faça alguma coisa, por favor."* Ao longo de nossas sessões, ela revela sua história: seu pai era caminhoneiro e sempre foi extremamente violento, principalmente quando bebia. Ele tinha ações de violência física e verbal. *"Ele me batia violentamente com o cinto e quanto mais eu gritava, mais ele me batia. Minha mãe não interrompia, eu tenho muito ressentimento por ela não interferir. Eu fugi várias vezes de casa. Com 14 anos de idade eu já passava a maior parte do tempo na rua, nos bares. Eu tive muitos namorados. E com 17 anos de idade eu fui internada depois de uma tentativa de suicídio. Desde então eu tenho depressões repetidamente. Eu não sei o que eu tenho. Eu me sinto totalmente perdida e me sinto culpada por ser assim. Eu não consigo ter um emprego, só alguns bicos por vezes. E me irrito sempre contra a minha filha, eu não consigo ficar calma. Eu grito, insulto e bato nela. Eu a crio sozinha. Eu larguei logo do pai dela, pois não consigo confiar nos homens."*

A criança que vivenciou maus-tratos está sempre desconfiando de todo tipo de contato humano e progressivamente perde a capacidade de criar laços com as outras pessoas. Ela vive com um sentimento permanente de desamparo, de angústia e cria uma imagem muito negativa de si e de outrem.

As fontes de grande estresse durante os primeiros anos de vida provocam múltiplas patologias: agressividade, delinquência, alcoolismo, dependência química, transtornos de personalidade (*borderline*, narcisista, compulsiva, paranoide), ansiedade patológica, depressão profunda, suicídio, e grandes dificuldades de aprendizagem.[129]

Em 2009, Ruth Gilbert, professora no Instituto de Pediatria de Londres, analisou inúmeras consequências dos abusos físicos nas crianças, que são fontes de estresse importante. Ela relata problemas de obesidade, diversos transtornos comportamentais, dependências de álcool e drogas, comportamentos sexuais de risco, suicídios e comportamentos criminosos durante a adolescência e idade adulta.[130]

---

129. Teicher, 2010.
130. Gilbert, 2009.

A resiliência

Não somos capazes de prever o futuro dessas crianças, pois, quando crescem, elas se desenvolvem de formas muito distintas em função de inúmeros fatores, de seu patrimônio genético, de seu temperamento e das pessoas que encontrarão em sua trajetória de vida. Algumas pessoas conseguirão ter êxito em graus variados, mesmo continuando profundamente marcadas por esses primeiros anos de vida dolorosos. Serão indivíduos "resilientes". A resiliência é a capacidade de se adaptar para conseguir levar uma vida "normal" e feliz apesar das experiências traumatizantes.

Entretanto, outras pessoas não conseguirão sair desse ciclo de situações adversas e terão sua vida social e afetiva destruídas. Alguns indivíduos desenvolvem desde a infância verdadeiros transtornos psicológicos: o episódio traumático é revivido constantemente tanto durante o dia quanto a noite, o sono é perturbado por sonhos recorrentes, pesadelos, a criança tem crises de raiva, distúrbios de atenção, se isola, é indiferente a outrem e se mostra insensível ao que acontece consigo. E, portanto, essa criança vive em profundo pesar e sofrimento.

Mas por que tais diferenças? Esta é uma pergunta extremamente complexa. Muitos estudos nessa área mostram que o fator mais importante para a resiliência é o encontro com pessoas cuidadosas, atenciosas, afetuosas, tanto na vida familiar quanto social.[131]

Duas psicólogas americanas, Emmy Werner e Ruth Smith, utilizaram pela primeira vez nos anos 1980 o conceito de resiliência. Elas estudaram 643 crianças nascidas no Havaí em 1954, ao longo de suas vidas. Esse estudo de longo prazo e ainda em desenvolvimento, analisa a capacidade de resiliência individual e mostra como o ambiente familiar e social é um fator determinante, associado à capacidade pessoal, na regulação das emoções e no estabelecimento de laços.[132]

Sem sombra de dúvida, o ambiente familiar e social é extremamente importante, porém o temperamento da criança também é um fator determinante na capacidade de resiliência e no seu destino.

---

131. Afifi, 2011.
132. Werner e smith, 1982.

O temperamento da criança

O temperamento da criança certamente influencia a forma como experiências nefastas são enfrentadas. O temperamento se manifesta por meio de particularidades individuais na forma de ser e de agir. Ele abrange inúmeros parâmetros, sendo os mais importantes a emotividade, o nível de energia, a capacidade de atenção, o humor, a adaptação às mudanças, a atração ou não por pessoas, ou novidades, a sensibilidade sensorial. Essas diferenças podem ser muito grandes de uma criança para a outra.

O temperamento pode ser visível desde bebê. Logo após o nascimento, alguns bebês vão protestar e reagir intensamente quando são confrontados a muitos estímulos visuais, auditivos e olfativos incomuns, eles irão então chorar muito, gritar, se agitar e se irritar. Porém, outros bebês permanecerão calmos ou demonstrarão interesse pelo diferente, pelo novo. Os bebês de "alta reatividade" manifestam altos níveis de medo e agitação e são susceptíveis de crescerem com características de timidez, apreensão e ansiedade. Opostamente, os bebês de "baixa reatividade" manifestam menores níveis de atividade motora e choro e são mais propensos a tornarem-se mais desinibidos e sociáveis no segundo ano de vida. Essas crianças não têm medo e se arriscam mais.

O temperamento da criança e o modo de ser dos pais estão em permanente interação. O temperamento de uma criança afeta o comportamento de seus cuidadores e vice-versa. Uma criança temerosa pode levar o adulto a adotar atitudes variadas, algumas vezes de super proteção, ou de irritação, ou ao contrário, de encorajamento etc. Opostamente, diante de uma criança destemida, pais e mães podem adotar comportamentos de aprovação ou ao contrário, de apreensão e proibir qualquer tipo de iniciativa da criança.

O temperamento do adulto pode modificar a vida da criança e o que ela se tornará. Como, por exemplo, segundo o nível de energia dos adultos, uma criança terá uma vida completamente diferente de outra e assim por diante, ou seja, todas essas atitudes impactam de maneira importante a vida da criança e influenciam significativamente seu desenvolvimento.

O temperamento da criança, seu ambiente afetivo, familiar e social não são capazes por si só de determinar as diferentes capacidades de resiliência entre uma criança e outra. Nos últimos anos, as descobertas no campo da genética mostraram que essa dimensão também influencia na capacidade de superar as adversidades.

Alguns genes possuem participação na resiliência, como o 5-HTT (gene transportador da serotonina), o MAOA (gene Monoamina Oxidase A) e o DR4D (gene Receptor D4 da dopamina).

- O gene 5-HTT transporta a serotonina para as diferentes regiões do cérebro. Ele apresenta duas versões: uma longa e outra curta. Quando possuímos a versão longa desse gene, nossas reações face ao estresse são "normais", de acordo com a intensidade do trauma e de sua duração. Porém, se possuímos a versão curta, o risco de reagirmos de forma negativa após o estresse é elevado: um maior risco de depressão e suicídio. As crianças apresentando a versão curta também terão maior dificuldade de regular suas emoções e ter relações sociais;
- O gene MAOA (Monoamina Oxidase A) também possui duas versões, uma "lenta" e outra "rápida". Quando a criança possui a versão lenta desse gene, ela provavelmente apresentará menos efeitos inoportunos ligados aos fatos negativos de sua infância, e terá um menor risco de apresentar problemas de alcoolismo ou ter comportamentos antissociais na vida adulta. A versão lenta acalma o hipocampo e a amígdala, fazendo com que a intensidade da lembrança do episódio traumático diminua. Diferentemente, na versão rápida do gene, ao lembrar de uma experiência traumática, o hipocampo e uma parte da amígdala são hiper estimulados, levando a um sofrimento insuportável;
- O gene DRD4 (Receptor D4 da dopamina) também influencia na resiliência diante de situações adversas. Quando as crianças são confrontadas a um ambiente familiar distante, frio, elas desenvolvem uma grande insegurança interior e frequentemente se tornam "insuportáveis", em uma busca desesperada por chamar a atenção.

As crianças portadoras da variação do gene DRD4-7, parecem lidar melhor quando inseridas nesse tipo de ambiente.[133]

Portanto, quando a criança vive em condições extremamente desfavoráveis nos primeiros anos de vida, os fatores de resiliência são inúmeros, sendo que os principais fatores continuam sendo o ambiente familiar, amical e social com outros adultos ao seu redor.[134]

A banalidade do estresse cotidiano

Assim como as situações dramáticas, uma multiplicidade de pequenos estresses pode afetar uma criança ao longo do dia. Desde de manhã cedo, pais e mães se apressam para não chegarem com atraso ao trabalho. A criança é conduzida até a creche ou para a escola, ouvindo repetidamente: *"Vamos rápido, senão vamos nos atrasar!"*

Porém, adultos e crianças pequenas não vivem no mesmo mundo. A temporalidade de uma criança é completamente diferente da de um adulto. Até seus 5-6 anos de idade, a criança não tem noção do tempo. Ela vive intensamente o presente e gosta de prolongá-lo. Ela gosta de viver no mundo da lua, de brincar e inventar histórias, a criança vive nas fantasias e não possui nenhuma noção da obrigação, ou seja, o tempo que uma criança precisa para se preparar pela manhã, tomar banho, se vestir, tomar o café da manhã, escovar os dentes, é completamente diferente daquele que os pais exigem.

Os adultos acabam se irritando e levantam a voz: *"Ande rápido, nós vamos nos atrasar! Coloque logo a roupa, coma e não esqueça de nada"* etc. Mas a criança continua suas ações no seu próprio ritmo, sem pressa alguma, o que aumenta ainda mais a irritação e incompreensão dos responsáveis. *"Essa criança nunca me escuta, ela não me obedece! Eu digo que nós vamos nos atrasar e parece que ela não liga. Eu tenho certeza que ela faz de propósito. É só para me irritar!"*

À noite, novamente os adultos fazem pressão, pois está na hora do banho ou na hora de fazer a lição de casa. *"Você entende, não é mesmo?*

---

133. Medina, 2010.
134. Para maiores informações, uma publicação americana e holandesa fez um estudo de todos os trabalhos relativos aos fatores de vulnerabilidade e resiliência (Daskalalis, 2013).

Eu não quero que meu(minha) filho(a) vá muito tarde para a cama. Eu quero que eles não passem das 20h. Eu preciso acelerar as coisas para o seu próprio bem... além disso, nós queremos descansar e ter um pouco de tranquilidade à noite." Porém, a criança não quer se apressar, ela quer e também precisa brincar e se divertir. Essa criança também gostaria de aproveitar da presença carinhosa de seus pais.

Quando é hora do jantar, a criança não quer se sentar à mesa. Além disso, ela nem sempre se alimenta conforme as expectativas dos adultos, pois está sem fome, cansada ou não gosta da comida que foi servida. Ao invés de ser um momento onde todos estão contentes de se ver, a refeição se transforma em uma queda de braço, se transforma em fonte de estresse, raiva, frustração e incompreensão.

E para completar, quando os adultos dizem: "*Está na hora de ir para a cama*", a criança se opõe.

Esta é apenas uma amostra das relações adulto-criança, que retrata a banalização do estresse vivido diariamente e que acaba deixando adultos e crianças esgotados.

Vividas isoladamente, todas estas situações não são dramáticas, mas sua repetição pode deteriorar permanentemente a relação entre pais e filhos. A criança se sente coagida, sob pressão, mal compreendida. A tristeza, o medo, a raiva, a angústia a invadem de tal forma que alguns adultos acreditam que a criança tenha realmente distúrbios comportamentais. Preocupados, os adultos acabam se sentindo impotentes e culpados.

Às vezes os pais pensam que sua criança tem algum transtorno de comportamento, que ela possui síndrome do imperador, é mimada e temperamental, causando tirania em todas as pessoas à sua volta, e que esse comportamento precisa ser refreado. Os adultos perdem a paciência e acabam se irritando cada vez mais contra a criança, o que acaba dificultando ainda mais a relação.

Além disso, algumas situações externas são fontes de ansiedade e somam-se ao estresse provocado no seio familiar, como, por exemplo, a relação com outros cuidadores, a babá, na creche e posteriormente na escola. Estas situações contribuem para fragilizar ainda mais a criança.

Tom tem 2 anos de idade. Seus pais o deixam na casa da babá às 8h, que mora a vinte minutos a pé da casa deles. Desde que acorda, os pais de Tom lhes dizem: *"Vamos logo ou vamos nos atrasar."* Tom mal acabou de acordar e seus pais já estão trocando sua roupa o mais rápido possível. Tom se sente pressionado, ele gostaria de acordar com mais tranquilidade, de ter um pouco de carinho. Ele choraminga... *"Pare de chorar.* Não está na hora de começar a fazer birra! Mas quanta chatice! Por que você não quer comer?"

Durante o trajeto, o pai pensa em seu dia de trabalho, nos relatórios que precisa entregar, nas reuniões que o aguardam, no(a) chefe que tem sido muito desagradável com ele ultimamente...

Quando eles chegam na casa da babá, duas crianças já estão presentes, uma delas chora muito. A babá diz para o pai de Tom: *"Meu marido acabou de ser internado, amanhã eu não posso tomar conta do seu filho."*

A mãe de Tom vai buscá-lo às 19h. Ela está cansada. O menino está feliz em rever sua mãe. Ela beija o filho carinhosamente, mas logo diz: *"Vamos logo, precisamos ir para casa!"* A mãe de Tom anda rápido, a criança não tem tempo de olhar tranquilamente o que tem à sua volta, de ver as pessoas, as lojas, as luzes...

Em casa ele precisa tomar banho rapidamente e engolir o jantar. Ele recebe cinco minutos de carinho e é posto na cama. *"Sempre colocamos ele para dormir às 20h30, porque queremos ficar tranquilos à noite e é para o bem dele."* Tom não tem sono, ele fica de olhos abertos na cama. Ele gostaria de passar mais tempo com seus pais.

Colocar um despertador para tocar um pouco mais cedo pela manhã permite que a criança "corra" menos... Tentar diminuir o ritmo, voltar mais cedo para casa quando possível, dedicar mais tempo para abraçar a criança e para conversar com ela, é agradável tanto para a criança quanto para os adultos.

Educar pelo medo é extremamente nocivo

Já vimos quanto o medo e o estresse perturbam o amadurecimento das estruturas cerebrais que controlam as emoções.

A noção de medo na educação pode apresentar duas faces: a do adulto que provoca o medo na criança, por meio de ameaças, fazendo "cara feia", gritando, batendo. Mas também a do adulto que sente medo em permanência e transmite essa preocupação para a criança. Essas duas formas de medo são nocivas para uma criança pequena.

De maneira mais abrangente, durante essa idade, onde a criança é extremamente vulnerável, a alegria, a vontade de viver da criança podem ser inibidas ou, ao contrário, encorajadas.

Caso a situação seja perigosa para a criança, obviamente devemos afastá-la. Entretanto, se o risco é mínimo, devemos encorajá-la: *"Pode ir, mas preste atenção..."* Entre 8 e 14 meses de vida, quando a criança começa a se deslocar sozinha e começa a explorar os objetos, o *"Não, não mexa aí"* é perfeitamente compreendido. Porém, o sentido do proibido é muito abstrato. A criança entende quando o adulto não quer que ela toque em alguma coisa, mas sem entender o porquê. Quando dizemos: *"É perigoso, você vai se machucar"*, a criança não entende a noção de perigo e de dor caso ela ainda não tenha passado por essa experiência. O "não" deve ser dito de maneira calma, sem amedrontar a criança, que deve ser afastada tranquilamente do perigo. Sua atenção deve ser direcionada para outra coisa, ao mesmo tempo que explicamos de maneira simples porque era perigoso.

Vanessa, 16 meses de idade, é uma criança muito alegre e esperta. Tudo atiça a sua curiosidade. Ela achou a bolsa de sua mãe e a esvazia com entusiasmo. Ela encontra um batom e já viu sua mãe usando o objeto. Imitando os gestos de sua mãe, ela coloca a tampa do batom na boca. Sua mãe, que observava tudo, retira delicadamente o batom da boca de Vanessa dizendo: *"Meu amor, eu vou tirar este tubo da sua boca, eu tenho medo que você engasgue com ele. E vou guardar a minha bolsa no alto, pois tenho muitas coisas importantes aqui dentro. Eu não posso perdê-las."* Vanessa chora, fica com raiva. A mãe a pega no colo, a consola e lhe mostra seu livro preferido. Rapidamente ela se acalma.

Dentro do possível, o ambiente deve ser adaptado para a criança e tudo o que for perigoso deve ser colocado fora de seu alcance. Assim como todos os objetos frágeis e com valor sentimental.

Quando o adulto repete constantemente: *"Isso é perigoso, não faça isso",* ele está reprimindo o desejo de viver, de avançar, de explorar, de descobrir da criança. Isso é um estresse inútil, que pode deixar a criança tímida e temerosa.

Gabriel tem 17 meses de idade, sua mãe não trabalha. Ele é seu primeiro filho. Desde que começou a se deslocar sozinho, ele fica boa parte do tempo no cercadinho para que *"nada aconteça com ele..."* A cozinha, o banheiro... são lugares proibidos. Gabriel não faz nenhuma "travessura", mas progressivamente ele vai ficando apático, triste, sem que seus pais entendam o porquê.

Gabriel gostaria de poder se deslocar livremente, explorar, descobrir o mundo à sua volta e se sentir vivo. Ele gostaria de ter o prazer de tocar, sentir e ver de perto coisas diferentes e novas. Mas seus pais têm medo de que ele se machuque ou quebre algo, e a alegria de Gabriel vai se apagando.

É importante estabelecer os limites com calma e paciência, e se a criança quer refazer algo que a coloque em perigo, é possível mudar o foco de sua atenção para outra atividade divertida, interessante. Geralmente em crianças pequenas, essa conduta é suficiente para "diminuir o drama" da situação de risco que lhe foi negada. Conforme ela for crescendo, entenderá melhor o sentido do perigo, pois, com apenas 14 meses de idade, tudo ainda é muito abstrato para ela. A fase do "não" é normal em todas as crianças e ela começa por volta dos 12-14 meses de idade. Durante essa fase, que passará após alguns meses, a criança quer se impor e mostrar que está determinada a fazer o que deseja.

Os limites devem ser estabelecidos com empatia e tranquilidade

Os limites que devem ser dados para uma criança são os mesmos para nós adultos: não fazer mal para si, nem para outrem. É importante impor limites para a criança, para a sua própria segurança e das outras pessoas, e também para que ela aprenda as regras de convívio em sociedade. Mas o principal é como os limites são impostos. Quando o adulto transmite as regras com paciência, tranquilidade e de acordo com a idade da criança, ela aprenderá gradualmente e sem problemas. Porém, se o adulto faz uso da força e da rigidez, a relação com a criança pode se deteriorar e ela acabará adotando comportamentos agressivos ou de isolamento.

Impor limites não é o principal na educação. Com frequência ouvimos: *"Ele(a) precisa saber o que são os limites, a frustração"*, como se isso fosse essencial. Porém, o cotidiano já está repleto de frustrações, e acrescentar propositalmente mais uma é simplesmente inútil. O essencial na educação de uma criança é o de transmitir os nossos valores. E se a transmissão está restrita aos limites, esquecendo que existe outro lado da vida onde podemos ter alegria, podemos exercer nossa criatividade e inventividade, então estaremos criando seres humanos "limitados", tristes e tolhidos de sua curiosidade natural.

Quando os adultos dizem permanentemente: "Não", sem oferecer nenhuma alternativa ou punindo

A criança imitará os adultos, adotará a mesma atitude intransigente e repetirá constantemente: "Não." Esta fase do não poderá durar muito tempo, com conflitos inúteis e que impedirão a criança de passar para outra fase muito mais interessante onde ela poderá dizer "sim" às coisas boas da vida e aproveitar muito mais.

Já a punição, ou ameaçar a criança, é muito nocivo. Ela passará a ter medo e não o respeito pelo adulto.

Como controlar os conflitos

Os conflitos em casa podem ser uma grande fonte de estresse para a criança. Muito estudos mostram que dependendo da forma como os conflitos são administrados na família, isso pode influenciar no comportamento da criança em suas relações atuais e futuras.

Esse aprendizado começa desde muito cedo. Se o adulto fica nervoso, faz cara feia, pune a cada arte da criança e ainda mais, grita: *"Isso não são modos de se comportar. Você é impossível, incontrolável!"*, a criança fica com medo, e desamparada ela absorve apenas a ira dos pais, sem conseguir amenizar sua frustração. Além da decepção de não conseguir entender o que o adulto está querendo, a criança sente medo, raiva, incompreensão, tristeza, desconfiança em relação eles. Ela começa então a chorar, gritar, tenta bater, jogar seus brinquedos etc. Essa raiva a impede de refletir, de entender e de aprender o que os adultos não querem que ela faça. A criança passa a guardar dentro de si um grande sentimento de desconfiança pelos pais, e isso abala profundamente a relação. Por sua vez, os pais se sentem perdidos, pois geralmente pensam que a criança aprenderá a se "comportar corretamente" com brigas e punições. Com frequência, o resultado é justamente o oposto. A criança poderá se submeter por medo do adulto, mas não terá aprendido nenhuma regra ética ou de convívio social.

Essa criança com "Síndrome do imperador" que frequentemente ouvimos falar, é geralmente um reflexo das atitudes dos adultos à sua volta. Quando uma criança recebe esse rótulo, é interessante observar os adultos com quem ela convive, e veremos que a criança está apenas reproduzindo o que vê.

Porém, se o adulto explica pacientemente, carinhosamente, sem necessariamente ceder, a criança não será invadida pelo medo e pela raiva. Ela aprenderá aos poucos o que pode ou não ser feito e suas razões. Ela aprenderá também que é possível reagir de forma calma mesmo quando não concordamos com algo ou alguém, sem criar dramas inúteis. A raiva de não poder fazer o que ela gostaria não dura muito. A criança entendeu e aprendeu. E o primordial, a confiança e o vínculo com seus cuidadores são preservados. A criança se recupera rápida e facilmente da sua decepção, da sua frustração e volta a brincar.

Segundo o psicólogo Daniel Goleman, saber se recompor após uma decepção, uma frustração, é um dos segredos da felicidade. Elas são inevitáveis, mas quanto mais rápido nos recompomos, maior é a capacidade de nos alegrarmos com a vida, diz ele.[135]

Quando a criança assiste regularmente a disputas dos adultos, que são agressivas, violentas, com insultos e cada parte quer sempre ter

---

135. Goleman, 2006.

razão, ela provavelmente fará o mesmo com seus colegas, adotando comportamentos de tirania e dominação. Ademais, isso também pode levar à repercussões cerebrais e comportamentais. Presenciar disputas parentais violentas durante a infância consiste em uma experiência traumatizante e pode acarretar depressão, ansiedade, condutas agressivas ou até mesmo transtornos psicológicos (PTSD).

Em 2012, Jeewook Choi, pesquisador em Harvard, estudou as diversas consequências cerebrais nas crianças testemunhas de violências conjugais. O estudo analisou 47 jovens adultos em dois grupos: um grupo de 20 pessoas que presenciaram violências conjugais durante a infância, em média durante 9 anos, entre os 3 até 16 anos de idade. E um outro grupo de 27 pessoas que viveram com pais/mães mais calmos. Neste grupo de pessoas, que viveram em lares pacíficos, não foram encontradas anomalias cerebrais.

Em contrapartida, no grupo de pessoas que viveram em meio à violência conjugal, foram encontradas anomalias na substância branca: alterações na mielinização dos circuitos neuronais ligando as diferentes regiões cerebrais, frontais temporais e occipitais. Esses jovens adultos apresentavam diversos transtornos como: depressão, ansiedade, somatização e transtornos dissociativos.[136]

Isto não significa que os pais devem estar constantemente em harmonia e que não devem expressar suas diferenças de opinião. Muito pelo contrário, quando a criança vê que seus responsáveis são capazes de dialogar, de ter pontos de vista diferentes e ainda assim são capazes de se ouvirem, de demonstrarem empatia e respeito, ela será capaz de manter relações muito mais harmoniosas com seus pares.[137]

Quando o adulto adota essa forma de ser e de agir, e uma linguagem empática com a criança, ela fará o mesmo quando crescer. O clima da casa se torna mais harmonioso, todos os membros da família podem expressar seus desejos e serem ouvidos. Este é um fator importantíssimo para o bom desenvolvimento da criança.

---
136. Choi, 2012.
137. Fainsilber, 2002.

Pais, mães, educadores, vocês podem "aprender" o que é a empatia

Dialogar com empatia com seu cônjuge, filhos, filhas, estudantes etc., pode ser "aprendido", pode ser cultivado. Sempre podemos progredir na relação com outrem.

Certamente é muito difícil de conseguir dialogar calmamente quando não crescemos em um ambiente empático. Porém, existem muitas técnicas e abordagens interessantes que podem ser praticadas em grupo: *workshops* de comunicação não violenta, oficinas Faber-Mazlish,[138] entre outros. Além de ser um aprendizado, esse trabalho em grupo também pode servir de apoio e ajuda mútua. Pais, mães, educadores, docentes não se sentem mais sós e aprendem coletivamente a dialogar com empatia.

Talvez possa parecer estranho aprender a dialogar com mais qualidade, mas a experiência dos grupos mostra que a grande maioria das pessoas tem dificuldade de comunicar e o fazem espontaneamente sem empatia. Quando falamos algo, na maioria das vezes estamos exigindo, julgando, culpando, acusando, querendo ter razão. Todas essas práticas de comunicação interrompem a relação.

Epigenética: o estresse e a maternagem podem modificar a expressão dos genes

Michael Meaney foi um dos primeiros a mostrar o quanto que os cuidados que recebemos quando bebês e crianças ecoam na nossa forma de ser e agir, nas nossas reações ao estresse e também em algumas de nossas faculdades cognitivas por meio da modificação da expressão de alguns genes. Essas pesquisas revelam que o estresse materno reflete de forma muito negativa em suas descendências e que ele é transmitido clínica e geneticamente, geração após geração.

"Um provérbio pode ser aplicado à nossa pesquisa: A coisa mais importante que um pai pode fazer por seus filhos, é amar a mãe deles. Provamos que as mães estressadas são desatentas, insensíveis e geralmente bem rígidas com suas crianças. Além disso, nossos resultados

---

138. Adele Faber e Elaine Mazlish são autoras best-sellers de livros de educação infantil. Suas obas já foram traduzidas para mais de 30 idiomas. N.E.

mais recentes mostram que esse efeito pode ser transmitido para as gerações futuras. Garantir que nossas mães sejam felizes deveria ser uma prioridade."[139]

Os genes

Todos os organismos vivos possuem genes no núcleo de suas células. Os genes transmitem aos nossos descendentes a nossa herança genética. O gene é um segmento do ácido desoxirribonucleico (DNA), substância química que comunica informações de uma célula para a outra. Ele está situado em um local específico do cromossomo e ele determina, ele codifica uma característica, uma função, uma capacidade específica. Nós possuímos cerca de 25 mil genes em nossos cromossomos.

O DNA é uma molécula presente em todas as células vivas que contêm um conjunto de informações necessárias para o desenvolvimento e funcionamento de um organismo. Ele também é a nossa base hereditária, pois é transmitido, integralmente ou não, por meio da reprodução. Ele contém a informação genética que constitui o genoma dos seres vivos.

Um cromossomo é um elemento microscópico constituído de moléculas de DNA e de proteínas. Os cromossomos contêm os genes. Cada espécie tem como característica uma determinada quantidade de cromossomos. Na espécie humana existem 46 cromossomos (23 pares), logo 46 moléculas de DNA no núcleo de cada célula.

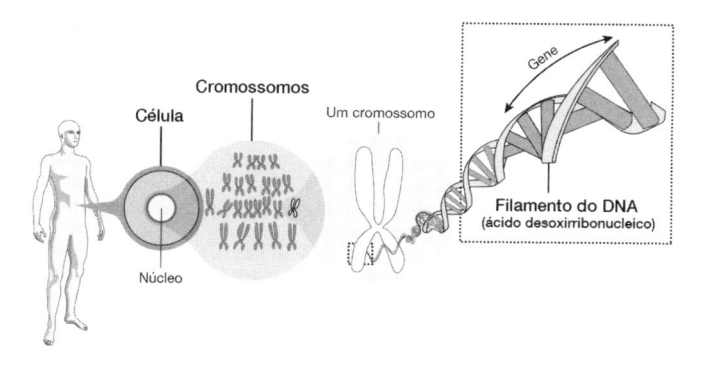

---

139 Mais informações no site de Michael Meany em www.douglas.qc.ca

Figura 4.3: *Localização do gene.*

Par de cromossomos

Um gene

O mesmo gene

Centrômetro do cromossomo

Cromossomo 1

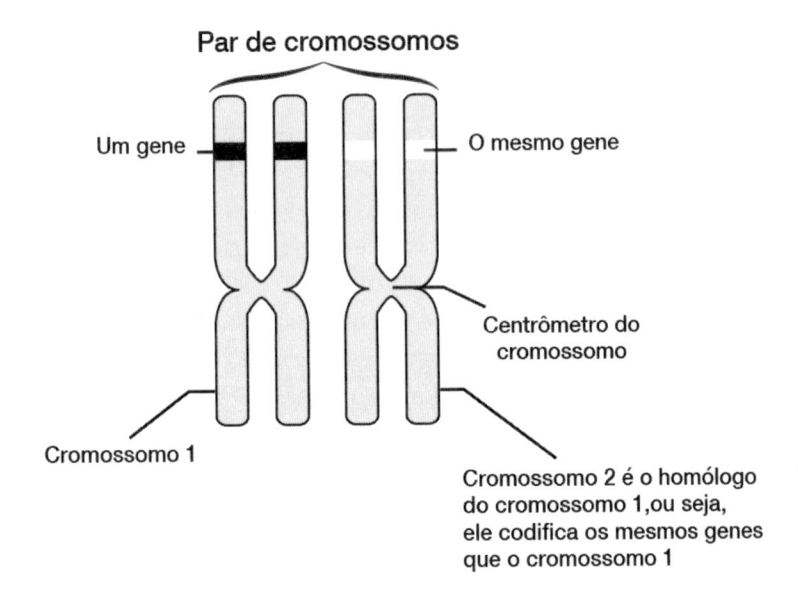

Cromossomo 2 é o homólogo do cromossomo 1, ou seja, ele codifica os mesmos genes que o cromossomo 1

Figura 4.4: *Par de cromossomos*

Durante a nossa vida, os genes exprimem com mais ou menos intensidade as características ou doenças neles contidas. Sua capacidade de expressão é extremamente variável. Alguns genes são silenciosos e não conseguirão se expressar. Outros se expressam, mas depois voltam a ser silenciosos. Recentemente descobrimos que o ambiente onde vivemos pode influenciar na expressão de alguns genes. A modificação da expressão dos genes gerada pelo ambiente é chamada de "epigenética". Os genes em si não são modificados, mas sim sua capacidade de expressão. Graças a um "interruptor genético", eles se tornam ativos ou inativos, e em níveis variados. Esse interruptor ativa ou desativa uma parte de determinado gene. Esses mecanismos estão situados nas moléculas e são geralmente uma metilação do DNA, isto é, uma modificação química que pode ocorrer em qualquer parte da sequência do DNA.

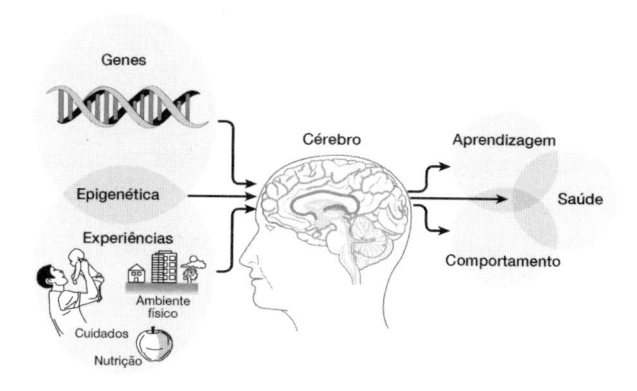

Figura 4.5: *Epigenética*

Inúmeros fatores externos como a alimentação e produtos tóxicos, mas também o ambiente familiar e social pode modificar a expressão dos genes. O maternar e o ambiente onde cresce a criança, agem diretamente na expressão de determinados genes.[140] Um dos fatores de maior impacto é o estresse.[141]

O estresse na infância é extremamente nocivo para os cromossomos

O estresse durante a infância encurta os telômeros

Os telômeros são as extremidades dos cromossomos. Eles protegem os cromossomos contra os efeitos do envelhecimento e do ambiente. Eles diminuem com o tempo, ficando cada vez mais curtos a cada divisão celular. O encurtamento dos telômeros leva à morte das células. O estresse e os traumatismos durante a primeira infância aceleram o encurtamento dos telômeros, implicando num envelhecimento mais rápido. Um maior risco de desenvolvimento de doenças ligadas à idade e uma menor esperança de vida estão associados à presença de telômeros mais curtos.[142]

---

140. Meaney, 2004; Szyf et al., 2007.
141. Meaney, 2009.
142. Shalev, 2013.

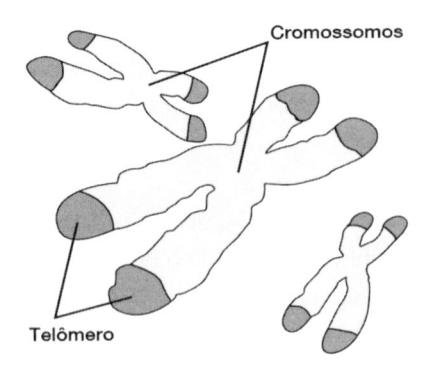

Figura 4.6: *Cromossomos com telômeros (em cinza mais escuro) em suas extremidades.*

Algumas modificações epigenéticas podem ser reversíveis caso o ambiente externo seja alterado. A expressão dos genes pode ser alterada ao longo da vida, entretanto, os períodos de vida intrauterina e os dois primeiros anos após o nascimento são os mais vulneráveis.[143] O que implica em uma grande vigilância quanto ao ambiente onde vive a mulher grávida e em seguida o bebê. O que o feto, e em seguida o bebê, vive, sente e ouve, possui uma repercussão em seu futuro. Tanto uma voz afetuosa, um carinho, quanto um tom mais rígido, agressivo, a negligência, a violência física, a fumaça de cigarro, são experiências que se vividas de forma intensa ou repetidamente, podem produzir fenômenos químicos em cascata e que acarretam alterações no DNA.[144]

Os efeitos da maternagem nos filhotes de ratos

Os estudos efetuados com ratos confirmam os efeitos diretos dos cuidados parentais no desenvolvimento dos sistemas neuronais que regulam as funções cognitivas, emocionais e as respostas neuroendócrinas ao estresse.

---

143. Murgatroyd e Spengler, 2011.
144. Para quem quiser saber mais sobre os mecanismos moleculares, a pesquisadora da Universidade de Delaware em Newark, Tania Roth, analisou diversos estudos que investigam os mecanismos epigenéticos capazes de influenciar e modificar as estruturas cerebrais em suas fases de desenvolvimento mais sensíveis (Roth, 2011).

Em 2001, Michael Meaney e sua equipe estudaram as consequências da maternagem no comportamento e no DNA de filhotes de rato, mais precisamente as alterações no gene NR3C1 que regula a secreção de glicocorticóides (o cortisol) no organismo; lembrando que o cortisol é uma molécula que possui múltiplas ações em nosso sistema fisiológico. E aumenta a taxa de açúcar no sangue em situações de estresse. Ele também age na pele, no sistema imunológico, cardíaco, renal, esquelético, sanguíneo, em fenômenos inflamatórios, no ciclo circadiano. O cortisol, em quantidade moderada no organismo, também é benéfico, porém, como dito anteriormente, quando presente em altas quantidades, ele pode modificar o metabolismo e a imunidade do organismo, estimular o desenvolvimento de doenças crônicas, autoimunes (diabetes, esclerose múltipla, artrite reumatoide etc.) e produzir efeitos dramáticos no cérebro ainda imaturo da criança.

Foi visto que as primeiras doze horas após o nascimento do rato são extremamente importantes. Durante esse período ocorre um processo crucial de metilação genética e em especial no gene NR3C1.

Esse gene produz uma proteína que contribui na diminuição dos hormônios do estresse no organismo. O gene NR3C1 fabrica as proteínas necessárias para a formação dos receptores de glicocorticóides no hipocampo. Esses receptores que regulam o nível de cortisol no sangue, de acordo com sua quantidade, controlam a atividade do eixo HPA e, portanto, a vulnerabilidade ao estresse.

Se a mãe cuida de seus filhotes ratos durante as primeiras doze horas, eles apresentam uma quantidade importante de receptores de glicocorticóides em seu hipocampo e, consequentemente, menos cortisol no sangue. Seu eixo HPA e hipocampo apresentam um funcionamento ideal ao longo de sua vida. Os filhotes bem cuidados, quando adultos, apresentam um comportamento mais calmo, mais proativo, mais propenso a ultrapassar obstáculos, a aprender e a memorizar com mais facilidade.

Já os filhotes que recebem poucos cuidados durante as primeiras dozes horas de vida possuem uma menor quantidade de receptores de glicocorticóides em seu hipocampo, portanto uma maior quantidade de cortisol na circulação sanguínea. Eles desenvolvem uma hiperatividade permanente do eixo HPA. Esses filhotes são mais temerosos, estressados, têm maior dificuldade de ultrapassar os obstáculos e apresentam um aprendizado mais lento.

Por fim, os filhotes de ratos que foram totalmente separados de sua mãe apresentam um estado extremo de estresse e de inibição. Esses filhotes que não receberam cuidados maternos possuem uma baixa quantidade de receptores de glicocorticóides e uma extrema hiperatividade do eixo HPA.

Essas experiências mostram como os cuidados maternos nas primeiras horas após o nascimento podem influenciar na expressão do gene que regula os hormônios do estresse e no desenvolvimento do hipocampo. O ato de lamber os filhotes, os cuidados atenciosos da mãe rata influenciam diretamente na atividade do gene NR3C1 que protege esses animais contra o estresse.

O cérebro dos ratos que receberam poucos cuidados revela que o interruptor do gene NR3C1 é falho nos neurônios de seu hipocampo, o que diminui o número de receptores de glicocorticóides, aumenta a quantidade de cortisol na circulação e acentua os efeitos negativos do estresse. Além disso, seu hipocampo apresenta um fraco desenvolvimento sináptico.

No hipocampo dos filhotes que foram bem cuidados pela mãe, o gene NR3C1 funciona normalmente, o hipocampo apresenta uma quantidade elevada de receptores de glicocorticóides, o que diminui os efeitos negativos do estresse. O hipocampo apresenta um desenvolvimento sináptico ideal.[145]

A modificação da expressão do gene NR3C1 é transmitida para as futuras gerações

Os filhotes de ratos que não receberam cuidados maternos transmitem, para seus descendentes, o gene modificado que os deixa extremamente vulneráveis ao estresse.

Por sua vez, as fêmeas que foram pouco cuidadas, serão também mães estressadas, com a tendência de serem menos maternais e cuidarem pouco de seus próprios filhotes. Opostamente, as

---
145. Champagne, 2008.

O CÉREBRO DA CRIANÇA E O ESTRESSE • 161

fêmeas que foram bem cuidadas não serão estressadas e se tornarão mães zelosas.[146]

Alterações que são reversíveis

Quando confiado a outra mãe rata, apresentando um comportamento maternal e encorajador, o filhote de rato que recebeu poucos cuidados maternos ou nenhum, se torna resiliente e se desenvolve normalmente. Essa capacidade de reversão pode ocorrer inclusive após a puberdade.

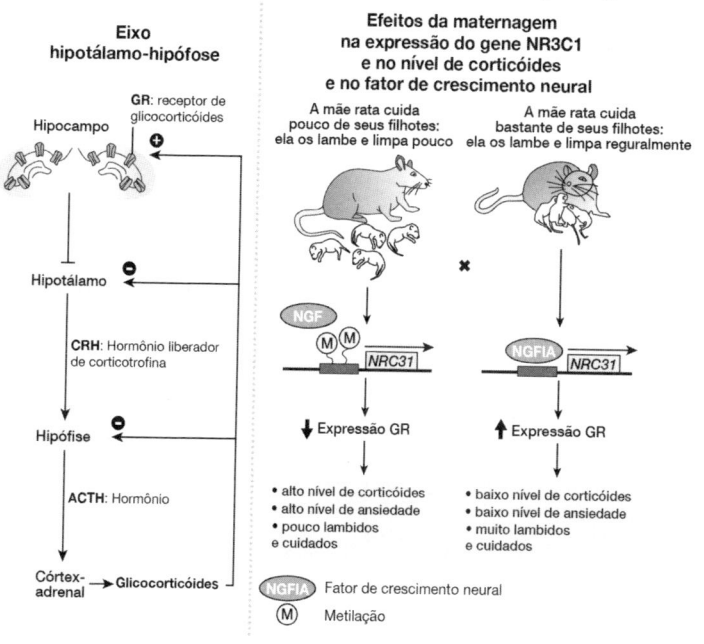

Figura 4.7: *Efeitos da maternagem na expressão do gene NR3C1.*

A maternagem aumenta os níveis de uma molécula vital para o desenvolvimento do cérebro: a BDNF

O *brain-derived neurotrophic factor* (BDNF), ou fator de crescimento neuronal, é uma proteína vital para o desenvolvimento do cérebro e de

---
146. Ibid.

sua plasticidade. Ela participa na multiplicação, na sobrevivência, na diferenciação dos neurônios e de suas conexões.

Muitos estudos recentes sobre o desenvolvimento humano, observaram o gene do BDNF para tentar entender a relação entre o estresse no início da vida, as respostas cerebrais e os comportamentos. Esses estudos indicam que transtornos comportamentais estão diretamente ligados às mudanças na expressão da proteína desse gene.

Por exemplo, os filhotes de ratos que receberam muitos cuidados maternos são extremamente sociáveis e isto está relacionado a um aumento do BDNF no hipocampo. Por outro lado, os filhotes de ratos retirados do ninho e separados da mãe são temerosos, e apresentam diversos transtornos comportamentais. Eles possuem um baixo nível de BDNF no córtex pré-frontal, amígdala e hipocampo.[147]

A maternagem é fundamental

A maternagem regula o eixo HPA e torna as conexões do hipocampo mais densas. O hipocampo é uma estrutura cerebral indispensável na memória, aprendizado e emoções, ele aumenta o nível de BDNF, que é uma proteína vital para o desenvolvimento do cérebro.

Nos filhotes de rato, os cuidados maternos agem positivamente e de forma duradoura nas suas emoções, reações ao estresse e capacidades cognitivas, além de influenciarem na capacidade das fêmeas de cuidarem por sua vez de seus futuros filhotes.

Pelo fato de marcarem profundamente os genes, os efeitos da maternagem acarretam consequências importantes no desenvolvimento da criança.

"As diferenças individuais em termos de cuidados maternos podem modificar o desenvolvimento cognitivo de uma criança, assim como sua capacidade a enfrentar situações futuras de estresse. Michael Meaney evidenciou a importância dos cuidados maternos na expressão dos genes responsáveis por reações comportamentais e neuroendócrinas diante do estresse e do desenvolvimento sináptico hipocampal.[148]"

---

147. Roth, 2011.
148. Para mais informações acesse www.douglas.qc.ca

Quanto aos seres humanos...

Michael Meaney e sua equipe estudaram o gene NR3C1 em 36 pessoas mortas, sendo:[149]

- Doze pessoas, mortas por suicídio, que foram vítimas de mau-tratos durante a infância;
- Doze pessoas, também mortas por suicídio, não sofreram maus-tratos;
- As outras 12, que serviram como grupo de controle, morreram devido à doenças ou acidentes. Estas pessoas não tinham nenhum antecedente de maus-tratos durante a infância.

As 24 pessoas que não sofreram maus-tratos durante a infância, mortas por suicídio ou não, não apresentavam modificações epigenéticas do gene NR3C1 no cérebro.

As 12 pessoas vítimas de maus-tratos durante a infância, apresentavam modificações epigenéticas do gene NR3C1, que alteravam seu funcionamento.

Concluiu-se que as modificações epigenéticas estavam relacionadas aos maus-tratos e não à morte por suicídio.

Este estudo comprovou, portanto, que nos seres humanos, os maus-tratos sofridos na infância alteram de forma duradoura os genes envolvidos na resposta ao estresse.

Os autores associam também as modificações do gene NR3C1 aos transtornos psicocomportamentais e às decorrentes patologias que essas pessoas apresentavam: ansiedade patológica, depressão maior, toxicomania, alcoolismo e tendências suicidas mais intensas que a população em geral.

Para Moshe Szyf, colaborador de Michael Meaney, esta pesquisa é provavelmente a primeira que permite observar uma relação evidente entre um ambiente afetivo nos seres humanos e na expressão genética. Ele explica: "Essas relações são dinâmicas e agem ao longo da vida. Esses mecanismos não são afetados apenas por substâncias químicas, mas também pelo ambiente familiar, social e até mesmo político."[150]

---

149. McGowan, 2009.
150. Para mais informações acesse www.douglas.qc.ca

Além disso, como visto anteriormente, o estresse e os traumas sofridos na infância, reduzem os telômeros, as extremidades dos cromossomos que os protegem dos efeitos do envelhecimento e do ambiente. Portanto, a epigenética transformou nossa visão com relação à evolução dos seres humanos. Ela nos ensina que existe uma relação contínua entre natureza e "cultura" e que as nossas experiências podem modificar a atividade do nosso material genético ao longo da nossa vida. O ambiente, no sentido amplo do termo, pode modificar diretamente a atividade do genoma e essa modificação será transmitida às gerações descendentes.

O ambiente possui um papel importante no desenvolvimento do ser humano. Graças a essas descobertas, estamos começando a entender como as relações humanas influenciam no funcionamento dos genes e do nosso cérebro e, portanto, contribuem para alterar quem somos.[151]

---

151. Meaney, 2001 e 2005; Champagne, 2008; Zhang e Meaney, 2010; Mcewen, 2011. Para mais informações: Daniel Kofink, pesquisador holandês, reuniu em seu artigo de 2013, os efeitos do estresse pré-natal, da intensidade da maternagem e dos traumatismos durante a primeira infância no genoma (Kofink, 2013).

5

NEURÔNIOS FUSIFORMES E NEURÔNIOS ESPELHO NA CRIANÇA

As recentes descobertas permitiram a identificação de duas categorias interessantes de células cerebrais: os neurônios fusiformes e os neurônios espelho. Eles se destacam em nossa análise, pois possuem um papel importante na relação com outrem, nas emoções, na empatia, na consciência e na aprendizagem.

Os neurônios fusiformes

Graças aos neurônios fusiformes, a informação é transmitida rapidamente

Os neurônios fusiformes (também conhecidos como neurônios em fuso ou neurônios de von Economo) são grandes células nervosas com um formato alongado, remetendo a um fuso.

Eles possuem um corpo quatro vezes maior que os outros neurônios e são dotados de um tronco mais longo e grosso. Seus prolongamentos, ou dendritos, atravessam todas as camadas do córtex. Seu tamanho e longas ramificações permitem que seu campo de ação seja ampliado, permitindo que a informação seja rapidamente transmitida entre as diferentes estruturas cerebrais.

As células fusiformes são ricas em receptores de diferentes tipos de moléculas: serotonina, dopamina, que são substâncias essenciais nas relações afetivas, humor, amor, prazer e motivação, conforme veremos posteriormente nos Capítulos 6 e 7.

Especialistas em neuroanatomia suspeitam que a espécie humana se distinga das outras graças aos neurônios fusiformes

Nossa espécie possui cerca de mil vezes mais neurônios fusiformes que a outra espécie mais próxima dos seres humanos, os grandes símios, que possuem apenas algumas centenas. Essas células também estão presentes nas baleias, golfinhos e elefantes, porém em quantidade irrisória.

Esses neurônios encontram-se nas estruturas relacionadas à nossa vida afetiva e social

Segundo John Allman, pesquisador no Instituto de Pasadena na Califórnia, essas células aparecem durante a vida intrauterina no oitavo mês de gravidez. Em pequena quantidade no momento do nascimento, seu número aumentará nos primeiros oito meses de vida. Por volta dos 4 meses de idade, as células migram em direção à sua posição definitiva no cérebro, antes de formar suas conexões. Esses neurônios se localizam principalmente no sistema límbico anterior, no córtex orbitofrontal (COF), no córtex cingulado anterior (CCA), assim como na ínsula, estruturas que participam ativamente na nossa vida afetiva e social, conforme visto anteriormente. Essa conectividade neuronal constitui a base das emoções, da inteligência relacional, da empatia imediata, da consciência e do autocontrole.[152]

Fortes emoções

As regiões onde essas células são mais densas são ativadas em momentos de intensa emoção: quando olhamos para a foto de alguém que amamos, quando alguém nos seduz, quando pensamos ter recebido um tratamento adequado ou quando percebemos uma traição. A mãe, ao ouvir sua criança gritar, recebe uma descarga de emoções intensas e ao ouvi-la chorar, as três regiões do cérebro onde estão localizados os

---
152.Allman, 2011.

neurônios fusiformes (CCA, COF e ínsula) são ativadas e, desta forma, a mãe é alertada e reage rapidamente.[153]

Intuição e empatia imediata

Quando encontramos alguém pela primeira vez, essas células nos permitiriam sentir uma empatia "imediata", uma impressão instantânea, intuitiva, mas sem deixar a razão de lado: essa pessoa nos agrada ou não. Essas células nos ajudam a adaptar nossas respostas conforme as nossas emoções.

Nossa capacidade de sermos sociáveis, sensíveis às interações com outras pessoas dependeria da quantidade desses neurônios fusiformes.

Consciência

Graças às células fusiformes, a rápida comunicação entre a ínsula e o CCA amplia a consciência que temos de nós e do nosso corpo. Essa autoconsciência nos ajuda a estabelecer as relações sociais e a regular as nossas emoções. Daniel Siegel[154] diz que a densidade dessas células teria uma correlação direta com a consciência que temos de nós mesmos e do nosso corpo.

Concentração e autocontrole

Os neurônios fusiformes também atuam no autocontrole e na capacidade de se concentrar em momentos difíceis.

Esses neurônios são interessantes, pois são diretamente impactados pelas experiências vividas precocemente

A localização dessas células no cérebro e a abundância de conexões dependem do ambiente onde a criança está inserida, com cenários que vão

---
153. Decety, 2011.
154. Siegel, 2010.

desde uma atmosfera afetuosa e harmoniosa, passando pela banalização do estresse cotidiano, indo até os maus-tratos. Portanto, é indispensável saber que a negligência precoce, o estresse, os traumatismos psíquicos podem levar a impactos negativos no desenvolvimento e organização dessas células.[155] Sabemos, portanto, que as experiências vividas pela criança podem refletir de maneira importante em suas capacidades de construir sua própria identidade e suas relações com outrem.

Os neurônios espelho

Uma descoberta surpreendente

O neurocientista italiano Giacomo Rizzolatti descobriu os neurônios espelho em 1992. Em seu laboratório de pesquisa na Itália, sua equipe trabalha para estabelecer um mapa cerebral da área sensoriomotora dos macacos Rhesus. Os pesquisadores usaram minúsculos eletrodos inseridos no cérebro do macaco, capazes de analisar uma única célula por vez durante a realização de um movimento específico.

Certo dia, estava muito calor e um dos cientistas sai do laboratório para comprar um sorvete. Ele retorna enquanto se delicia com seu sorvete e percebe que o primata o observa. O pesquisador se surpreende ao ver que a célula sensoriomotora do macaco foi ativada. O cérebro do macaco "trabalha", ele reproduz o gesto do pesquisador em seu cérebro sem efetuar o gesto de comer o sorvete em si. Para identificar e entender o gesto de alguém, as células do nosso cérebro que correspondem ao gesto são ativadas sem que o gesto seja realmente efetuado. Foram então descobertos os neurônios espelho.[156]

Localização

Esses neurônios foram primeiramente localizados no córtex pré-motor. Atualmente, considera-se que o sistema espelho se estende em

---
155. Cozolino, 2006.
156. Cattaneo e Rizzolatti, 2009.

diversas outras localizações do cérebro: o lobo parietal inferior, o lobo frontal inferior e o córtex pré-motor ventral. Sendo que outras regiões também participam desse sistema espelho: o córtex visual, o cerebelo e uma parte do sistema límbico.[157]

Os neurônios espelho participam na imitação mas também decifrando intenções e emoções das outras pessoas

A equipe de Rizzolatti separou o sistema espelho em duas funções:
- Uma função de observação ou de execução de uma ação;
- Uma função de compreensão e identificação da intenção por trás da ação.

Elementos auditivos, somatossensoriais e afetivos participam desse sistema espelho.[158]

Esses neurônios reagem de maneira extremamente rápida e respondem ao menor dos movimentos e nos ajudam a identificar a motivação por trás dessa intenção de movimento. Podemos então reagir rápida e adequadamente.

Portanto, no cérebro humano os neurônios espelho nos fazem imitar as ações, mas servem também para identificar as intenções e emoções de outrem. Esses neurônios percebem os gestos que uma pessoa está prestes a fazer, assim como seus sentimentos e intenções. Eles nos prepararam a imitar seu gesto e sentir o que a pessoa está sentindo. A partir do momento em que observamos o comportamento ou o movimento de alguém, esses neurônios espelhos são imediatamente ativados. E isto, exatamente da mesma maneira, como se nós estivéssemos executando o comportamento ou o movimento.

Ou seja, ao observar um comportamento, um movimento, significa que ele já está sendo realizado em nosso espírito e de uma forma extremamente precisa: por exemplo, quando observamos uma pessoa fazer um gesto com a mão para se despedir, a zona do nosso cérebro que programa os músculos da mão é ativada; quando observamos alguém

---

157. Molenberghs, 2012.
158. Molenberghs, 2012.

comer e os movimentos feitos pela boca, a zona do nosso cérebro correspondente à boca é ativada etc. As mesmas zonas cerebrais são ativadas ao vermos uma ação e executarmos essa ação.

O impacto de imagens, fotos e filmes

As pesquisas com ressonância magnética funcional (RMf) mostram que assistir a um filme com pessoas com expressões felizes, amedrontadas, sombrias, ativa, em sua audiência, as mesmas áreas cerebrais de quando esses sentimentos são realmente vivenciados, porém, com um grau menos importante.

Isso nos permite compreender a força e a intensidade emocional que as imagens, fotos e filmes podem gerar. O impacto produzido em nós é considerável, pois nosso cérebro, ou seja, nós "vivemos" realmente o que está sendo representado. Quando assistimos a um filme, sentimos as emoções dos personagens, vivemos sua história. Quando observamos uma foto, uma imagem violenta, nós vivemos essa violência. Da mesma maneira, quando vemos a beleza, a compaixão, a tristeza, sendo representadas, os sentimentos correlatos nos tocam profundamente.

No cinema, nossos neurônios espelho são ativados, vivemos os sentimentos dos personagens, choramos, trememos de medo, rimos. Nós somos os personagens. Quem assiste a seriados têm realmente o sentimento que estão vivendo essa estória avassaladora, apaixonante, com reviravoltas. Os(as) roteiristas dessas séries sabem perfeitamente disso e mantêm seu público cativado.

As crianças vivem intensamente as emoções difundidas pelas imagens. Elas são submersas, devido ao fato de ainda não terem meios de analisar e ponderar o que está acontecendo. Elas podem ficar verdadeiramente aterrorizadas, terem crises de ansiedade e pesadelos. Observamos então essas crianças fascinadas, prisioneiras dessas emoções, coladas na tela sem conseguirem tirar os olhos. Sendo menos "lógicas" do que nós adultos, as crianças não conseguem parar, ponderar e dizer: *"Agora chega, vou parar de ver isso e fazer outra coisa..."*

O contágio emocional, a sensação

Existe uma tradução biológica para quando temos o sentimento agradável de estarmos em "comunhão", em perfeita harmonia, em sintonia com alguém, de dividir profundamente o momento presente. Nossos neurônios espelho estão sendo ativados. Essa conexão entre as pessoas, de cérebro para cérebro e que forma um circuito em binômio, é chamada de "ressonância empática".

Rizzolatti explica que graças aos neurônios espelho, somos capazes de compreender a pessoa diante de nós não por um raciocínio lógico e conceitual, mas por meio do *"feeling"*. Quanto mais ativo for o sistema de neurônios espelho, mais forte será a empatia. Nós "sentimos" o outro, no sentido mais amplo da palavra, vivemos internamente suas sensações, suas emoções, seus sentimentos. Os neurônios espelho são como um sexto sentido que cria inconscientemente um estado emocional conectado a outra pessoa: uma empatia primária imediata.[159] Os neurônios espelho fazem com que as emoções sejam contagiosas, elas circulam e se propagam ao nosso redor. Elas nos contaminam e vivemos então as emoções do outro.

O pai de Téo, 3 anos de idade, volta do trabalho. Ele chega tranquilo, seu dia de trabalho foi bom e ele está feliz em poder brincar um pouco com o filho. O menino, porém, está ranzinza, sua mãe acabou de brigar com ele. Mas assim que seu pai, com um tom jovial, o convida a brincar, seu olhar se ilumina e logo em seguida os dois estão rindo e brincando.

O humor agradável do pai de Téo o contagia, ele é imediatamente transmitido para a criança graças aos neurônios espelho.

Quando os adultos gritam, se zangam, essas emoções são transmitidas para a criança que passa a sentir as mesmas emoções de raiva e irritação.

O pai de Téo volta do trabalho, ele está extremamente mal-humorado. Seu dia foi longo e difícil. Ele está muito irritado. Abre

---
159. Miller, 2005.

a porta de casa e se depara com o filho brincando no tapete e sua cônjuge que lê um livro tranquilamente no sofá. Com um tom exaltado ele diz subitamente:

"Mas esta casa está uma bagunça, tem brinquedo para todo lado! E Téo, você poderia vir me dizer 'boa noite' quando eu chego, que mal-educado!" O clima da casa fica tenso. *"Você é feio e mau, papai.*

— *Você pode começar já a me pedir desculpas!"* e os ânimos ficam ainda mais exaltados. O mau humor do pai contaminou toda a casa...

Treinar para aprender

Quando estamos sós e quando repetimos mentalmente uma cena, ou o texto de um discurso, ou um movimento, os neurônios espelho são ativados. Nosso cérebro trabalha como se estivéssemos realmente efetuando a cena, o movimento ou pronunciando as palavras.

Ao longo do dia, a criança pequena treina em permanência, repetindo palavras, gestos e situações vividas. A criança brinca, mimetiza as cenas da vida cotidiana. E desta forma, aprende, entende e domina progressivamente o mundo ao seu redor, encenando, repetindo as situações e cenas presenciadas. Brincar é essencial para a criança.

A mãe de Rose, 3 anos idade fala: "É impressionante! Eu a vejo regularmente dando lição na boneca: "Você tem que ser gentil, tem que se comportar, senão você vai ficar de castigo no seu quarto. Você tem que dizer 'bom dia' e obrigada. Ah! Isso o que você fez é muito feio. Você tem que emprestar seus brinquedos... Coma logo ao invés de ficar brincando com a comida! Ande rápido, nós vamos nos atrasar..." Ela me imita, ela levanta o dedo e fala essas coisas no mesmo tom de voz que eu. Eu fico impressionada. Espero que ela não pense que sou uma mãe autoritária!"

Sentir e imitar para aprender

Graças aos neurônios espelho, as crianças aprendem e imitam tanto as posturas e tons de voz quanto os gestos. Surpreendentemente, algumas crianças aprendem apenas por meio da observação.

O incrível talento relacional de algumas crianças tem origem parcialmente nos neurônios espelho. Conseguir sentir as intenções das outras pessoas e suas causas nos proporciona informações importantes para saber como agir com elas.

Os neurônios espelho nos permitem uma aproximação das pessoas ao nosso redor, pois eles nos ajudam a desvendar suas intenções, a dividir e sentir as emoções. Essa habilidade facilita o convívio de uma família.

Entretanto, justamente pelo fato desses neurônios nos ensinarem a imitar, cada pessoa proporciona um modelo bom ou mau na vida da criança. Ela será extremamente influenciada pelos adultos com quem convive. Os neurônios espelho estabelecem um aprendizado implícito. A criança observa as pessoas à sua volta, suas atitudes, sua forma de falar e de agir. Então ela as imitará, mas sem ter a capacidade de analisar o que vê.

Laura tem 4 anos de idade. Ela dá um grande beijo na boca da mãe.
"Eu te amo mamãe!" A mãe surpresa diz: *"Não Laura, você não pode me beijar na boca!*
Eu fiz igual ao papai.
Só o papai pode beijar a mamãe na boca. Você pode me beijar na bochecha."

O que queremos transmitir para as nossas crianças?

Quando criamos um pequeno ser humano, devemos nos questionar: o que queremos transmitir para os nossos filhos

Quando batemos em uma criança, esse gesto é reproduzido em seu cérebro, a criança aprende então a bater. Queremos realmente lhes ensinar a violência?

Quando uma criança ganha colo, ela aprende o carinho. Não seria melhor que transmitíssemos e ensinássemos gestos afetuosos? Por mais surpreendente que pareça, o afeto e o carinho podem ser transmitidos e ensinados, assim como a violência. A criança nos imita, e por isso transmitimos principalmente o que fazemos e quem somos.

6

AS MOLÉCULAS DO BEM-ESTAR E DA VIDA RELACIONAL

Uma sensação de calma, de relaxamento, de bem-estar, de prazer, de alegria de viver. Tudo isso nos é proporcionado por meio da ocitocina, das endorfinas e da serotonina! Então vamos conhecer um pouco mais sobre o poder surpreendente dessas moléculas químicas.

Elas são secretadas principalmente durante relações cordiais, afetuosas e íntimas. Os efeitos produzidos nos levam a querer continuar essas relações agradáveis e harmoniosas. A sensação de bem-estar favorece a aproximação dos seres. Ela estimula o desejo de contato, de sociabilização e de busca por pessoas com quem podemos criar vínculos afetivos e amistosos.

A ocitocina está na base do bem-estar e da relação com outrem.

Ocitocina, o hormônio do amor e da vida social

A ocitocina tem uma história fascinante. Em 1906, Henry Dale conseguiu extrair uma molécula do lobo posterior da hipófise e descobriu sua ação durante as contrações uterinas e durante o parto. Ele batizou a molécula de "ocitocina", que tem sua origem no grego: "parto veloz".

A ocitocina foi o primeiro peptídeo (um peptídeo é um elemento químico da família das proteínas, composto de diversos aminoácidos) a ter sido identificado e sintetizado em laboratório, o que conferiu um prêmio Nobel para Vincent du Vigneaud em 1955. Nessa época, ainda não sabíamos que esse hormônio possuía muitas outras funções. Posteriormente, as pesquisas em neuroanatomia relevaram que a ocitocina é sintetizada no cérebro pelos neurônios do hipotálamo e armazenada na hipófise posterior. Em seguida, ela é liberada na corrente sanguínea. Antes de iniciar as pesquisas em seres humanos, cientistas estudaram a ocitocina em diversos animais, como o rato, o carneiro, o macaco, entre outros. Foi então descoberto que a ocitocina coordena uma série de mudanças no comportamento das fêmeas, preparando-as para serem mães, para cuidarem de seus filhotes, permitindo a sobrevivência de sua espécie.

Atualmente, inúmeras pesquisas se interessam pela ocitocina nos seres humanos para tentar elucidar o mistério do vínculo que une as pessoas. Primeiramente, as pesquisas se concentraram nas mães e nos casais. Recentemente os estudos começaram a investigar os pais, as crianças e as pessoas em suas diversas atividades sociais e relacionais. Sabemos atualmente que a ocitocina possui um papel fundamental em todas as relações humanas.

Essa molécula fascina e desperta um grande interesse, proporcional à sua importância. A ocitocina é a principal molécula do relacionamento, das relações sociais, da amizade, do amor. Atualmente é considerada como o hormônio do vínculo, do afeto. Ela faz crescer o sentimento de confiança, sem o qual o amor e a amizade não poderiam se desenvolver.[160] A pesquisadora sueca Kerstin Uvnäs-Moberg, consagrou sua vida à pesquisa dessa molécula, lançando seu livro chamado *"Ocitocina: o hormônio do amor"*.[161]

A ocitocina sintetizada no cérebro é, ao mesmo tempo, um neurotransmissor (molécula química que transmite a informação de um neurônio para o outro por meio da sinapse) que agem localmente nas células do sistema nervoso por meio de receptores de membrana para a ocitocina, e um hormônio que age, por intermédio da corrente sanguínea, em diversos órgãos. Ou seja, a ocitocina atua em dois planos, nas regiões do cérebro que controlam as respostas emocionais e sociais e nas funções fisiológicas como o parto e a amamentação. Ela provoca contrações no útero e nos seios que permitem o nascimento e a ejeção de leite.

---

160. Kosfeld, 2005.
161. Lançado em 2006 na França pela Editora Le souffle d'or.

A ocitocina proporciona bem-estar, ajuda na percepção das emoções, diminui o estresse

A ocitocina proporciona bem-estar

A ocitocina libera a secreção sucessiva de diversas moléculas: a dopamina, as endorfinas e a serotonina. Sua ação sobre a dopamina ativa os circuitos cerebrais do sistema de motivação-recompensa, que veremos posteriormente. Ela estimula a "motivação", proporcionando prazer, ânimo e em seguida ativa a "recompensa" por meio da liberação das endorfinas, que por sua vez proporcionam bem-estar. Por fim, ao contribuir para a secreção da serotonina, a ocitocina também participa no equilíbrio do humor.

O vínculo, o afeto e o apego entre os seres estão baseados em parte no prazer e na felicidade de estar em contato com pessoas que apreciamos. Simplesmente, nos sentimos "bem" com essas pessoas. A ocitocina é secretada nesses momentos de interação.

Com um efeito contínuo, ela propicia a aproximação entre os seres: ao nos sentirmos bem com algumas pessoas, a ocitocina é secretada, que por sua vez acarreta em secreção de moléculas do bem-estar. Graças a essas moléculas, o prazer que sentimos nos leva a querer permanecer em contato com essas pessoas, então a ocitocina é novamente secretada. Um círculo virtuoso é estabelecido.

Nos seres humanos, os mecanismos cerebrais "recompensam" os momentos de intimidade entre as pessoas. Apesar de serem essencialmente diferentes, o amor parental e o amor entre adultos estão, em parte, submetidos aos mesmos sistemas hormonais e cerebrais. A reação em cadeia da ocitocina, dopamina, endorfinas e serotonina, permite aos progenitores de se sentirem recompensados e satisfeitos durante a relação com seus filhos. Quando a criança recebe um colo afetuoso, quando ela sorri, os circuitos dopaminérgicos são ativados, e tanto os pais, quando as crianças, são invadidos por uma sensação prazerosa.[162]

A dopamina nos incita a passar um tempo em companhia das nossas crianças. Os momentos de cumplicidade provocam a liberação

---
162. Strathearn, 2008.

dessas moléculas e proporcionam uma sensação de bem-estar, prazer e serenidade. A ocitocina interage com os receptores de dopamina para bloquear os fenômenos de habituação, o que permite que possamos sentir continuamente essa sensação de recompensa nos momentos de interação com as pessoas que apreciamos. Este fenômeno é particularmente interessante, pois nos permite compreender a razão pela qual as pessoas se acostumam e se entediam com os filhos e filhas de outrem, mas continuam amando suas próprias crianças e se sentem bem e recompensadas quando cuidam delas.

No sistema límbico, a ocitocina age nas estruturas cerebrais que participam da origem e na percepção das emoções, em particular no córtex frontal inferior, no CCA e na ínsula

Essas zonas do cérebro são ativadas quando os pais ouvem sua criança chorar.[163] Na relação entre pais e filhos, a ocitocina, que favorece a empatia, ajuda o adulto a perceber os sinais emocionais da criança, assim como a interpretá-los e a respondê-los prontamente e de maneira adequada.[164]

A ocitocina diminui o estresse por meio de sua ação no eixo hipotálamo-hipófise (HPA), no sistema nervoso autônomo (SNA) e na amígdala.

Ela também age como um poderoso ansiolítico e hormônio antiestresse: ela nos acalma reduzindo a atividade do eixo HPA e do sistema nervoso simpático, por meio da diminuição do cortisol e aumento da atividade do sistema parassimpático.

A ocitocina aciona uma reação química em cadeia onde as glândulas adrenais diminuem a secreção de cortisol.

A secreção da ocitocina impulsiona a atividade parassimpática e seus efeitos fisiológicos que regulam nosso organismo: a pressão

---

163. Riem, 2011.
164. Shamay-Tsoory, 2011.

arterial diminui, o organismo passa da tensão muscular pronta para a ação em resposta ao estresse para uma condição regeneradora onde a energia age no armazenamento de nutrientes e no crescimento. O parassimpático também aumenta a resistência à dor, diminuindo nossa sensibilidade ao desconforto. Ele reforça a imunidade, ajuda no trânsito intestinal e melhora o processo de cicatrização.

Ao diminuir a atividade da amígdala, a ocitocina também diminui as reações de medo e nos permite sentir confiança em alguém.[165] Esta função ansiolítica da ocitocina explica porque as relações marcadas pelo afeto possuem uma relação direta com a saúde física e o bem-estar.[166]

As relações, as interações agradáveis liberam a ocitocina

A ocitocina é secretada quando existe um estímulo sensorial agradável: palavras gentis, a amamentação, um olhar afetuoso, os beijos, o orgasmo, mas também o simples contato com a água quente.

Vimos anteriormente que a ocitocina também pode ser secretada durante uma interação agradável, sem que necessariamente ocorra um contato físico. Toda interação harmoniosa, ou um ambiente acolhedor, uma conversa agradável, um momento compartilhado provocam a secreção da ocitocina. Até mesmo a troca de olhares, quando afável, provoca a secreção da ocitocina e, portanto, gera conforto, consolo e proporciona um sentimento de bem-estar.[167] A simples lembrança dos seres que amamos é capaz de liberar a ocitocina.[168]

- Marcos está sentado em sua cama, sobre seu peito sem camisa está deitada sua filha Cloé de 2 meses de idade. Ela está bem aquecida e protegida em um contato "pele a pele".
- Natan está mamando, ele olha completamente hipnotizado para sua mãe.
- Tomás e Cecília se beijam apaixonadamente.

---
165. Singer, 2008; Petrovic, 2008.
166. Uvnäs-Moberg, 2005.
167. Uvnäs-Moberg, 1997.
168. Cozolino, 2006.

- Valéria e Camila conversam em um restaurante. Elas são amigas desde a infância e se reencontraram após um longo período sem se ver.

- Em todas essas situações aparentemente banais do cotidiano, a ocitocina é secretada nas duas pessoas, proporcionando uma grande sensação de bem-estar.

Opostamente, o estresse interrompe a secreção de ocitocina, de dopamina, de endorfinas e de serotonina. Quando os adultos estabelecem relações autoritárias com a criança, em casa, na escola, com críticas frequentes, ordens, punições, gritos, humilhações, e, palmadas, a criança vive, então, sob um estresse contínuo, sente medo e raiva. Os hormônios do estresse circulam em seu organismo, o cortisol permanece em taxas elevadas, o sistema simpático permanece em plena atividade e a secreção das moléculas benéficas é interrompida.

A ocitocina aproxima os seres

Ela possui um papel importante na capacidade de criar relações satisfatórias, tanto entre duas pessoas quanto em um grupo. Isto é importante individualmente, mas também para a construção de uma comunidade, uma sociedade onde é possível e agradável viver em coletividade. Uma das fontes da felicidade é saber criar laços com outras pessoas, principalmente quando esses laços são estabelecidos com pessoas que apreciamos e amamos. O benefício é coletivo, contamina todas as pessoas à nossa volta.

A ocitocina propicia a empatia

Sem empatia afetiva e cognitiva, a escuta, a compreensão e a reciprocidade entre as pessoas não existiriam. As interações só são verdadeiras se existe uma via de mão dupla, quando alguém não se interessa apenas pelo próprio ego. Como vimos, a empatia é sobretudo a capacidade de compreender, de sentir as emoções e os sentimentos de alguém. Ela nos permite dirigir nossa atenção para essa pessoa. Ela propicia a disponibilidade de conhecer realmente alguém, algo que é indispensável para construir uma relação e satisfazer suas necessidades se for o caso. A ocitocina ajuda a decifrar a expressão facial, o olhar. Como é possível compreender as emoções e os sentimentos das outras pessoas? Muitas vezes as informações são transmitidas por meio dos atos, das vestimentas, dos gestos, das falas etc. Porém, quando alguém se conhece pela primeira vez, as emoções e sentimentos são revelados por intermédio do olhar, da expressão facial. Os olhos são extremamente importantes na comunicação afetiva. Conscientemente ou não, por meio de uma comunicação não-verbal, a pessoa revela o que está sentindo com a nossa presença. Percebemos se ela está se sentindo à vontade, feliz ou não de estar conosco. E é justamente a ocitocina que ajuda a decifrar as expressões faciais e o olhar, a ler essa permanente comunicação não falada que circula entre todos os seres humanos, antes mesmo que sejam capazes de falar.

Para ajudar a compreender melhor os diversos efeitos desta molécula, cientistas realizaram pesquisas onde pulverizaram ocitocina nas cavidades nasais, permitindo sua rápida difusão no cérebro.[169]

Ulrike Rimmele, psicólogo na Universidade de Zurique e de Nova Iorque, apresentou imagens de rostos, objetos, casas, paisagens para as pessoas. Metade do grupo recebeu um placebo e a outra metade, a ocitocina pulverizada nas cavidades nasais. As pessoas que receberam a ocitocina tiveram sua capacidade de reconhecer e memorizar rostos aumentada. Entretanto, a capacidade de memorizar as outras imagens, não melhorou.[170] A ocitocina nos permite lembrar melhor dos rostos, mas também ela melhora nossa capacidade de ler, de decifrar o estado emocional dos rostos, algo extremamente útil para compreender o que alguém está sentindo. Essa capacidade de compreender as emoções por meio dos rostos das pessoas é muito intensa, é como se uma pessoa pudesse ler "o espírito, a alma do outro".[171]

Os olhos são janelas para a alma, são a expressão de uma pessoa. Eles refletem suas emoções, sentimentos e intenções, além da intensidade do seu raciocínio, atenção e interesse. Ou seja, os olhos enviam informações preciosas. E ser capaz de ler e interpretar essas mensagens é algo muito importante. Em 2008, o pesquisador australiano Adam Guastella

---

169. MacDonald, 2011.
170. Rimmele, 2009.
171. Domes, 2007.

mostrou que após receber a dose de ocitocina, a pessoa é capaz de olhar fixamente seu interlocutor com maior concentração e intensidade.[172]

Eva teve uma infância feliz, cercada de adultos atenciosos e afetuosos. Ela interage com muitas pessoas por causa de seu trabalho. Ela consegue facilmente interpretar as emoções das pessoas que encontra por meio de suas expressões faciais, o que lhe permite compreender essas pessoas e ter relações sociais agradáveis

A infância de Natan não foi fácil. Os adultos com quem convivia eram muito rígidos, autoritários e ofensivos com ele. Ele não sabe o porquê, mas suas relações com as outras pessoas são sempre difíceis, ele não consegue compreendê-las. Ele tem muita dificuldade de ler as emoções nos rostos das pessoas, e isso é uma verdadeira deficiência emocional para ele.

Portanto, a ocitocina ajuda no desenvolvimento da empatia, da percepção das intenções, do humor e das emoções das outras pessoas, o que propicia relações satisfatórias. Ela também faz aumentar a confiança, sem a qual não seria possível criar um laço afetivo. A confiança nos permite uma abertura, reduz a nossa apreensão, proporcionando apaziguamento e serenidade.

Em um casal, a confiança reduz os conflitos, melhora e aumenta a frequência de interações.[173]

Ela também fortalece os laços em relações agradáveis com terapeutas, professores ou outras pessoas que desempenham um papel de "ajuda".

A ocitocina tem grandes implicações na vida social

Ela reduz a ansiedade e a apreensão com relação à vida em sociedade. Ela contribui para a criação de laços sociais e para a harmonia de um grupo.[174] Inúmeros estudos mostram que a ocitocina também favorece a cooperação, o altruísmo e até mesmo um sentimento de sacrifício por outrem, mesmo por quem não pertence a um mesmo grupo social.[175]

---

172. Guastella, 2008.
173. Ditzen, 2009
174. Kirsch, 2005.
175. Panksepp, 2002; Barraza, 2009 e 2011; Declerck, 2010; De Dreu, 2010.

Um grande estudo que analisou vinte e três publicações, mostrou que os efeitos da ocitocina intranasal agem no nível de confiança existente entre as pessoas quando elas estão em grupo.[176] Esse aumento considerável na capacidade de confiar nas outras pessoas na vida privada poderia ser o resultado de uma diminuição na atividade dos circuitos implicados no medo, especialmente na amígdala e no tronco encefálico.

Em 2008, Thomas Baumgartner, pesquisador na Universidade de Zurique, se interessou em saber se a confiança é alterada quando uma pessoa foi traída diversas vezes em termos afetivos e financeiros. Após injeção intranasal de ocitocina, ele constatou que as pessoas que foram traídas em um contexto afetivo, não deixam de conceder sua confiança, mas o mesmo não foi verificado quando o dinheiro está envolvido.[177]

A ocitocina, ao proporcionar esse sentimento de confiança, tem um papel importante nas relações humanas, fortalecendo os laços afetivos de um casal, entre pais, mães, filhos e filhas, entre irmãos e irmãs, e em todas as relações amicais e sociais. Ela nos permite manter as relações que nos proporcionaram momentos felizes e agradáveis.

Além disso, ela age em nossas lembranças, marcando profundamente os momentos felizes na nossa memória.[178]

Por fim, a ocitocina também participa da síntese proteica necessária aos processos de neuroplasticidade nas regiões cerebrais dedicadas às relações afetivas e sociais, que nos permitem a flexibilidade necessária no desenvolvimento das relações humanas.[179]

A ocitocina fortalece o vínculo parental

Nos animais

A ocitocina aciona e mantém o comportamento de cuidados maternos A fêmea cobre seus filhotes de afeto, proteção e cuidados. Ela os lambe,

---
176. Van iJzendoorn, 2012.
177. Baumgartner, 2008.
178. Henrichs e Domes, 2008; Ebstein, 2009.
179. Insel, 2003.

protege e cuida deles.¹⁸⁰ A rapidez e a potência de seus efeitos são surpreendentes. Nas ovelhas que não estão em gestação, a ocitocina que age no cérebro leva o animal a ter atitudes maternais em menos de um minuto. A fêmea busca intensamente outros filhotes para cuidar, dar afeto, consolar etc.

A capacidade de cuidados maternos da rata depende do afeto que ela recebeu quando filhote

Frances Champagne e Michael Meaney observaram que a aptidão da fêmea a ter um comportamento maternal está relacionada à quantidade de receptores cerebrais de ocitocina. Eles revelam que a quantidade desses receptores depende do grau de cuidados maternos recebidos pela mãe rata durante sua própria infância. As fêmeas que recebem poucos cuidados ou ficaram separadas der suas mães por muito tempo, quando filhotes, possuem menos receptores cerebrais de ocitocina. Por outro lado, as fêmeas que receberam muitos cuidados maternos e foram pouco separadas de suas mães, possuem uma maior densidade desses receptores.¹⁸¹

Na rata, essa capacidade de ser maternal depende do afeto que ela recebeu quando pequena e é transmitida aos filhotes fêmeas.¹⁸²

Entretanto, a falta de cuidados maternos quando filhotes não significa que essas fêmeas nunca serão capazes de ter um comportamento maternal. Quando as ratas que receberam poucos cuidados são criadas em outro ambiente mais maternal, mais estimulante e socialmente rico, a densidade de seus receptores de ocitocina no cérebro aumentam, permitindo resiliência.¹⁸³

Por meio das pesquisas realizadas com animais, podemos levantar a hipótese de que a grande variação à aptidão materna, que depende parcialmente da qualidade do afeto recebido durante a infância, depende do nível de bom funcionamento do sistema ocitocinérgico

---
180. Russell, 2001.
181. Champagne, 2001.
182. Champagne, 2009.
183. Champagne e Meaney, 2007.

(receptores cerebrais e ocitocina que circula no sangue) e que essa aptidão é transmitida para as futuras gerações. Graças à maternagem, a ocitocina secretada no filhote de rata impacta na sua vida presente e futura. Ela é mais sociável, menos agressiva, é capaz de enfrentar situações estressantes e saberá como cuidar bem de seus filhotes.[184]

Além disso, Michael Meaney e Frances Champagne provaram que o comportamento parental nos ratos influencia na expressão de alguns genes que controlam o estresse e o aprendizado dos filhotes, conforme visto no Capítulo 4.[185]

Por sua vez, os ratos machos não são indiferentes à gestação de sua fêmea e sua taxa de ocitocina também aumenta durante a gestação.[186]

Os estudos com animais evidenciam perfeitamente os efeitos em cascata provocados pela ocitocina: ela permite a maternagem dos filhotes, que impactará na vida dos mesmos, tornando-os mais sociáveis, menos estressados e posteriormente, serão capazes de cuidar de seus próprios filhotes.

Nos seres humanos

Comparar as pesquisas com animais e seres humanos é sempre muito difícil, principalmente quando diz respeito ao sentimento materno, um assunto extremamente delicado e complexo, tendo em vista que ele depende, em parte, da infância que tivemos. Será que durante a infância, tivemos pessoas ao nosso redor capazes de nos dar amor e atenção e nos mostrar o caminho a ser seguido?

É relativamente fácil avaliar o comportamento materno nos animais, por intermédio da qualidade e da frequência dos cuidados da mãe, como lamber e limpar seus filhotes. Porém, é muito mais difícil avaliar o comportamento parental nos seres humanos e o nível de afeto recebido e doado.

O comportamento parental afetuoso pode se apresentar de múltiplas formas, onde cada pai e mãe irá expressá-lo com uma linguagem

---
184. Ross e Young, 2009; Meaney, 2010.
185. Champagne, 2008; Meaney, 2010.
186. Gubernick, 1995.

e sensibilidade próprias. O grau de apego e afeto extremamente variável com relação à criança depende diretamente da história pessoal e familiar do pai e da mãe, assim como de sua idade e do ambiente cultural e socioeconômico no qual se inserem.

Nas mulheres

Ser mãe

O sentimento materno feito de afeto e apego por um(a) filho(a) e que leva a mãe a cuidar da criança, a abraçá-la, a protegê-la e a consolá-la em caso de choro, não é vivenciado por todas as mulheres. Muitas ficam felizes pelo fato de serem mães, porém outras se sentem apavoradas, angustiadas, outras desesperadas e incapazes de se sentirem felizes, já algumas mulheres são completamente indiferentes à criança, rejeitando-a e/ou agredindo-a verbal ou fisicamente. Geralmente esse sentimento materno se desenvolve progressivamente. Algumas mulheres enfrentam essas dificuldades com um primogênito, mas se sentem totalmente à vontade com a chegada de uma nova criança. Essas mulheres perceberam que são capazes de serem mães e se sentem mais calmas e confiantes com o segundo filho.

Ter recebido carinho materno ajuda muito para se tornar mãe

Um dos fatores essenciais que influenciam na capacidade ou não de ser mãe, uma mãe atenciosa, empática, carinhosa, são os cuidados maternos recebidos. Porém, muito ainda precisa ser esclarecido e muitos questionamentos sobre o assunto ainda persistem.

Senhora X: *"Eu não consigo ser carinhosa com minhas crianças. Eu sou fria, distante, muito exigente. Eu sei que deveria amá-los, mas eu não consigo. Eu não sei amar..."* Ela fala de seu passado aos prantos: *"Minha mãe nunca me beijou ou me abraçou. Ela nunca me disse nada de carinhoso. Meu pai, é como se ele não existisse. Ainda hoje eu espero desesperadamente que ela me olhe com carinho, que ela tente me conhecer e me entender. Eu sei que isso* não vai acontecer, mas eu não consigo deixar de ter a esperança de receber um pouco de amor da minha mãe..." A mãe da Senhora X, também gostaria de ser mais carinhosa com sua filha, mas ela não sabe como proceder. Ela não é capaz, pois também nunca recebeu afeto. Essa transmissão em cadeia é nefasta e pode ser interrompida se a Senhora X conseguir encontrar em seu caminho alguém, um(a) terapeuta ou outra pessoa que a ajude a desenvolver toda sua capacidade de afeto que está profundamente enterrada dentro dela.

Um homem que apoia e valoriza sua mulher está ajudando no maternar

O cônjuge ajuda a mulher a se desenvolver e se sentir realizada. Ele é capaz de ajudá-la a se tornar mãe, mas conforme a minha experiência profissional, ele possui um papel importante ajudando-a a se tornar mãe. Uma mulher insegura, preocupada em como desenvolver bem seu papel de mãe, se ela se sentir amada, valorizada, apoiada e assistida por seu cônjuge, ela pode aos poucos ficar mais confiante e conseguir dar o afeto necessário para sua criança. Como Michael Meaney citou em seu livro: "A coisa mais importante que um pai pode fazer por seus filhos, é amar a mãe deles(as).[187]" A professora Ruth Feldman que trabalha em Israel e nos Estados Unidos, na Universidade de Yale, e estuda sobre as relações adultos-crianças, em seu estudo de 2007, confirma a influência preponderante do pai: seu apoio e sua participação diminuem a ansiedade materna, os riscos de depressão e aumentam a coesão familiar.[188]

Outros elementos importantes devem ser levados em consideração, como a experiência da gravidez, o parto, a rede de apoio da mulher após o nascimento da criança. Entretanto, esses elementos muito tão determinantes quanto o afeto recebido durante a infância e o papel do cônjuge. Atualmente, inúmeras pesquisas buscam entender a função da ocitocina na relação mãe-criança. Estes estudos mostram uma clara ligação entre esse hormônio e as relações mãe-criança.

---
187. Para mais informações acesse www.douglas.qc.ca
188. Feldman, 2007.

Aptidão materna, apego e ocitocina

Segundo Ruth Feldman, a taxa de ocitocina plasmática está relacionada à capacidade de ser maternal. Quanto maior for a taxa de ocitocina na mãe, mais ela será maternal, carinhosa. E ao contrário, quanto menor a taxa, menos ela será maternal.[189]

Segundo Andreas Bartels da Universidade de Londres, essa molécula que fortalece os cuidados maternos, impede o infanticídio.[190]

A ocitocina é fundamental em todos os aspectos da maternagem e do vínculo entre a mãe e sua criança: proporcionar carinho e consolo para ela, cuidar dela, estimulá-la, ajudá-la a crescer.

Quando a mãe abraça a criança, brinca com ela, a toca gentil e delicadamente durante o banho ou a troca de fralda, quando a veste, ou é carinhosa quando amamenta ou dá a mamadeira, a ocitocina, dopamina, as endorfinas e a serotonina são secretadas. Trata-se de um círculo virtuoso: quanto mais a mãe cuida de sua criança com amor, mais esses hormônios do prazer serão secretados e a sensação de bem-estar será ampliada, e maior será a capacidade de empatia e de afeto.

Quando uma mãe ouve sua criança chorar, ou a vê sorrindo, a ocitocina é secretada, levando a mãe a maternar os filhos. Certas vezes, nesses momentos, pode ocorrer uma ejeção de leite.

Porém, quando a criança fica fisicamente afastada de seu pai, de sua mãe, a ocitocina não é secretada e o vínculo é enfraquecido.

Perceber os sinais enviados pela criança e responder de maneira adequada beneficia para que um apego seguro seja instaurado

Quando os pais são capazes de perceber e interpretar adequadamente os sinais e os pedidos implícitos emitidos pela criança, e de, ao mesmo tempo, atendê-los adequadamente, um apego seguro está sendo favorecido. A ocitocina, que aumenta a capacidade de empatia, ajuda pais e mães a perceberem esses sinais e a interpretá-los corretamente,

---
189. Feldman, 2010.
190. Bartels e Zeki, 2004.

permitindo também uma resposta rápida e adequada. A criança se sente em segurança com eles.[191]

A ocitocina também reduz a ansiedade e a resposta ao estresse da mãe.[192] A partir do momento que a mãe está menos ansiosa, ela também se mostra mais atenciosa com a criança, tem um humor mais estável, reconhece e responde coerentemente às suas manifestações não verbais.[193]

O apego seguro ativa as redes cerebrais da ocitocina e da dopamina

Lane Strathearn, pediatra no hospital de Houston, comparou dois grupos de mães que tinham uma relação de apego extremamente diferentes com relação aos seus filhos. Um grupo de mães apresentava um apego seguro e o outro, ao contrário, tinha desenvolvido um apego não seguro. Ele verificou que o apego seguro ativa as redes neuronais da ocitocina e da dopamina e que existe uma relação com uma alta taxa de ocitocina.[194]

Um apego "seguro" com seus pais/mães é um dos fatores que contribui para o bom desenvolvimento da criança. Uma criança segura será mais sociável, empática e manifestará uma boa autoestima. Quando as interações precoces dentro da família são afetuosas, elas garantem que a criança desenvolva um apego seguro, além da capacidade dessa criança a estabelecer boas relações sociais na idade adulta.[195]

A ocitocina fortalece o valor afetivo das nossas lembranças de vínculo com nossa mãe

Jennifer Bartz, psiquiatra no Hospital Mount Sinai de Nova Iorque, estuda as lembranças, as representações que jovens adultos têm de suas

---
191. Riem, 2011; Shamay-Tsoory, 2011.
192. Feldman, 2007 e 2008.
193. Light, 2000; Uvnäs-Moberg, 1999; Domes, 2007.
194. Strathearn, 2009.
195. Bakermans-Kranenburg, 2007.

mães. Após pulverização de ocitocina intranasal, ela observa lembranças diferentes de acordo como tipo de apego com a mãe: seguro ou ansioso.

Em um apego seguro, os jovens adultos tinham lembranças de uma mãe carinhosa e presente. Após a pulverização de ocitocina, a representação era de uma mãe ainda mais presente e afetuosa.

Opostamente, quando o apego era do tipo ansioso, os jovens adultos tinham a lembrança de uma mãe pouco carinhosa e distante. Após pulverização de ocitocina, a mãe parecia ser ainda menos afetuosa e ainda mais distante. Portanto, a ocitocina marca profundamente a dimensão afetiva em nossas lembranças.[196]

A ocitocina na gravidez, parto e amamentação

Quando a ocitocina apresenta níveis elevados durante a gravidez, a mãe será carinhosa com a criança após o parto.

Em 2007, Ari Levine, da Universidade de Bar-Ilan em Israel, vai ainda mais longe em suas pesquisas. Ele verifica que se a taxa de ocitocina aumenta entre o primeiro e o terceiro trimestre de gravidez e se a taxa for elevada, a mãe será extremamente maternal com sua criança. Ela a amará profundamente, demonstrará sua afeição passando uma boa parte do tempo admirando-a, fazendo carinho, conversando e pensando nela.[197]

Há muito tempo conhecemos a função primordial da ocitocina durante o parto e a amamentação. No primeiro, a ocitocina provoca as contrações uterinas que permitem o nascimento do bebê. Durante a amamentação, cada sucção do mamilo provoca a secreção da ocitocina que contrai o útero. Essas contrações diminuem o risco de hemorragia pós-parto. A ocitocina também favorece a liberação do leite e a manutenção de sua secreção. Quando o bebê é amamentado, a ocitocina acarreta uma série de sentimentos de prazer, bem-estar, tranquilidade e confiança.

Um estudo recente mostra que as zonas do cérebro dedicadas à empatia e às relações humanas são ativadas durante a amamentação,

---

196. Bartz, 2010.
197. Levine, 2007.

deixando as mães mais sensíveis e atentas ao bebê.[198] Entendemos porque a amamentação contribui para fortalecer o vínculo mãe-criança e para a saúde mental dessas mulheres. Algumas mães, entretanto, não desejam ou não podem amamentar.[199] Neste caso, a mamadeira não impede que a criança receba o carinho necessário. Quando a mãe abraça seu filho ou filha, fala carinhosamente, ambos secretam ocitocina e se beneficiam dos efeitos provocados por esse hormônio.

Depressão pós-parto e ocitocina

Nem todas as mulheres se sentem felizes ao se tornarem mães. A depressão pós-parto é recorrente e atinge cerca de 10% a 15% das mulheres. Esta é uma doença grave que pode gerar grande sofrimento tanto na mãe quanto na criança e que perturba o vínculo entre elas.[200]
As mulheres em depressão apresentam um nível de ocitocina baixo.[201] Em 2011, Marta Skrundz, pesquisadora na Universidade de Bâle na Suíça, realizou um estudo em colaboração com colegas alemãs, onde estabeleceu uma relação entre uma baixa taxa de ocitocina plasmática durante a gravidez e o desenvolvimento de depressão pós-parto. Este estudo nos permite um panorama importante de ações de prevenção. Desde a gravidez essas ações poderiam ser postas em prática em mulheres com antecedentes de depressão e que minimizariam os efeitos nefastos de uma depressão pós-parto, tanto para a mulher, quanto para a criança, seu cônjuge e familiares.[202]

Ocitocina e mulheres grávidas dependentes de cocaína

Em 2004, a pesquisadora da Universidade da Carolina do Norte, Kathleen Light, estudou mulheres dependentes de cocaína durante a

---
198. Kim, 2011.
199. Gueguen, 2010.
200. Meltzer-Brody, 2011.
201. Cyranowski, 2008.
202. Skrundz, 2011.

gravidez. Ela verificou que essas mulheres possuem um temperamento depressivo e agressivo e apresentam uma baixa taxa de ocitocina plasmática. Após o parto, essas mulheres manifestam pouca atenção afetiva com relação ao bebê.[203]

Mães que sofreram maus-tratos durante a infância e a ocitocina

Nem todas as mulheres puderam viver relações acolhedoras e afetuosas durante a infância. Algumas foram maltratadas, abusadas sexualmente, negligenciadas. Essas mulheres possuem baixos níveis de ocitocina plasmática e podem vivenciar sentimentos negativos com relação aos seus filhos.

A professora de psiquiatria da Universidade de Atlanta, Christine Heim, estudou em 2009 a taxa de ocitocina no líquido cefalorraquidiano (LCR), que reflete perfeitamente a atividade do sistema ocitocinérgico cerebral, em vinte e duas mulheres voluntárias que sofreram diversos tipos de maus-tratos durante a infância, desde maus-tratos moderados a graves (traumatismos psicológicos, físicos, sexuais, ou negligências físicas ou psicológicas). O estudo mostra que essas mulheres que frequentemente possuem relações sociais conturbadas, que são muito estressadas, ansiosas, deprimidas e vulneráveis a doenças, possuem uma alteração no funcionamento do sistema ocitocinérgico cerebral.[204]

Portanto, essa anomalia do sistema ocitocinérgico estabelecida na infância, pode persistir na idade adulta e continuar agindo de forma nociva.

A ocitocina em crianças adotadas

Sabemos que o que vivemos na infância terá repercussões importantes na vida social e afetiva na vida adulta. Porém, também sofremos influência de outros fatores, como genéticos, biológicos, psicológicos, familiais, sociais e culturais.

---

203. Light, 2004.
204. Heim, 2009.

Dentre os fatores biológicos, a ocitocina tem um lugar de destaque. A taxa de ocitocina na criança influenciará em sua vida adulta, alterando a forma de maternar e de manter relações afetivas, íntimas, familiais, amicais e sociais. As primeiras experiências relacionais constituem uma base para a criança e sua vida futura. Elas são majoritariamente vividas com pais e mães, que possuem um papel determinante no desenvolvimento da criança. Contudo, muitos adultos não receberam durante a infância o afeto necessário para conseguirem ser afetuosos com seus próprios filhos. Quando pais e mães, por diversas razões, não podem assumir esse papel e abandonam a criança, é fundamental que outros adultos sejam capazes de suprir o afeto e atenção que ela necessita. Infelizmente, nem sempre isso é viabilizado, principalmente quando as crianças vivem em instituições à espera de adoção.

Em 2005, Alison Fries, pesquisadora na Universidade de Wisconsin, examinou a taxa de ocitocina urinária em crianças de 4 anos de idade que foram adotadas e em crianças criadas por seus próprios pais. As crianças adotadas viveram seus primeiros 16 meses de vida em lares para adoção e em seguida foram acolhidas em famílias estáveis, atenciosas e com um ambiente encorajador. Os testes foram realizados após três anos de adoção. Com 4 anos de idade, a taxa de ocitocina nas crianças adotadas, era inferior à taxa das crianças criadas por seus pais e mães biológicos. Portanto, as crianças adotadas, aos 4 anos de idade mantinham, mesmo após a adoção, rastros fisiológicos de seus primeiros meses de vida mais difíceis.[205]

A presença desses traços demonstra a profundidade do traumatismo nos 16 primeiros meses de vida em instituição e que não foi inteiramente compensado pela família adotiva. Podemos nos questionar se isso não está ligado à duração da vida no lar para adoção, ou a uma idade extremamente vulnerável e importante para o desenvolvimento da criança?

---

205. Fries, 2005.

A ocitocina nos homens

Os estudos relacionando a ocitocina e o pai são recentes. A relação pai-criança sempre provocou menos interesse que a relação mãe-criança. E isso é refletido na quantidade inferior de estudos sobre a ocitocina e a relação de pais com seus filhos.

Ruth Feldman e Ilanit Gordon foram pioneiras no estudo dessa questão. Em 2010, elas mostraram que a quantidade de ocitocina aumenta da mesma forma tanto nos pais quanto nas mães nos momentos de trocas afetuosas com sua criança.

A primeira pesquisa analisou 112 pais e mães em interações de 15 minutos com seu bebê de 4 meses de vida e, em seguida, com 6 meses de vida. Ela mostra que o nível de ocitocina aumenta na mesma proporção tanto no pai quanto na mãe quando eles cuidam de sua criança com carinho e atenção. E quando as interações não são afetuosas, a ocitocina diminui de maneira idêntica tanto no pai quanto na mãe.

Proporcionar carinho para seus filhos faz com que a ocitocina seja secretada. E isto não está relacionado ao gênero do adulto, mas sim à sua capacidade de afeto.[206]

As mesmas pesquisadoras realizaram um segundo estudo envolvendo 160 pais e mães de um primeiro bebê. A ocitocina plasmática foi verificada em ambos os adultos, durante as primeiras semanas de vida e em seguida quando o bebê tinha 6 meses de idade.

Na mãe, o nível de ocitocina aumenta quando ela interage com seu bebê balbuciando, conversando, demonstrando sentimentos e gestos carinhosos.

No pai, o nível de ocitocina aumenta quando ele interage brincando e incentivando afetuosamente seu bebê.

A mesma pessoa apresenta uma taxa de ocitocina plasmática idêntica nas duas coletas. Um pai ou uma mãe que não tem uma relação afetuosa com seu bebê, possui um baixo nível de ocitocina nas primeiras semanas de vida da criança. A relação pouco afetuosa e o nível de ocitocina persistem quando o bebê tem 6 meses de vida. Já os adultos

---
206. Feldman, 2010.

que demonstram atitudes carinhosas com a criança, possuem um alto nível de ocitocina e a mesma atitude nas duas coletas.

Pais e mães possuem as mesmas capacidades de afeto por seu bebê, mas elas se manifestam de formas diferentes. Neste estudo, as relações com a criança não mudam durante os 6 primeiros meses de vida. Se as relações são afetuosas no início da vida com o bebê, elas continuarão assim quando ele terá 6 meses de vida, e inversamente.[207]

Muitas crenças que ainda persistem

Em diversos países, ainda testemunhamos homens que deixam os cuidados da criança por conta das mulheres. Muitas crenças ainda persistem, propagando sistematicamente que os pais não são plenamente capazes de cuidarem de um pequeno bebê. Até mesmo alguns profissionais de psicologia dizem isso para grupos de pais durante a gravidez. É evidente que dizer aos pais que eles são incompetentes para cuidarem de uma criança contribui para o seu distanciamento. Os homens passam a não ter mais vontade de estarem presentes e não veem o interesse em estabelecer uma relação afetuosa com seus bebês, transferindo a responsabilidade dos cuidados inteiramente para as mulheres.

Quando um pai é dissuadido de cuidar de sua criança, ouvindo frases do tipo: "Isso é coisa de mulher! Homem não consegue entender o que o bebê precisa, ele não sabe cuidar direito", os laços entre o pai e sua criança se enfraquecem e menos ocitocina é secretada no pai. Por outro lado, quanto mais cedo um pai cuida de seu bebê, mais ocitocina será secretada, o que fortalecerá o vínculo e o prazer de estarem juntos.

Cuidar de uma criança e ter uma relação afetuosa com ela possui as mesmas variações de ocitocina tanto no pai quanto na mãe. Apesar dos pais expressarem o afeto que têm por seus filhos em situações um pouco diferentes das mães, isso não os impede de serem plenamente capazes de cuidarem de uma criança e proporcionarem o carinho que ela precisa para se desenvolver adequadamente no plano social e afetivo.

---

207. Feldman, 2010.

Há muito tempo sabemos que as interações precoces são essenciais para a criação do vínculo, do apego mútuo entre a mãe e a criança. Ruth Feldman e Ilanit Gordon mostraram que o mesmo também é verídico na relação pai-criança. O homem não carrega o bebê em seu ventre e não o amamenta, mas isso não tira sua capacidade de amar e cuidar de sua criança. Ele poderá viver plenamente a riqueza desse vínculo e contribuir para seu desenvolvimento psicológico, afetivo e social. Isso é simplesmente fundamental. Além disso, em caso de doença, de depressão pós-natal ou em outras situações em que a mãe não pode cuidar do bebê, o homem poderá então assumir a tarefa de cuidar da criança e lhe dar todo o afeto e segurança que ela precisa.

A ocitocina e a relação pai-mãe-criança

Em 2010, Ruth Feldman estudou pela primeira vez o nível de ocitocina na criança quando ela está interagindo com seus pais. Para este estudo, foram observados 36 mães e 19 pais em interações de 15 minutos com seus bebês quando estes tinham 4 e 6 meses de idade. O nível de ocitocina plasmática e salivar foi verificado antes e após a interação, tanto no pai, quando na mãe e na criança.

Ruth Feldman e Ilanit Gordon levaram em consideração a característica de "sincronia" dessas interações entre pais, mães e bebê, isto é, o fato de as interações afetuosas serem bem coordenadas, apropriadas e de respeitarem o ritmo de cada indivíduo durante a troca de olhares, balbucios e contatos.

Este estudo verificou que a ocitocina e as interações afetivas possuem as mesmas variações. Quanto mais a interação é afetuosa e em sincronia, mais a taxa de ocitocina aumenta no pai, na mãe e na criança. Isto mostra que a produção de ocitocina está ativa desde os primeiros meses de vida nos seres humanos, que ela pode ser mensurada e que sua taxa aumenta na criança quando seus pais interagem de forma afetuosa e em sintonia com ela.[208]

---

208. Feldman, 2010.

Um quarto estudo foi realizado com bebês quando tinham 2 meses de vida e, em seguida, aos 6 meses de idade. Esse estudo analisou a associação entre o nível de ocitocina e a sintonia com os outros membros da família. A sincronia familiar diz respeito às relações dos pais e mães com as crianças, mas também das relações do casal. Ela se baseia na empatia, nas interações afetuosas e em uma boa coordenação entre o casal e dos adultos com a criança. A taxa de ocitocina está diretamente ligada ao nível de sentimentos e de contatos afetuosos e à qualidade das trocas de olhares entre os membros da família, tanto entre o casal e dos adultos com a criança.

Mais uma vez, os resultados revelam níveis de ocitocina similares nos dois adultos. Isso significa que a qualidade e a frequência de contatos, de troca de olhares, de balbucios é a mesma nos dois adultos.[209]

Essa sincronia familiar acarreta importantes consequências na vida futura da criança.[210] Quando as crianças vivem essa sincronia familiar durante os primeiros meses de vida, elas têm menos emoções negativas e demonstram maior sociabilidade aos 6 anos de idade.[211]

Os contatos afetuosos entre pais, mães e seus filhos são benéficos e indispensáveis tanto para os adultos quanto para as crianças, e fortalecem a reciprocidade do vínculo. Esse amor compartilhado proporciona serenidade, confiança e bem-estar ao trio. Ocorre o desencadeamento de um círculo virtuoso: quanto mais acolhemos e damos colo para a criança, mais a ocitocina é secretada, os vínculos afetivos se fortalecem, proporcionando equilíbrio e felicidade no seio familiar, importante fator para um desenvolvimento harmonioso da criança.

Inversamente, quando não abraçamos a criança, tanto ela quanto os pais apresentam um nível mais baixo de ocitocina, maior ansiedade e estresse e a confiança fica abalada, os laços afetivos são mais frágeis e distantes.

Portanto, a ocitocina possui um papel fundamental na relação e no vínculo entre os pais e a criança. Dessa forma, ao ser liberada, assim que uma relação, ou contato agradáveis ou carinhosos são

---

209. Gordon, 2008 e 2010.
210. Feldman, 2011.
211. Feldman, 2006.

estabelecidos, a ocitocina também faz com quer a vida seja mais leve, reduzindo enormemente a ansiedade e a agressividade.

A relação docentes-criança

A família não deve ser a única a desenvolver relações cuidadosas, atenciosas e afetuosas com as crianças. Na escola, a série de reações positivas desencadeadas por tais relações ajudam a criança a evoluir positivamente, a aumentar sua sensação de bem-estar e a diminuir sua ansiedade e sua agressividade.[212] A qualidade da reação também produz efeitos positivos nos professores e professoras. Ela contribui para criar uma atmosfera de confiança e de bem-estar que é favorável ao aprendizado.

O caso de crianças autistas

Indivíduos com espectro autista com distúrbios severos de sociabilização possuem baixos níveis de ocitocina. Experiências com pulverização intranasal de ocitocina nessas crianças mostram uma alteração favorável em seu comportamento social.[213]

As endorfinas

As endorfinas, ou morfinas endógenas, são opioides produzidos pelo corpo. Elas são secretadas por um grupo de células situadas no hipotálamo. Os receptores de endorfinas estão presentes em todas as estruturas cerebrais, mas principalmente na amígdala (estrutura envolvida nas reações de medo e ansiedade) e no CCA (estrutura fundamental para a integração de fenômenos dolorosos.[214]

---

212. Uvnäs-Moberg, 1997; Cozolino, 2006.
213. Andari, 2010.
214. Cozolino, 2006.

As endorfinas aliviam a dor, diminuem a ansiedade, proporcionam bem-estar e intensificam o apego

Essas substâncias neuroquímicas ficaram conhecidas primeiramente por sua ação no alívio da dor, mas elas também possuem outras funções. As endorfinas inibem a atividade da amígdala, nos acalmam, proporcionam um sentimento de segurança, permitindo que fiquemos menos em estado de alerta. Elas diminuem a sensação de medo e de estresse e nos fazem ter uma sensação de bem-estar, de plenitude. Segundo Jaak Panksepp, uma grande produção de endorfinas contribui para o bom equilíbrio psicológico.[215]

Pesquisas com primatas mostram que as endorfinas intensificam e regulam os processos de apego e de maternagem. Quando os primatas adultos interagem, limpam ou brincam com seus filhotes, o nível de endorfinas cresce nos dois. Quando um antagonista das endorfinas é administrado nas mães ratas, seu comportamento maternal fica perturbado.[216]

Quando são secretadas as endorfinas?

As endorfinas são secretadas no nosso cérebro quando nos relacionamos com pessoas agradáveis e serenas, produzindo uma sensação de felicidade e de paz interior. Esses sentimentos e laços que nos unem a essas pessoas nos dão força e confiança para superar situações difíceis e de aceitar críticas pessoais de uma forma tranquila ao invés de responder com agressividade ou fuga.

Elas também são secretadas durante o contato agradável, caloroso, afetuoso. Ou seja, quando brincamos, gargalhamos, abraçamos nossos filhos, os níveis de endorfinas aumentam tanto no adulto quanto na criança e esses momentos de troca proporcionam um sentimento de felicidade.

---

215. Panksepp, 1998.
216. Kalin, 1995.

Quando as mães são separadas de seu bebê recém-nascido

Quando o recém-nascido e a mãe são separados, ambos são invadidos por sentimentos de medo, ansiedade e tristeza devido principalmente a uma queda brutal no nível de ocitocina e de endorfinas provocada pela separação.[217]

Compreendemos o caráter primordial de evitar a separação de um recém-nascido de sua mãe. Quando a criança apresenta uma patologia e deve ser transferida para um serviço de reanimação ou de pediatria, é essencial que a presença do pai e/ou da mãe junto à criança seja viabilizada.

A serotonina

Como vimos anteriormente, a serotonina é um neurotransmissor importantíssimo para o nosso humor, inteligência social e emocional. Ela também participa em diversas funções fisiológicas como o sono, comportamentos alimentares e sexuais.

Ela estabiliza o humor e reduz a agressividade, seu papel é primordial na construção de boas relações. Um baixo nível de serotonina é frequentemente associado a um comportamento impulsivo. As relações com as outras pessoas podem ficar comprometidas quando não conseguimos controlar nossos impulsos, acessos de raiva, de ansiedade ou mudanças repentinas de humor. O déficit de serotonina dificulta a possibilidade de responder calmamente face aos sentimentos negativos.

Os remédios antidepressivos mais utilizados hoje em dia, atuam aumentando a disponibilidade da serotonina no cérebro.

A taxa de serotonina no nosso organismo depende diretamente da qualidade das nossas relações humanas

Ter momentos de qualidade com o pai e/ou a mãe favorece a secreção de serotonina no córtex ventromedial. Quando uma criança

---
217. Cozolino, 2006.

compartilha muitos momentos agradáveis com seus pais, seu cérebro apresentará níveis ideais de serotonina. E isto pode melhorar enormemente o humor da criança.[218]

O estresse nos primeiros anos de vida pode comprometer gravemente o sistema serotoninérgico do cérebro

A separação materna e a privação afetiva logo no início da vida são consideradas como um grande estresse. Em 2010 e 2011, Madhurima Benekareddy, pesquisadora em Mumbai, mostrou que o estresse no início da vida possui uma ação nefasta nos receptores dos precursores da serotonina no córtex pré-frontal. A criança, na idade adulta, poderá apresentar hipersensibilidade, ansiedade, impulsividade, estados coléricos ou depressivos.[219]

Quando um recém-nascido é separado de sua mãe após o nascimento para receber cuidados em um serviço de reanimação ou pediatria, essa separação representa um grande estresse para a mãe. Entretanto, para um bebê com um cérebro ainda extremamente imaturo e vulnerável, esse estresse é ainda maior e pode impactar negativamente em sua vida futura. Assim como, quando a criança é hospitalizada, é necessário que medidas sejam postas em prática para que a mãe e o bebê fiquem juntos, preservando então o vínculo entre os dois e a saúde presente e futura do bebê.

As interações e principalmente o contato físico fazem com que as moléculas do bem-estar sejam secretadas

Por si só, o tom afetuoso das interações, o ambiente acolhedor onde elas acontecem, podem levar à secreção dessas moléculas do bem-estar: ocitocina, endorfinas e serotonina. E inversamente, as interações e ambientes pouco favoráveis podem frear sua secreção. O contato físico também ocupa um lugar de destaque nas interações. Ele está

---
218. Bakermans-Kranenburg, 2008.
219. Benekareddy, 2010 e 2011.

no cerne da intimidade, dos laços afetivos, do vínculo entre os seres humanos. O toque é vital, indispensável. Quando o contato físico é agradável e transmite segurança, a ocitocina e todas as outras moléculas do bem-estar são secretadas nas duas pessoas, tanto na pessoa que inicia o contato quanto na outra que o recebe. Existe uma troca física e emocional. Já quando o contato é desagradável, a secreção dessas moléculas é interrompida.

Logo, o contato gentil é extremamente benéfico. Ele diminui o estresse, além de proporcionar bem-estar e serenidade. Quando alguém sofre, física ou emocionalmente, o consolo por meio do contato afetuoso, na forma de um abraço, é muito importante e ajudará essa pessoa a atravessar esse momento doloroso.

A pele é muito extensa. Ela é o nosso maior órgão sensorial. Ela nos envolve, nos protege e também participa das interações com o mundo exterior. A pele tem dois tipos de receptores sensoriais: receptores que transmitem a informação até o córtex somatossensorial para identificar e segurar os objetos; e outros receptores conectados ao cérebro social, destinados ao contato emocional. Os receptores envolvidos nas relações são solicitados quando ocorre uma aproximação física, um toque carinhoso, um contato pele a pele, liberando reações hormonais e reações emocionais. O contato carinhoso, agradável, suave e acolhedor aumenta as taxas de ocitocina e de endorfinas, que proporcionam um sentimento de bem-estar e favorecem os laços sociais.[220]

Os efeitos benéficos do toque são extremamente importantes para os mais vulneráveis

Os bebês prematuros que ficam em contato pele a pele com o pai e/ou a mãe, ou que são suavemente acariciados, choram menos, se desenvolvem melhor, ganham mais peso, dormem melhor e têm alta mais cedo do hospital do que aqueles que recebem menos contatos físicos e afetivos.[221]

---

220. Cozolino, 2006; Handlin, 2009.
221. Bergman, 2004.

As massagens efetuadas com carinho e respeito ajudam a diminuir doenças e melhoram a saúde das crianças. Elas diminuem o nível dos hormônios do estresse nas crianças e também nos adultos.[222] Ensinar as mães em depressão a massagearem seus bebês é muito benéfico. Elas se sentem melhor, ficam menos ansiosas e menos deprimidas. Quanto à criança, ela sorri mais, fica mais atenta e sociável. Os hormônios do estresse diminuem tanto na mãe quanto na criança.[223] As massagens também acalmam adolescentes depressivos e agressivos.[224]

O benefício do contato físico não está reservado às relações humanas. Fazer carinho em um animal de estimação, como um cachorro, um gato, ou qualquer outro, ativa o cérebro social e reconforta, acalma tanto o animal quanto o ser humano que faz o carinho.[225]

Estas descobertas científicas podem chamar a atenção e até mesmo incomodar algumas pessoas que consideram que a biologia é uma abordagem muito mecânica para tratar das relações humanas. A biologia não tira o mistério, a poesia, o charme das relações humanas, muito pelo contrário, ela expõe toda a sua complexidade. Os últimos avanços no entendimento de como funcionam o nosso corpo e nosso cérebro nos levam a entender melhor e a aceitar a nossa condição humana, capacidades e limites, necessidades, sentimentos, reações e comportamentos. Somos feitos de realidades físicas, biológicas, de sentimentos e de pensamentos que são simplesmente indissociáveis.

Independentemente da nossa vontade ou aceitação, as moléculas mencionadas e muitas outras influenciam profundamente em nossas emoções, nossos sentimentos e participam dos nossos círculos amicais, sociais e nas relações íntimas.

O estudo dessas moléculas nos permite compreender que a natureza age para que o bem-estar e a sobrevivência da espécie sejam

---
222. Dieter, 2003.
223. Onozawa, 2001.
224. Field, 2002
225. Allman, 2011.

garantidos. A força dessas moléculas aproxima os casais, induz o parto, ajuda os pais a cuidarem de seus bebês, permitindo que estes se desenvolvam adequadamente.

Quando uma criança tem a sorte de ter interações afetuosas, respeitosas, alegres e incentivadoras nos primeiros meses de vida, se desenvolverá melhor e no futuro saberá construir relações positivas com outras pessoas e com seus próprios filhos. Desde as primeiras horas de vida de um bebê, os pais são as primeiras pessoas a conseguirem dar o afeto, o carinho e o bem-estar necessários para esse pequeno ser. Porém, outras pessoas também podem assumir esse papel. Quando o pai e/ou a mãe são inábeis e os traumas vividos não foram tão graves, o ser humano é capaz de se reconstruir, se reerguer quando encontra pessoas atenciosas, respeitosas e afetuosas em seu caminho. Podendo então tecer laços afetivos e amicais com outras pessoas.

Independentemente das circunstâncias da vida da criança, o círculo familiar, o círculo de amizades, de vizinhos são indispensáveis para ela. Essa rede de apoio proporciona uma abertura para o mundo, uma outra visão da vida, além de um desenvolvimento e socialização que podem ajudá-la a compensar e a superar uma vida complicada com seus genitores. Infelizmente, os acasos, as circunstâncias da vida nem sempre fazem com que a criança possa beneficiar-se de uma rede de apoio mais positiva.

7

O PRAZER PELA VIDA

Quando os pais, incentivam e encorajam a criança a descobrir o mundo ao seu redor, com toda a beleza que ele proporciona, ela está sendo conduzida e apoiada em seu prazer de viver e de crescer. Transmitir a vontade de viver e de descobrir como a vida pode se encantadora, é uma riqueza inestimável para o presente e futuro da criança. Ela saberá trilhar sua existência com prazer, vendo um sentido na vida, apesar das provações que possam acontecer. Os bebês, as crianças pequenas são uma explosão de vida. O papel dos adultos deve ser o de acompanhar e não o de criar barreiras para podar essa força vital tão preciosa. Essa vivacidade impressiona, desorienta, incomoda com frequência os adultos, que acabam se alarmando e reprimindo a criança. Por medo, alguns adultos dizem para seus filhos desde muito cedo: *"Não faça isso que é perigoso", "Cuidado, você vai cair!" "Fique aqui, não faça besteira, não saia daí"*. A criança tem o desejo de explorar tudo, mas é inibida pelo medo do adulto e se torna cada vez mais retraída e temerosa.

Porém, se o adulto adota outra atitude e diz: *"Você viu que está escorregadio? Você pode ir, preste atenção"*, a criança é estimulada a explorar, a ir além de seus medos, mas, ao mesmo tempo cuidando para não se machucar. Frases como *"Você pode ir, preste atenção"*, acompanham e amparam a criança em seu desejo de viver, seu prazer pela descoberta e pelas experiências, ao mesmo tempo que permitem que ela tenha consciência dos riscos. Encorajá-la a explorar o mundo desde cedo poderá ajudá-la a se tornar um adulto com dinamismo e motivação.

O sistema de motivação-recompensa

O sistema de motivação e de recompensa, chamado de "sistema de recompensa cerebral" gera curiosidade. Quanto mais esse sistema é ativado, mais ele é eficaz, ou seja, maior será a nossa criatividade, motivação e curiosidade. Quando é estimulado, sentimos mais prazer em viver, em descobrir, em inovar. Graças a ele temos entusiasmo, formulamos ideias, criamos projetos. Temos a força e a determinação de conquistar os nossos objetivos e sonhos. Quando encorajamos, apoiamos uma criança cheia de energia e com iniciativas, esse sistema é ativado e estimula a criança em seus desafios e projetos.

Um dos principais neurotransmissores desse sistema é a dopamina (*figura 7.1*). Essa molécula é um dos elementos que nos permite aproveitar a vida plenamente, que nos permite ter planos e que nos dá vitalidade, dinamismo, coragem e consistência para realizá-los. Ela também é secretada quando ganhamos uma recompensa ou esperamos uma possível recompensa.

Como vimos anteriormente, a dopamina é secretada em momentos íntimos. Ela participa ativamente nas relações humanas e principalmente no vínculo, no apego.[226] Os mecanismos cerebrais "recompensam" esses momentos privilegiados entre duas pessoas. Quando o pai ou a mãe abraça sua criança, a ocitocina aciona a secreção da dopamina, de endorfinas e de serotonina que proporcionam um grande sentimento de bem-estar, levando ao desejo de reviver esses momentos agradáveis. Quando algumas pessoas não se sentem felizes em suas relações afetivas, elas podem ser levadas a buscar outras formas de satisfação compensatórias, como o dinheiro, o *status* social, a compra de objetos etc.

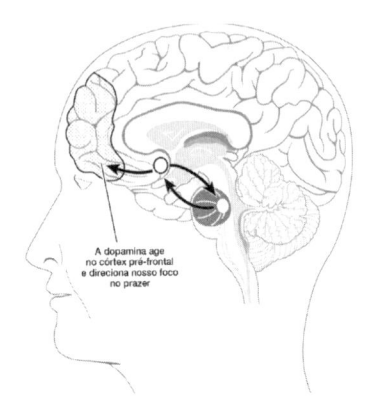

Figura 7.1: *A dopamina*

---

226. Insel, 2003.

Quando o sistema de motivação não é mantido, podemos ter um baixo nível de dopamina. A pessoa pode perder a motivação em tudo, sua vontade e seu prazer de viver, com a tendência a deixar tudo para depois.

Quando o adulto interrompe a criança em todas as suas tentativas de exploração, ele freia o sistema de motivação

A criança perde todo o interesse em colocar novas experiências em prática. Encorajar esse ímpeto vital da criança é imprescindível. Muitos adultos levam uma vida insípida e não têm energia para mudá-la. Quando decidem rever sua infância, percebem que muitas vezes esse ímpeto vital foi podado, não foi incentivado, cultivado quando eram crianças.

Situações do cotidiano, empregadas de forma repetida e banalizada, freiam o ímpeto de vida da criança

É evidente que os maus-tratos, as humilhações, a insegurança, o medo, a ansiedade, o isolamento tiram o ímpeto vital da criança. Porém, algumas atitudes e circunstâncias, que parecem banais, também podem, de maneira insidiosa e rotineira, sugar o ímpeto de vida da criança. A criança perde sua força, se sente desencorajada até com pequenas dificuldades.

Seguem alguns exemplos de frases e momentos em que o adulto bloqueia a criança em seu desejo de viver (desejo de brincar, de interagir, de compreender, de dividir, de criar):

- A criança está completamente entretida em sua brincadeira, ela está feliz, usa toda sua imaginação, inventa estórias, então o adulto interrompe dizendo: *"Faça menos barulho! Fale mais baixo! Pare de correr de lá pra cá! Que bagunça! Vá brincar em outro lugar!"*;
- Certas vezes o adulto evita o diálogo com sua criança:
- *"Pare de ficar fazendo perguntas o tempo todo. Isso é cansativo!"*, ou o adulto não escuta, ignora a criança quando ela fala, a deixa vendo televisão durante horas sem nunca interagir com ela;

- Ou, opostamente, o adulto inunda a criança de atividades, sem que ela possa ter um minuto para si e ficar "sem fazer nada", o que deixa a criança irritada. Não sobra nenhum tempo ou espaço para brincar livremente, para deixar sua própria iniciativa, imaginação e criatividade correrem soltas;
- Por fim, alguns adultos não demonstram interesse pelas atividades da criança, não a apoiam quando ela desenha, inventa etc. Neste caso, a criança perde o interesse em insistir, em perseverar.

Todas essas situações freiam o ímpeto de vida da criança, sufocam sua criatividade, inibem sua liberdade, seu prazer em viver. Ela acaba perdendo sua autoconfiança, frequentemente se torna triste, fica entediada ou ao contrário, fica extremamente agitada como se tivesse perdido seu rumo, ela fica sem guia e sem suporte.

Brincar é importante

Rir, se divertir é muito benéfico para o cérebro

Jaak Panksepp, diretor de pesquisas em neurociências afetivas na Universidade de Ohio, e sua equipe são grandes especialistas dos circuitos cerebrais que envolvem as brincadeiras.

Segundo ele, as vias subcorticais que levam os jovens a brincarem, se provocarem e lutarem entre si, possuem um papel vital no desenvolvimento neural. O prazer que acompanha esses momentos de brincadeiras ajuda no crescimento dos circuitos da amígdala e do córtex pré-frontal. Esse desenvolvimento é impulsionado pelo Fator Neurotrófico Derivado do Cérebro (BDNF), que aumenta nas zonas dos lobos frontais, influenciando no comportamento emocional.[227]

O tempo que a criança passa brincando, além de ser um momento extremamente prazeroso, é benéfico para o crescimento neuronal e sináptico e a consolidação de algumas vias neuronais.

Os circuitos que regulam o comportamento emocional se desenvolvem até a pré-adolescência. Então, progressivamente, os adolescentes

---
227. Panksepp, 1998; Gordon, 2003

transferem as brincadeiras infantis para outros jogos, outros prazeres de acordo com sua idade.

Rolar no chão proporciona alegria e diminui a ansiedade

Para Jaak Panksepp, as brincadeiras são uma das principais fontes de alegria nos indivíduos jovens de todas as espécies de mamíferos. Os jogos de contato físico possuem naturalmente efeitos contra o estresse. Quando duas crianças brincam de se agarrar, de rolar no chão, de lutar, seus sistemas emocionais se modificam e secretam uma grande quantidade de endorfinas. As endorfinas proporcionam um grande sentimento de bem-estar e de alegria, ao mesmo tempo que diminuem o estresse e a ansiedade.

Permitir que a criança brinque todos os dias

Brincar todos os dias, o tempo suficiente, faz parte do desenvolvimento da inteligência social e emocional da criança, como do seu equilíbrio psicológico global. Na França, desde 29 de dezembro de 1956, os trabalhos de casa por escrito são proibidos na escola primária. Porém, essa determinação é pouco aplicada, o que não é benéfico para a criança que sofre uma pressão inútil e acaba sendo privada de um precioso tempo para brincar.

Nas crianças pequenas

Brincar com a criança fazendo cócegas leves na barriga, ou de parlendas como "cadê o queijo que estava aqui?", ou de cavalinho, dançar com ela no colo etc., são momentos singelos e indispensáveis de alegria compartilhada. A criança e o adulto sorriem e se divertem juntos. As brincadeiras e brinquedos não precisam ser caros. As crianças pequenas se satisfazem com o simples fato de brincar em áreas externas, com água ou com massinha de modelar, por exemplo.

Ou objetos do cotidiano, como um balde, uma panela, uma tigela ou uma bandeja com um pouco de areia geralmente são suficientes para deixá-las felizes.

Por meio das brincadeiras, a criança aprende sobre o mundo, sobre seu ambiente, tenta se apropriar dele e incorporá-lo

Ao brincar com uma boneca, a criança se apropria de situações do cotidiano, principalmente aquelas que lhe impactam emocionalmente, repetindo-as incansavelmente, como os momentos de ir dormir, comer, ir ao banheiro. A criança brinca com a boneca, a pega no colo, dá comida, coloca para dormir etc.

Conforme a criança cresce, ela precisa de um ambiente e de brinquedos que instiguem sua curiosidade, que a façam usar livremente sua imaginação e criatividade. Certamente que copiar um desenho ou tocar uma música também proporcionam um certo prazer, porém possibilitar que a criança desenhe livremente, invente ou toque uma música como quiser proporcionam um nível de satisfação e ajudam a desenvolver sua criatividade, imaginação e ter confiança em suas capacidades.

Por meio da brincadeira a criança aprende a se conhecer e a conhecer as outras pessoas ao seu redor: *"Quais jogos e brincadeiras me correspondem, me agradam?"* Ao brincar com os amiguinhos, a criança está aprendendo a descobrir como são as outras pessoas, a sentir e a entender suas reações: *"Com quem eu realmente gosto de brincar, com quem eu gosto de estar?"*

Brincadeiras com grande expressão corporal, como brincar de lutar, de pular corda, escalar, correr, dançar, pular amarelinha, ajudam a criança a liberar suas tensões motoras e proporcionam uma grande satisfação. Quando uma criança não pode expressar sua vitalidade por intermédio de brincadeiras, ela pode se tornar agitada e ansiosa.

Graças aos jogos, a criança entende que existem regras a serem seguidas, aprende a perder sem fazer disso um drama, a se reerguer e a ter perseverança.

A diversidade de jogos desenvolve centros de interesse, habilidades, conhecimentos e aprendizados variados. Algumas brincadeiras permitem que a criança descubra noções como a cooperação ou a criatividade, outras despertam a curiosidade, a imaginação, o desejo de construir casas ou cidades, alguns jogos ensinam o equilíbrio, a noção espacial e de tempo, outros despertam os sentidos (o toque, a visão, a audição, o paladar, o olfato), ou possibilitam a realização de experiências químicas, físicas, astronômicas, lembrando também das brincadeiras que provocam encantamento na criança, levando-a para o universo artístico da música, da dança, da pintura, da escultura, da magia, do circo, do teatro, do cinema e por fim para o mundo dos esportes.

Brincadeiras ao ar livre proporcionam um sentimento de liberdade

A criança precisa de espaço. Em todas as idades, ela adora brincar ao ar livre. O espaço exterior provoca um sentimento de liberdade. Além disso, a natureza é uma fonte inesgotável de deslumbramento: os animais, as plantas, o céu, as estrelas, o campo, a floresta, a montanha, o mar, as estações, as pedras etc. Cabe ao adulto servir como intermediário dessas descobertas de forma lúdica: *"Olha, você viu? Será que você consegue subir lá? Pode tocar se você quiser."* Em seguida, a criança brinca sozinha. Seu prazer pelo belo, por sentir, contemplar, entender, aprender será estimulado para o resto de sua vida.

Convidar outras crianças para brincar em casa

Uma casa aberta aos amiguinhos(as), proporciona muita felicidade para a criança que vive a alegria de tê-los, de receber visitas. Também é um convite para que a criança perceba quem são as outras crianças com quem tem mais afinidade e gostaria de dividir seus brinquedos.

Deixar as crianças rirem, brincarem, se divertirem, brigarem sem interrupções (somente se necessário), confiar nelas, é a melhor maneira de que elas se desenvolvam. Porém, o oposto é ficar em cima de todas as brincadeiras, interferir diversas vezes, se intrometer, impede que elas ganhem em autonomia. As crianças perdem confiança em si e não aprendem a terem responsabilidade por seus atos.

Gael, 5 anos de idade, é agressivo, não tem amigos ou amigas. Sua mãe diz: *"Ele me contraria o tempo todo, então eu sou rígida com ele, dou ordens, dou umas palmadas."* Conforme a conversa avança, ela diz: *"Ele queria convidar alguns amiguinhos para brincarem lá em casa, mas não convidamos, pois eu teria que ficar o tempo todo vigiando, a casa ficaria uma bagunça e eu teria que arrumar tudo depois. É muito complicado."* Esta mãe não percebe que seu filho é submetido a duas situações que podem comprometer seu bom desenvolvimento afetivo: sua rigidez e sua recusa em convidar amiguinhos para brincarem com ele em casa.

Após a consulta comigo, ela entende a situação e tentará se comportar de outra maneira, sendo mais serena, deixando o filho ter um pouco mais de liberdade e autorizando que ele convide outras crianças. Alguns meses depois, a criança deixou de ser agressiva, ele é calmo e a escuta. *"Gael está bem melhor agora. Agora eu consigo falar com ele gentilmente. E ele me escuta, é incrível. Eu convido seus amiguinhos para brincarem lá em casa e fico surpresa, pois não acontece nenhum problema. Inclusive, eu até acho agradável por que assim, ele não fica mais grudado em mim, ele não fica entediado e eu consigo descansar um pouco."*

Brincar ocasionalmente com a criança e aproveitar desses momentos é benéfico

Quando o adulto domina a brincadeira, é autoritário e brinca por obrigação, a criança pode ficar estressada e ter crises de raiva, sem que o adulto entenda o porquê. Quando o pai ou a mãe diz: *"Faz assim, desse jeito está errado"*, a criança perde a confiança em si e logo não vai mais querer brincar com eles.

Eu ouço com frequência: *"Eu li que era importante brincar com a criança, então eu brinco, mas faço a contragosto."*

- *E então, o que acontece?*
- *Nunca é agradável, meu filho se irrita, me provoca... Não entendo porque ele se comporta dessa forma comigo, ele deveria ficar feliz por eu estar brincando com ele... Então eu também me irrito."* Quando o adulto brinca por obrigação e não se diverte, a criança percebe imediatamente. Ela tenta de maneiras inconvenientes, incitar o adulto a entrar na brincadeira, o adulto acaba se irritando com a criança.

Cabe aos pais acharem uma brincadeira que lhes agrade e o momento em que possam estar totalmente disponíveis para a criança, para então passarem um momento agradável.

Videogames, internet e televisão

Na França, as crianças passam mais tempo na frente das telas do que na escola: são 900 horas de escola contra 1200 horas diante das telas. Os videogames, internet, a televisão, os smartphones fascinam as crianças e ocupam um grande espaço em suas vidas, e geram muitos conflitos e dificuldades para os pais. Todas essas telas abrem um campo de explorações e descobertas infinitas, porém é importante saber usá-las com moderação para colher seus benefícios e não seus efeitos nocivos.

O adulto deve explicar para a criança que a utilização das telas precisa ter um limite. Aos poucos, ela entenderá que as relações humanas, as interações são insubstituíveis, que as atividades físicas proporcionam prazer, que existem muitos outros jogos e brincadeiras e que ela não pode ver tudo e qualquer coisa diante de uma tela. É importante que os adultos saibam que as imagens violentas são gravadas pelo nosso cérebro. Quando assistimos a uma cena violenta, nosso cérebro repete a cena e reproduz os mesmos gestos. Ao ver um filme violento, a criança aprende os gestos violentos e guarda essa violência em sua memória. Isso aumenta sua agressividade.[228] Da mesma forma que quando uma criança muito pequena assiste à televisão, antes

---

228. Desmurget, 2011; Ferguson, 2012.

dos 3 anos de idade, ela se torna mais agressiva.[229] Michel Desmurget escreveu em seu livro *TV lobotomie*,[230] que a televisão aumenta não apenas a agressividade, mas ela também exerce uma influência extremamente negativa no desenvolvimento intelectual, nos resultados escolares, na linguagem, na atenção, na imaginação, na criatividade, na qualidade do sono, na percepção do corpo e aumenta a propensão à obesidade.

Compartilhar nossos centros de interesse com a criança

Os ambientes onde a criança está inserida, sejam eles familiar, cultural, social, ficam marcados em sua memória, no mais profundo do seu ser. A criança tem uma oportunidade inestimável quando ela pode ter a presença de um adulto que compartilha com ela o que ama, seus centros de interesse e motivação.

Sua visão do mundo, sua confiança na vida e em si dependem, em parte, da visão do mundo dos adultos que estão à sua volta. É fácil insistir no que dá errado quando o desânimo e o cansaço são grandes. Mas a criança espera que o adulto lhe dê coragem, força e vontade de viver... Isso não significa transmitir uma visão utópica do mundo, mas sim uma visão do mundo que não é simplista, que leva em consideração a complexidade das situações, que fomenta a reflexão e o questionamento.

Tornar o mundo mais harmonioso

Quando os adultos cuidam de si, das pessoas à sua volta e da vida sob todas as suas formas, eles estão despertando na criança a consciência de que ela faz parte de todo um universo e de que ela também possui um papel na harmonia do mundo. Os adultos proporcionam para a criança uma dimensão essencial para a nossa vida de seres humanos e ajudam a mostrar que ela possui um lugar no mundo.

---

229. Manganello, 2009.
230. Desmurget, 2012.

Dar atenção e carinho para a criança lhe faz ter prazer pela vida.

Ter momentos de qualidade com a criança, momentos de afeto, de intimidade lhe dão vontade de viver. Demonstrar o afeto por meio de palavras, de gestos carinhosos proporciona uma grande alegria para a criança e a inicia em uma "linguagem afetiva". Ela se sente amada e saberá dizer e transmitir afeto durante a infância e posteriormente na vida adulta.

Muitos adultos acabam perdendo a oportunidade de terem uma vida afetiva. Eles me dizem que não sabem dizer palavras amorosas e ter gestos carinhosos. Por não viverem uma infância de gentileza, carinho e atenção, esses adultos se sentem debilitados afetivamente, reprimidos com seu cônjuge.

Quando os pais são carinhosos, dão afeto para seus filhos, essas crianças são alimentadas por esse tesouro afetivo, indispensável para que consigam se construir como indivíduos e desenvolver suas próprias capacidades de afeto. Nesses momentos compartilhados de intimidade, de afeto, a criança se sente bem, serena, ela sente que tem a liberdade de falar e de expressar suas dúvidas, suas preocupações e suas alegrias. A lembrança desses momentos felizes e tenros divididos com os pais ficará profundamente marcada na criança e a acompanhará pelo resto da vida, sendo um importante alicerce em momentos difíceis.

8

A VIOLÊNCIA EDUCATIVA COMUM

"As mais recentes pesquisas revelaram que as crianças são dotadas de competências de apego, empatia e de imitação, que fazem delas um ser com uma notável habilidade social. A fonte da violência e da crueldade humana é da natureza das crianças, ou seja, nos é intrínseca, ou do método que temos utilizado para educá-las?"[231]

Olivier Maurel

Em todas as partes do mundo, durante muito tempo, os castigos físicos fizeram parte do nosso cotidiano. Apanhávamos em casa, na escola, no trabalho, nas forças armadas, nas prisões e nos hospitais psiquiátricos. Uma pessoa em posição de poder, tinha todos os direitos, ela poderia escravizar outras pessoas e violentar seus empregados domésticos. Essa época, foi abolida em muitos países, porém ainda subsiste em muitos outros.

A "normalidade" evoluiu e tais práticas não são mais aceitáveis. Atualmente, vivemos em uma sociedade mais humana, que respeita os indivíduos, em que os maus-tratos físicos e humilhações de outros seres humanos não são mais toleráveis.

Entretanto, este grande progresso humanista diz respeito apenas aos homens e mulheres, mas não às crianças. Ainda é permitido, impunemente, bater nas crianças e submetê-las a todo tipo de castigo e humilhações físicas e psicológicas. Os adultos são protegidos de castigos físicos pela lei, mas as crianças não, exceto em 33 países.[232]

---
231. Maurel, 2009.
232. Observatório da violência educativa ordinária: www.oveo.org

Quando falamos de violência infantil, isso não significa apenas as violências excessivas, criminosas, que fazem com que a criança seja hospitalizada. Este tipo de violência a lei reconhece e condena. Porém, a "pequena" violência, banal e cotidiana, que ainda simboliza os princípios de uma "boa educação", ainda é aceita.

Essa violência, chamada de "violência educativa ordinária" (VEO) recebe o apelo de "educativa", pois ela faz parte da educação familiar e em inúmeras escolas. E "ordinária", já que é frequentemente cotidiana, é considerada como banal, normal e tolerada, até mesmo encorajada pela sociedade. Considera-se "normal" bater em uma criança para que ela obedeça e seja bem-educada.

A VEO é corriqueira e está presente em todas as culturas e em todos os países. Estima-se que 85% a 95% dos adultos a praticam.[233]

Muitos adultos acreditam que é impossível dar uma "boa educação" sem coagir, sem punir. Acreditam que para educar uma criança é necessário adestrá-la, fazê-la sofrer física e psicologicamente para que ela seja temerosa e submissa.

Às vezes a fronteira entre os grandes maus-tratos e a VEO é tênue, pois sob a fachada da educação, pode haver muita violência.

A violência educativa ordinária (VEO)

Para muitos adultos, a relação educativa adulto-criança deve ser baseada na força e na dominação, fazer uso de tormentos físicos e morais está geralmente associado. Muitas vezes as punições são utilizadas para que a criança "ande na linha", o adulto faz uso de diversos artifícios, algumas vezes de grande perversidade, em prol dos princípios morais.

Os castigos físicos

Dentre as práticas mais comuns e legitimadas por muitos pais estão as bofetadas, palmadas, puxões de orelha ou de cabelo. Bater na criança com cinto, com vara etc., ainda persiste nos dias de hoje, mas não são confessadas abertamente.

---

233. Relatório da UNICEF: Progress for Children: A report Card on Child Protection, 2009.

Na França, colocar a criança embaixo da água fria ainda é uma prática frequente. Algumas vezes ainda ouço os pais me dizendo isso tranquilamente e se sentindo no direito de fazê-lo: *"Eu o coloco embaixo do chuveiro, para ele ficar mais calmo. Eu tenho que fazer isso, não tem outra coisa a ser feita, senão, ele continua gritando!"*

Um dos personagens de *Compasso de Fuga* de Christian Bobin[234] diz: "Meu pai me arrasta aos gritos até um cano de água e, durante um bom tempo, segura a minha cabeça embaixo do jato para que eu aprenda, como ele dizia. Eu nunca entendi o que poderia ser ensinado a uma criança sob um dilúvio de gritos e água gelada."

Olivier Maurel, em seu livro *La Fessée. Questions sur la violence éducative*[235] (*A palmada. Questões sobre a violência educativa*), relata os diversos castigos que as crianças recebem em cada país. Essa multidão de punições pode revelar uma violência sórdida e uma surpreendente criatividade, unicamente para fazer com que a criança obedeça e seja dominada.

Os castigos morais

Os castigos morais podem ser tão perversos e nocivos quanto os castigos físicos. Por mais banais que pareçam, eles podem ferir profundamente a criança e deixar cicatrizes psicológicas muitas vezes permanentes.

"Nós gritamos muito em casa, nós adultos e as crianças, a gente não consegue falar de outra forma."

Muitas vezes os adultos falam coisas ofensivas, humilhantes, degradantes, acompanhadas de gritos e xingamentos:

"Você é idiota, não serve para nada, um zero à esquerda, insuportável, infernal, patético(a), inútil, parasita."
"Cale a boca. Você só fala besteira!"
"Você é tão preguiçoso(a) que nunca vai chegar a lugar algum. Aposto que você vai acabar embaixo da ponte."
"Mas quanta burrice! Você nunca entende nada. Só fala asneiras."
"Você deveria ficar quieto(a) no seu canto. Tudo o que você faz dá errado!"

---
234. Paris, Gallimard, 1996. (No Brasil: Duna Dueto, 2000)
235. Maurel, 2005.

"*Mas como você é desastrado(a)! Você sempre quebra tudo.*"
"*Você é tão esquisito(a) e imprestável... que ninguém nunca vai querer saber de você.*"
"*Espero que você nunca tenha filhos(as). Porque se forem como você... coitados(as).*"
"*Eu cansei de cuidar de você. Esquece que eu sou sua mãe/seu pai.*"

Esses tipos de frases afetam a criança, a desestabilizam e ficam marcadas em sua memória. Elas as atingem profundamente, fazendo com que ela viva um grande tormento, carregado de angústia, insegurança e aflição. A criança perde a confiança em si, sua autoestima se evapora. Ela acaba vivendo conforme os rótulos que ela recebe: idiota, inútil, desastrado(a), imprestável etc. Principalmente porque são rótulos dados pelos pais.

O medo, a ameaça são contraproducentes

Dentre os castigos submetidos à criança, amedrontá-la é extremamente banalizado. Essa violência "educativa" que deixa a criança em estado de grande insegurança, é um instrumento de coação. Usamos o medo para que a criança obedeça, fique quieta no lugar, se comporte, faça os deveres de casa. E apesar de algumas ameaças serem menos utilizadas atualmente, como chamar a polícia ou o bicho-papão, ainda escuto regularmente durante as consultas: "*Se você continuar, eu vou chamar a polícia para ela te levar*", "*O(a) médico(a) vai te dar uma injeção*", "*Você vai ver quando seus pais chegarem em casa, você vai levar uma surra*".

A criança pequena está descobrindo o mundo à sua volta. Muitas coisas desconhecidas lhe assustam: algumas imagens, barulhos diferentes, objetos estranhos, insetos etc. Esse medo diante do desconhecido, estranho, incompreensível ou misterioso é normal na evolução da criança. O papel dos pais é o de tranquilizar e não de acrescentar preocupações suplementares que criam inseguranças e aumentam a ansiedade e o medo do mundo.

Quando os adultos amedrontam a criança, ela fica com medo deles, mas não necessariamente os respeita. Imagine como deve se sentir uma criança que de repente vê seu próprio pai e mãe ficarem extremamente furiosos contra ela. O maior pavor da criança ainda é esse medo bem real causado pela violência dos pais contra ela. Ela tem medo desses adultos que lhe ameaçam, gritam, castigam, batem desde bem pequena, e sem entender o porquê. No decorrer dessas humilhações, a criança tem medo de perder o amor do pai e da mãe. Esse tipo de medo é real e apavora a criança. E aos poucos, o efeito obtido é o contrário do esperado. Devido a essa violência constante, o vínculo entre adultos e criança vai enfraquecendo. A criança deixa de confiar em seus pais. Ela se torna triste, fica com raiva deles.

Vimos que a amígdala, o centro do medo, está perfeitamente amadurecida desde o nascimento. A criança pequena ainda não consegue refletir e analisar a situação para acalmar sua amígdala. E isto explica o quanto essa violência pode aterrorizá-la. Além disso, essas lembranças do medo vivido na infância ficarão para sempre inconscientemente gravadas em sua amígdala. Elas continuarão agindo na idade adulta, provocando obstáculos psicológicos em diversas circunstâncias.

Algumas vezes, usamos até mesmo o artifício da gentileza para induzir o medo nas crianças pequenas: *"Vem aqui que vou te contar uma história."* A criança ouve o adulto atenciosamente e acredita que tudo aquilo é "verdade". Mas, por que os adultos contam histórias sobre lobos, bruxas e monstros que criam medos reais em crianças entre 2 a 5 anos de idade, quando ainda não são totalmente capazes de fazer a diferença entre real e imaginário, de analisar a situação e entender que está tudo bem? A criança passa a não querer mais ir para seu quarto, pois lá tem lobos, monstros embaixo da cama... Ela fica com medo e começa a ter pesadelos. Quem inventou esses medos irreais? De que forma gerar esse tipo de medo em uma idade de grande vulnerabilidade emocional pode ser educativo?

Para as crianças, não seriam esses lobos, os adultos que, ao invés de protegê-las, lhe agridem e amedrontam? Será que os pais não se lembram do medo que sentiam quando eram crianças e que estavam à mercê dos adultos?

Não seria um desejo inconsciente dos adultos que a criança permaneça aterrorizada e, portanto, submissa à sua autoridade?

É crucial que as pessoas próximas da criança sejam afetuosas, presentes e que a ajudem a superar seus medos. Porém, quando esses medos são constantemente reavivados ou se a criança é deixada sozinha, ela pode se sentir muito angustiada, se sentindo totalmente insegura diante do mundo que a cerca.

"Por mais incrível que pareça, salvo alguns protestos isolados, praticamente nenhum(a) escritor(a), pensador(a), filósofo(a), religioso(a) de todos os tempos, e atualmente, antropólogos(as), psicólogos(as) ou psicanalistas que estudaram o ser humano, sua natureza, suas qualidades, seus vícios, suas pulsões, não levaram em conta de maneira séria esse violento adestramento que praticamente quase a totalidade da humanidade foi submetida em seus primeiros anos de vida, adestramento que frequentemente preconizaram e julgaram benéficos ou pelo menos inofensivo, quando não, ignorado."[236]

Quais são as consequências da VEO?

As consequências desses "hábitos educativos" ainda são pouco conhecidas. Provavelmente o fato de ignorarmos seus efeitos, faz com que muitas pessoas continuem praticando tais violências. Se os adultos estivessem cientes das repercussões da VEO, uma quantidade considerável começaria a refletir e educariam as crianças de outra forma.

Essas práticas acarretam sérias consequências, tanto físicas quanto psicológicas em uma criança, com sequelas que podem persistir até a idade adulta.[237] Elas são uma das grandes fontes de estresse para a criança, que não pode nem fugir, nem se defender, tendo em vista a capacidade do adulto de dominá-la por meio de sua força física. Para a criança, lhe resta a inibição, ou a perplexidade. O ser humano é submetido a uma violência extrema quando é agredido e não tem a possibilidade nem de fugir ou atacar. Frequentemente, a criança é completamente incapaz de se defender. Ela fica completamente vulnerável e submissa. Conforme vimos anteriormente, o estresse provoca reações biológicas em todo o corpo, provocando perturbações intensas e afetam

---

236. Maurel, 2009.
237. Teicher, 2006.

sobretudo a criança que possui um cérebro particularmente frágil e ainda em desenvolvimento.

"Umas boas palmadas não fazem mal a ninguém"

"Eu apanhei quando era criança e como você pode ver, estou muito bem hoje. Umas boas palmadas não fazem mal a ninguém. É importante educar bem as crianças! De que outra maneira seria possível?"

Frequentemente motivo de piada ou desdém, as palmadas seriam realmente prejudiciais para a criança? Muitos estudos foram feitos, mas as consequências permanecem pouco conhecidas. Apesar dessas pesquisas, muitos pais, por ignorância, continuam acreditando que as palmadas *"não fazem mal a ninguém"*.

Em 2002, Elizabeth Gershoff, psicóloga na Universidade de Austin, no Texas, analisou 12 publicações sobre as consequências das palmadas proferidas nas crianças. Ela mostrou que existe uma relação muito clara entre a palmada e o risco da criança se tornar agressiva, de ter um comportamento antissocial e ter problemas psicológicos como distúrbios de ansiedade e depressivos.[238]

Em 2010, Catherine Taylor, da Universidade de Nova Orleans, estudou 2.461 mães que batiam pelo menos duas vezes por mês em seus filhos de 3 anos de período na qual as crianças recebem mais palmadas. Ela excluiu mães com fatores que favorizavam condutas violentas, como mães que sofreram maus-tratos físicos e psicológicos durante sua infância, que foram agredidas pelo cônjuge, que tiveram depressão ou dependência química.

O comportamento foi estudado quando as crianças tinham 3 e 5 anos de idade. A pesquisa revelou que com 5 anos de idade, essas crianças eram muito agressivas: elas atacavam as pessoas, destruíam seus próprios objetos e de outrem, desobedeciam, gritavam, faziam provocações e ameaças.[239] Este estudo foi revelador quanto ao ciclo da violência: a criança aprende a ser agressiva por ter sido agredida, e quanto mais violenta for a agressão, mais violenta ela se tornará.

---
238. Gershoff, 2002.
239. Taylor, 2010.

Quatro outros estudos de 2012 também confirmam os efeitos nefastos das palmadas e bofetadas.

Um estudo canadense conduzido por Tracie Afifi, professora de ciências sociais na Universidade de Manitoba, analisou 34.653 pessoas. O estudo mostra a relação entre os castigos físicos (palmadas, bofetadas) durante a infância e o desenvolvimento de transtornos de humor (depressão, episódios maníacos), transtornos de ansiedade, dependência ao álcool, às drogas, e o desenvolvimento de transtornos de personalidade, particularmente os transtornos dissociativos.[240]

Kathryn Maguire-Jack, da Universidade de Wisconsin, estudou o comportamento de 3.870 crianças aos 1, 3 e 5 anos de idade, que levavam palmadas. Essas crianças demonstravam ser ansiosas, depressivas e apresentavam um aumento bem significativo de sua agressividade.[241]

Elizabeth Gershoff observou 11.044 famílias de diferentes culturas e provou claramente a relação entre as palmadas e os transtornos comportamentais como a agressividade, síndrome de hiperatividade e condutas antissociais.[242]

Rebecca Waller, da Universidade de Oxford, estudou 731 crianças aos 3 anos de idade, e, em seguida, aos 4 anos de idade. Ela comparou uma educação positiva e empática com uma educação punitiva com a presença de rigidez física (palmadas, bofetadas) e psicológicas, e observou o comportamento das crianças. As crianças que receberam uma educação punitiva, frequentemente desenvolveram uma insensibilidade, rigidez, cinismo e uma certa tendência à mentira, contrariamente às outras crianças.[243]

Quais são as consequências de punições mais agressivas, como o uso de cinto, vara ou outros?

Em 2009, Akemi Tomoda, pesquisador de Harvard, usou a Ressonância Magnética para estudar o cérebro de 23 adultos de 15 a 25 anos de

---

240 Afifi, 2012.
241. Maguire-Jack, 2012.
242. Gershoff, 2012.
243. Waller, 2012.

idade que, antes dos 12 anos de idade, foram submetidos a "correções" com cintos, varas ou outros objetos. Em média, eles foram sancionados 12 vezes ao ano, durante 3 anos. O pai, a mãe, agiam de forma deliberada, fria, pois se sentiam no seu direito, ou como dizem: *"É a minha forma de educar"*. As imagens do cérebro desses 23 jovens adultos foram comparadas com as do cérebro de 23 outros jovens indivíduos que viveram uma infância sem violência.

O cérebro dos que foram submetidos a essas correções apresentava uma redução do volume da massa cinzenta na região pré-frontal. A zona atingida é a região mais anterior do córtex pré-frontal, zona que é essencial para a vida social, pois está envolvida no autoconhecimento, na capacidade de sentir e entender as outras pessoas, a ponderar seus atos. Ela também participa na atenção e na memória de trabalho.[244]

Em 2010, a equipe de Martin Teicher, de Harvard, mostrou que os castigos físicos com cinto ou outro objeto, alteram as vias dopaminérgicas (o sistema de motivação-recompensa), o que pode levar o indivíduo a uma grande vulnerabilidade com relação às drogas e ao álcool.[245]

Em 2010, Jamie Hanson, da Universidade de Wisconsin, estudou por meio de imagens de ressonância magnética, o diversas punições físicas, comparando essas imagens com as de 41 crianças que não sofreram castigos físicos. O córtex orbitofrontal (COF) do primeiro grupo apresentava uma diminuição de volume.[246] Como vimos, o COF ocupa um lugar de destaque no controle das nossas emoções e da nossa vida relacional, o que explica as dificuldades encontradas por essas crianças em sua vida social.

Em 2012, Martin Teicher mostrou que o volume do hipocampo diminui em crianças que sofrem maus-tratos. Lembrando que o hipocampo possui um papel importante no aprendizado e na memória. Um estudo alemão, conduzido por Udo Dannlowski, indica que essa diminuição do hipocampo está associada a uma hiper-reatividade da amígdala, centro do medo, e que todas essas alterações persistem na idade adulta.[247]

---

244. Tomoda, 2009.
245. Sheu, 2010
246. Hanson, 2010.
247. Teicher, 2012; Dannlowski, 2012.

Insultos e humilhações repercutem de maneira nociva na criança como mostram os estudos de especialistas da Universidade de Harvard

Nem todas as crianças sofrem punições físicas, porém muitas são alvo de falas depreciativas por parte dos adultos, pais, mães, docentes ou outras crianças. Muitos adultos consideram que essas palavras degradantes, depreciativas são inofensivas.

Martin Teicher, em um estudo com 154 adultos que sofreram maus-tratos na infância, encontrou mais transtornos psiquiátricos nos adultos que foram vítimas de maus-tratos emocionais (agressões verbais, violências conjugais) do que nos indivíduos que sofreram maus-tratos físicos. Os distúrbios encontrados foram transtornos: de ansiedade, dissociativos, depressivos, manifestações agressivas.[248]

Em 2009, Jeewook Choi, da Universidade de Harvard, mostrou que os insultos, as humilhações, as depreciações por parte dos pais e mães possuem consequências nefastas no cérebro da criança e alteram o funcionamento dos circuitos neuronais e das zonas que participam na compreensão da linguagem.[249] O aparecimento de somatizações, transtornos de ansiedade, transtornos dissociativos e depressões tem sua origem nesses danos.

Outros estudos também mostram que os insultos possuem consequências potencialmente tão graves quanto os maus-tratos físicos e aumentam os riscos de delinquência e agressividade. Essas crianças podem desenvolver transtornos de personalidade *borderline*, narcisista, compulsiva paranóide.[250]

As humilhações, agressões verbais possuem repercussões graves não apenas por parte dos adultos, mas também quando elas são proferidas por outras crianças. As crianças humilhadas por outras crianças frequentemente manifestam sintomas de depressão, ansiedade, agressividade, dissociação, sendo um fato que podem levá-las ao uso de

---

248 Teicher, 2006.
249. Choi, 2009.
250. Teicher, 2006 e 2010; Tomoda, 2011.

drogas. Martin Teicher mostra que a criança é particularmente vulnerável ente 11 e 14 anos de idade.[251]

Transtorno psicológicos

Como vimos anteriormente, a VEO conduz a uma série de transtornos psicológicos. A pessoa que submeteu a criança à sua dominação, ao seu poder por meio da violência, é aquela que deveria guiar e mostrar para a criança como um ser humano deveria se comportar de maneira digna. Essa grande incoerência da atitude desses adultos, é refletida na criança, levando-a a um estado de extrema ansiedade. Quem deveria servir de guia está ausente, ninguém lhe mostra o caminho de uma vida que pode ser vivida com felicidade e dignidade. A criança fica confusa e não sabe o que pensar.

Uma educação pelo medo, pela submissão resulta exatamente no inverso do que se espera de uma educação bem-sucedida: a criança fica em estado de insegurança e extremamente angustiada, ela duvida de si, perde sua autoestima. E ocorre o aparecimento de uma série de transtornos importantes: agitação, agressividade, provocação, introversão, depressão, que podem resultar posteriormente em um maior risco de acidentes, aumento da delinquência, dependências (álcool, drogas), risco de suicídio.[252]

"De imediato, a criança que acabou de apanhar vai obedecer às ordens por medo de apanhar mais. Esta é sua primeira experiência de covardia. Muitas vezes, a criança recomeça na primeira ocasião, mas às escondidas. Esta é sua primeira experiência de hipocrisia. Em seguida, ela pode sentir uma certa satisfação em desafiar o pai, a mãe: sua primeira experiência de provocação. Covardia, hipocrisia, provocação: é realmente isso que os pais querem ensinar aos seus filhos?"[253] Questiona Maurel.

---

251. Teicher, 2010.
252. Gilbert, 2009.
253. Maurel, 2005.

A confusão de sentimentos

Outra consequência grave dessa violência é fazer com que a criança fique confusa com relação aos seus próprios sentimentos. Devemos pensar como deve ser angustiante para ela perceber que a pessoa que ela ama, que ela tem apego, que é sua protetora e que deveria amá-la e protegê-la, principalmente se essa pessoa for seu pai ou sua mãe, também é aquela que a agride, humilha, maltrata, diminui, impede que ela avance. Certa vez uma menina de 4 anos de idade me disse sobre sua mãe agressiva: *"Minha mãe é uma bruxa! Ela me dá medo!"*

A criança pode sentir essa confusão, em níveis diferentes, com relação a todos os adultos que ela preza, admira e que é agressiva com ela: um adulto da família, uma babá, cuidadores, equipe da creche, docentes, educadores etc. A criança pequena não tem outra saída a não ser se submeter a essa violência oriunda de uma pessoa que supostamente a ama. O sentido do que é o amor fica então distorcido, confuso. O que significa amar, ser amado(a), dar afeto, se paralelamente agredimos, humilhamos, reprimimos? A criança vai ao mesmo tempo detestar o pai, a mãe, de maneira consciente ou inconsciente, e de vez em quando os amar. Ela pensará que o amor e o ódio devem obrigatoriamente coexistir. Sua visão do amor ficará deturpada.

Esta forma de enxergar o amor é extremamente frequente. Ela é visível nas crianças, pais e mães que vêm me consultar e pode ser observada em inúmeros livros e filmes. A maioria dos adultos viveu relações de submissão durante a infância e interiorizou de maneira profunda que amar e agredir, amar e detestar, amar e humilhar seriam indissociáveis. Esses adultos acreditam e seguem isso como uma verdade absoluta. Geralmente, eles reproduzem essas relações de amor e ódio em suas vidas: no casal, com as crianças, no trabalho, oscilando entre os papéis de vítima e carrasco.

Quando o destino permite que uma pessoa viva uma infância feliz, cercada de amor e respeito vindo do pai e da mãe, sem relações de dominação, ao chegar na vida adulta, essa pessoa saberá que o amor não caminha junto com a humilhação, o ódio, a violência, o poder, o domínio, a possessão. O amor proporciona liberdade, segurança, paz interior e felicidade. Em situações de divergência, essa pessoa exprime o que está sentindo, mas não sente a necessidade de dominar o outro indivíduo, de submetê-lo, de controlá-lo.

Aprendizado e transmissão da violência

Essa violência, além de alterar o cérebro das crianças e gerar transtornos comportamentais, também é transmitida. A criança agredida, desde os 3-5 anos também aprende a ser agressiva. Um dos efeitos nefastos dessa violência banalizada é o aprendizado da violência e sua transmissão geracional. Ao chegar na vida adulta, frequentemente esse indivíduo será agressivo com seu círculo de relações, cônjuge e crianças.[254]

A criança imita o adulto, que permanecerá como um modelo, independentemente de seu comportamento. Portanto, agredir uma criança significa ensinar a violência e a resolver seus conflitos por meio da força. Essa é a primeira relação de poder na qual o ser humano é submetido, a lei do mais forte contra o mais fraco, e que ele aplicará em sua vida. A criança bate no irmão ou irmã mais nova, agride as crianças menores na escola.

Ao humilhar verbalmente as crianças, os adultos estão transmitindo um modelo negativo impetuoso. As crianças agredidas e humilhadas brincam de reproduzir o que elas vivem em casa. Algumas vezes elas fingem ser o adulto carrasco, outras vezes elas assumem o papel de vítima, papel no qual elas estão acostumadas a se submeterem. Essas brincadeiras começam cedo, quando a criança ainda é bem pequena e podem ser observadas diariamente na creche, na escola e na hora do recreio.

Inversamente, aquelas que não foram submetidas a uma disciplina autoritária, não têm essa tendência agressiva ao brincar com outras crianças.

Trata-se, portanto, de uma corrente de violência, que é alimentada e transmitida pelos hábitos de uma violência educativa banalizada, que precisa ser interrompida.

---

254. Taylor, 2010.

Alice Miller

Alice Miller nasceu em 1923 na Polônia e morreu na França em 2010, na cidade de Saint-Rémy-de-Provence. Filósofa, psicóloga e socióloga, ela foi uma das primeiras a apontar os impactos da violência dos adultos no desenvolvimento da criança e no que ela poderá ser futuramente.

Para ela, os adultos vítimas de crueldades durante a infância, têm frequentemente a tendência de reproduzi-las. Eles nunca receberam empatia e não conseguem ser empáticos.

Em uma entrevista realizada em 1999 por Olivier Maurel, fundador do Observatório da violência educativa ordinária, ela resume claramente sua linha de pensamento:

"Eu vejo as raízes da violência e do comportamento destrutivo do indivíduo adulto nos traumas e carências sofridos e reprimidos durante sua infância.

Pela experiência que tive com meus pacientes, aos poucos tive essa certeza, de que as feridas sofridas durante a infância se transformam em destrutividade na idade adulta. Fiquei cada vez mais convencida de que meus pacientes tinham passado por uma infância extremamente infeliz, mas que não eram capazes de assumir essa realidade. Eles idealizavam o pai, a mãe e escondiam a verdade de si mesmos e de mim.

Acredito que podemos evitar a destrutividade se desde o princípio tratamos as crianças com respeito, amor e proteção.

Você pode dizer para uma criança que ela deve ser responsável e não maltratar outra criança. Mas seus sermões não farão nenhum sentido e serão totalmente ineficazes com uma pessoa que nunca aprendeu a sentir empatia por outrem, pois ninguém nunca demonstrou empatia por ela. Ela só aprendeu a crueldade e é isso que ela coloca em prática. Os pais e mães exerceram sobre essa criança o poder e não a responsabilidade.

É perigoso substituir os sentimentos de empatia pelos princípios morais. Onde existe apenas crueldade e falta de empatia, você nunca conseguirá outra coisa além de obediência e destrutividade oculta, com ou sem princípios morais. Por isso, ainda vemos crianças sendo punidas fisicamente em escolas religiosas, esperando como resultado dessas agressões crianças e adultos responsáveis. Isso é um grande absurdo, pois é exatamente o resultado contrário obtido.

A verdadeira figura de autoridade não precisa dar bofetadas, palmadas para mostrar sua força e ajudar a criança. Muito pelo contrário. Quando batemos, damos palmadas, é porque nos sentimos frágeis e impotentes. Neste caso, não mostramos autoridade para a criança, mas sim o domínio e a ignorância."[255]

Em seus livros, Alice Miller também analisa a infância de diversas figuras tiranas e déspotas da história, que tinham em comum o fato de terem sido submetidas à opressão, humilhação e violência extrema durante a infância. "Os ditadores buscam no poder absoluto uma forma de coagir as massas para que demonstrem o respeito que nunca lhes foi concedido por seus pais e mães durante a infância".[256]

A Fita Branca: as raízes do mal

O cineasta austríaco, Michael Haneke, abordou a temática das relações de violência adultos-crianças em seu filme *A Fita Branca*, premiado com a Palma de Ouro no Festival de Cannes em 2010. O filme se passa em um pequeno povoado alemão às vésperas da Guerra de 1914-1918. "Eu quis fazer um filme sobre as raízes do mal e entender no que consistia a educação da juventude alemã da época e que levou ao nascimento do nazismo."

De um realismo impressionante, seu filme mostra as incessantes humilhações, castigos físicos e morais às quais eram submetidas as crianças em nome de uma boa educação, tanto da parte do pai e da mãe quanto do professor e do padre. Todas essas violências preparavam as crianças para a guerra. Elas aprendiam a se submeterem às ordens das autoridades e, ao mesmo tempo a cometerem atos de violência.

Por que a VEO é aceita?

A criança nega o que ela vive

O que é muito doloroso, geralmente é negado. A criança agredida diz frequentemente, adotando um tom provocador, de desafio: *"Nem doeu."*

---

255. Para mais informações, acesse o site de Alice Miller em www.alice-miller.com
256. Miller, 2004.

Muitas vezes, a criança não se revolta contra o pai e a mãe. Porém, toda essa violência é replicada nos irmãos e irmãs, nos colegas de escola, e posteriormente, no cônjuge e nas crianças. Muito frequentemente, os meninos criados em um ambiente violento se tornarão homens violentos contra suas esposas. E as meninas, quando se tornam mulheres, usam a violência física contra as crianças pequenas e a violência psicológica e verbal contra o marido e as crianças maiores.

A criança nega o que ela vive. Ela cria uma carapaça para suportar todas essas humilhações, silenciando suas próprias emoções e em seguida, negando as emoções de outrem também. Ela não "sente" mais nada, não tem mais empatia nem por si, nem pelas outras pessoas.

"Como você se sente quando seu pai ou sua mãe castigam você dessa forma? O que você pensa?
— Eu não sinto nada. Se eles me punem, deve ser normal."

A posição dominante do adulto

A posição dominante do adulto muitas vezes leva a criança a aceitar a violência. Por ter conhecido desde sempre apenas essa relação de dominação com seu pai e mãe, ela acredita que é normal. A criança não diz nada, ou raramente contesta. Aprende a se submeter, a não sentir mais suas emoções e nem pensa em acusar os pais. Seria extremamente insuportável ter que questionar ou acusar suas atitudes.

Esse comportamento persiste na idade adulta. 85% a 90% das pessoas sofreram VEO, e a maioria nega o que viveram ou até mesmo a justificam.

A "lição de moral": "Se estou lhe punindo, é pro teu próprio bem!" provoca uma confusão de regras éticas: "Temos o direito de machucar alguém para o seu próprio bem..."

Ao agredir as crianças, os adultos adotam um tom moralizador e culpabilizante e dizem: *"Se eu estou lhe punindo, é para que você entenda que você* não pode fazer isso. É para o teu próprio bem. Eu não quero que você seja uma criança malcriada, quero que você se comporte direito e que não se transforme em delinquente."

Como a criança pode ser capaz de entender esse discurso? O adulto faz exatamente o que ele proíbe a criança de fazer: *"Meu pai tem o direito de me bater, mas eu não posso bater em ninguém e, além disso, ele me diz que é pro meu próprio bem, mas isso não me faz bem nenhum... Eu não consigo entender."*

Essas frases ditas pelos adultos são uma tentativa de justificar os excessos, as humilhações, os insultos, as punições que as crianças são submetidas. Os adultos se sentem menos culpados ao dizer: *"É para o teu próprio bem."* e consequentemente, a criança se sente culpada se ela contesta, já que seus pais querem seu bem agindo dessa forma. Então ela deve se calar e aceitar a violência sem dizer nada.

Para a criança essa violência sob o pretexto de aprender uma lição provoca uma grande confusão das regras éticas. *"Eu tenho o direito de machucar alguém para o seu próprio bem! Logo, eu tenho o direito de agredir física e moralmente quando discordo de alguém, pois estou fazendo isso para o bem dessa pessoa".*

Por que mudar a forma de educar quando chegamos na idade adulta?

A criança ao se tornar adulta poderá dizer: *"Por que devo mudar a forma de agir com a minha criança?* Já que foi assim que me criaram e como você pode ver, eu não morri. Meus pais fizeram a coisa certa. Se eles não tivessem me corrigido, eu não sei o que seria de mim agora. Eu sei o que estou fazendo com Max, estou dando educação para ele, é para o bem dele."

A maioria dos adultos aprova a educação dada por seus pais e não se questiona, nem a seus pais, pois pensam: *"Eu merecia. Meus pais fizeram a coisa certa".* A transmissão dessas práticas continua então geração após geração.

Os rótulos que damos para as crianças, de "tirana" ou "síndrome do imperador" incentivam os adultos a usarem as relações de força

Profissionais da infância dizem para os adultos: *"Cuidado, essa criança só faz o que bem entende! Ela está manipulando você!", "Preste bem atenção, não deixe que seu filho/sua filha lhe faça de gato e sapato, caso contrário você perderá o controle, você não saberá mais o que fazer, ela vai ser uma tirana e impor sua própria lei na casa. Desde cedo você precisa se impor e corrigi-la com firmeza."*

Ao ouvir esses "conselhos", os pais ficam receosos: *"Eu tenho medo de que meu filho vire um tirano, que ele dê as ordens em casa. Eu ouvi isso na televisão, no rádio. Parece que ele ficará assim se não o corrigirmos e que temos que puni-lo sempre que ele fizer uma travessura. Eu tenho muito medo disso, sabe? Então eu faço o que ouvi dizer e coloco ele sempre de castigo."*

Esse discurso reconforta os adultos que pensam que é preciso *"corrigir as crianças"* desde muito pequenas.

O rótulo "criança tirana" nos impede de evoluir em termos educativos

Declarado como uma verdade absoluta, este rótulo nos impede de refletir sobre a educação. Ele não nos permite compreender as particularidades da criança, sua grande fragilidade emocional, a imaturidade e vulnerabilidade de seu cérebro. Essa ignorância faz com que o adulto tenha reações inadequadas.

O rótulo "criança tirana" inverte as responsabilidades

A imagem de uma "criança tirana" inverte as responsabilidades, pois ela coloca a criança no papel de carrasco e o adulto na condição de vítima. Na relação adulto-criança, quem realmente está em posição de dominação? Quem é o mais frágil? Quem realmente tiraniza o outro, o pai, a mãe ou a criança? Ou seja, esta é uma relação desigual tanto fisicamente quanto moralmente, pois o adulto domina a criança por meio de sua força física, mas também com seu domínio moral, psicológico, intelectual. Essa imagem de "criança tirana", essas palavras pesadas ditas diante de uma criança com perfil dominador não faz o menor sentido, pois é exatamente o adulto que detém todas as ferramentas de poder e que com muita frequência as utiliza, de maneira natural e abusiva, para submeter a criança, para obter sua obediência, para obrigá-la a fazer o que o adulto quer e quando quer.

Tendo em vista os conhecimentos que temos atualmente sobre a imaturidade, fragilidade e vulnerabilidade do cérebro infantil, essa ideia de "criança tirana" não pode mais ser sustentada.

A criança é "um bode expiatório fácil"

Uma das razões veladas pela qual essa violência persiste é a fragilidade física da criança, possibilitando que ela seja facilmente agredida.

"Na sociedade, o tabu do silêncio protege o direito do adulto de usar a criança ao seu bel-prazer para satisfazer suas necessidades, a utilizá-la como válvula de escape da humilhação que esse mesmo adulto um dia sofreu, conforme descrito por Alice Miller.[257]"

A criança serve de bode expiatório de maneira consciente ou inconsciente a todos esses adultos que sofreram maus-tratos psicológicos ou físicos durante a infância. Logo, é uma forma de vingança inconsciente. Quando o adulto se sente frustrado, irritado, é muito fácil descontar na criança quando ela é pequena, pois sua capacidade de resposta é mínima. O adulto não sente medo, pois sua força física permite que ele domine a criança com facilidade. *"Você não pode imaginar como que o meu filho, a minha filha me irrita certas vezes! E descontar nele(a) me acalma."*

A criança pequena incomoda

"Ele(a) não para de fazer besteira. Ele(a) me cansa. Ele(a) não para de correr para todos os lados. Tenho certeza que ele(a) faz de propósito só para me irritar. Já

---

257. A. Miller, *L'Enfant sous la terreur*, Paris, Aubier, 1986.

está na hora dele(a) aprender de uma vez por todas. Ele(a) tem que entender. De qualquer maneira, eu não vejo outra solução." A imensa vitalidade da criança esconde sua grande fragilidade. Ela engana por sua energia. A criança pequena transborda de vida, ela precisa de espaço e não consegue ficar em um lugar só.

Ela exprime suas emoções em alto e bom som, ri alto, chora quando é contrariada. Ela não consegue ser "racional". Até os 5-6 anos de idade a criança incomoda. Ela vive e pensa diferente do adulto. Sua grande energia vital a leva a correr, escalar, explorar. Seu entusiasmo é abundante. Ela é curiosa, quer mexer em tudo, entender sobre o mundo, brincar.

Por diversas vezes quando a criança brinca ela parte para um mundo imaginário, também não vive no presente com suas noções de deveres nem de tempo. Ela não se preocupa com a realidade do cotidiano.

Todas essas particularidades inerentes à criança pequena perturbam muitos adultos que muito provavelmente gostariam que ela se "adequasse" rapidamente e se tornasse como eles: consciente da realidade do cotidiano e presente nas tarefas da família.

Alguns pais fazem com que seus filhos de 8-10 anos de idade sejam inteiramente responsáveis por limpar a casa e fazer a comida.

A criança deve ser calma, não pode ficar correndo para todos os lados, tem que ficar sentada tranquilamente, obedecer às ordens, ser limpa, organizada, comer tudo, ajudar nas tarefas da casa, dormir cedo e tudo isso, sem resmungar. Ou seja, ela precisa deixar de ser criança.

Algumas crenças culturais, religiosas encorajam adultos a dominarem a criança

Muitas "razões" levam um adulto a dominar uma criança. Algumas delas têm origem em crenças culturais e religiosas que acabam respaldando a coação das crianças pelos adultos. Algumas crenças antigas e arcaicas retratam a criança como um animal selvagem que deve ser domesticado e adestrado. Essas visões que podem ser observadas no mundo inteiro e em todas as religiões, encorajaram os adultos a usar a força para intimidar e maltratá-la.

No ocidente, a igreja católica exerceu uma grande influência. Como, por exemplo, a introdução do dogma do pecado original por Santo Agostinho, que estabeleceu uma imagem extremamente negativa da criança ao afirmar que desde o nascimento carrega dentro de si o diabo, o mal, o pecado. Além de inúmeros textos que recomendam que a criança deva ser agredida para que o mal seja extraído dela.

Essas crenças estão profundamente arraigadas em nossa mente e levaram os adultos a pensar que ao humilhar uma criança, ao fazê-la sofrer, ela se tornaria um animal adestrado e um ser humano livre do diabo ou do mal.[258]

Freud também não contribuiu para melhorar a imagem da criança. Pelo contrário, ao afirmar que a criança é um criminoso em potencial, querendo matar simbolicamente seu pai para possuir sua mãe sexualmente, o psicanalista a rotulou de forma extremamente negativa: ela encarna o mal, ela é perversa. O pai e a mãe são vítimas indefesas das crianças. A psicanálise confortou pais e mães em seu desejo de dominar e adestrar a criança: "A educação deve inibir, proibir, reprimir.[259]"

Ou seja, conforme explicado anteriormente, a falta de conhecimento sobre os efeitos nocivos da VEO pode, de certa forma, explicar porque ela é aceita e as reações violentas e arrogantes que são produzidas quando o assunto é abordado: *"Essa é uma questão realmente sem importância alguma. Seria melhor se você se preocupasse com coisas mais importantes como o desemprego, a crise, a pobreza!"*

Em outras palavras, este é um tema que incomoda. Entretanto, atualmente temos provas objetivas que essas práticas provocam efeitos negativos no funcionamento e desenvolvimento do cérebro. E essas implicações no cérebro repercutem na idade adulta e constituem obstáculos na vida de uma pessoa, na sua relação com outrem, na sua capacidade de evoluir e de ter uma vida segundo o que ela gostaria.

---
258. Maurel, 2009.
259. S. Freud, *Nouvelles conférences*, Paris, Gallimard, 1952.

A legislação e a violência educativa

"É necessário opor-se à ideia de que, para a sociedade, a criança é um mini ser humano com mini direitos", segundo Maud de Boer-Buquicchio, secretária-geral adjunta do Conselho da Europa. Para que a violência educativa seja abolida, é necessário o estabelecimento de um quadro jurídico que proíba de maneira clara e que proteja as crianças de todas as formas de agressão, inclusive no seio familiar. O Conselho da Europa especifica: "Podemos definir o castigo corporal como um ato cometido para punir uma criança e que, se fosse infligido a um adulto, constituiria uma ofensa corporal ilegal.[260]"

Vinte e dois países europeus, dos 28 países pertencentes à União Europeia, possuem uma lei contra a violência educativa. Ao redor do mundo, 34 países também possuem leis contra os castigos corporais. Regularmente vemos novos países adotando tais leis.[261]

Suécia, país pioneiro

Em 1979, a Suécia marcou seu pioneirismo, adotando uma lei contra a violência infantil, acompanhada de uma campanha de sensibilização destinada à toda a população e de um suporte para as famílias e adultos que cuidavam de crianças. Isso permitiu que a sociedade sueca evoluísse como um todo com relação ao respeito que as crianças merecem.

"Desde 1995, a cada três anos, o país realiza pesquisas junto aos pais, mães e crianças. Na Suécia dos anos 1960, 9 a cada 10 crianças eram agredidas "para serem educadas". Atualmente, menos de 1 a cada 10 crianças é agredida "para o seu próprio bem". Vemos cada vez mais pais e mães se oporem ao uso de castigos físicos como forma de educar seus filhos e filhas. Na pesquisa realizada em 2006, apenas 7% dos pais e mães são favoráveis aos castigos físicos.

---

260 A abolição dos castigos corporais infligidos às crianças, mais informações no site: www.coe.int/children
261 Mais informações no site: *End All Corporal Punishment of Children*, www.endcorporalpunishment.org/pages/frame.html

A análise da enquete realizada durante o outono de 2006, indica claramente que as pessoas favoráveis aos castigos físicos são:

- Homens e meninos mais do que as mulheres e meninas;
- Pais, mães e crianças nascidas no exterior mais do que pais e mães suecos e crianças nascidas na Suécia;
- Pais, mães e crianças que sofreram agressões em comparação com pais, mães e crianças que não sofreram esse tipo de violência.[262]"

Ao contrário do que muitas pessoas pensam, deixar a violência educativa de lado não faz com que as crianças se tornem mais indisciplinadas. A verdade é que as crianças criadas com respeito, respeitam mais e dão mais atenção às outras pessoas.

Por que uma lei?

O objetivo não é punir nem estigmatizar pais e mães que não tiveram outros exemplos educativos, nem sabem como agir para educar suas crianças. Este tipo de lei deveria estar presente no código de direito civil e de família e não no código penal. Ela deve ser vista como uma mensagem educativa, sem que sanções sejam previstas.

A lei representa uma forma de conscientização e um meio de incentivar as mudanças. A Suécia é uma prova disso, como a experiência dos países nórdicos, posteriormente. As leis que aboliram os castigos físicos foram uma forma eficaz de fazer com que a mentalidade evoluísse para uma menor violência social, uma maior compreensão mútua, um maior respeito de outrem e das diferenças. Diversos relatórios insistem no fato de que campanhas de informação e sensibilização são imprescindíveis. Apenas a lei contra a violência infantil não é suficiente, ela deve ser parte integrante de um plano de informação e educação de pais, mães e profissionais da infância.

---

262. Observatório da violência educativa ordinária: www.oveo.org

E na França?

A França ainda não adotou tal lei[263].

Uma pesquisa realizada pela SOFRES (Sociedade Francesa de Estudos e Sondagens) em 1999 nos mostra que 84% das pessoas interrogadas praticam castigos físicos para educar suas crianças e fazer com que obedeçam. Além de humilhações verbais e outros tipos de punições.

Em 2010, Edwige Antier, pediatra e deputada, apresentou dois projetos de lei na Assembleia Nacional.[264]

O primeiro foi apresentado em 22 de janeiro de 2010, tendo sido extremamente mal recebido e ridicularizado. Esta lei tinha o objetivo de abolir unicamente os castigos corporais contra as crianças.

O segundo projeto de lei, apresentado em 18 de novembro de 2010, tinha como proposta abolir tanto os castigos corporais quanto morais e as humilhações impostas às crianças, e dizia respeito a todos os adultos que cuidam de crianças. O projeto determinava que os "detentores da autoridade parental e as pessoas que cuidam de menores de idade, não têm o direito de fazer uso de violências físicas, de impor castigos morais, nem infligir qualquer outro tipo de humilhação à criança." Até hoje este projeto de lei não foi aprovado.

> *"Por que chamamos de agressão quando batemos em um adulto, Crueldade quando batemos em um animal, mas de Educação quando batemos em uma criança?"*
>
> *Autor desconhecido*

Não, a violência educativa!

---

263. A Lei 13.010/14 - Bernardo Boldrini (em homenagem ao garoto Bernardo, morto em 2014, com participacão do pai e da matrasta). Segundo a lei, os pais ou responsáveis que usarem castigo físico ou tratamento cruel e degradante contra criança ou adolescente ficam sujeitos a advertência, encaminhamento para programa oficial ou comunitário de proteção à família, tratamento psicológico e cursos de orientação, além de outras sanções. Essas medidas serão aplicadas pelo conselho tutelar da região onde reside a criança. N.E.

264. Antier, 2010.

9

SER PAI, SER MÃE

"Apenas um pai, apenas uma mãe, é muito pouco... Para acompanhar uma criança em seu navegar pela infância, seria preciso no mínimo dez, vinte. E foi o que tive: quando meu pai e minha mãe não me bastavam, eu ia bater na porta do palhaço, da equilibrista, eu escolhia outros pais durante uma ou duas semanas. Eu cresci em treze casas ao mesmo tempo."

Christian Bobin, *Compasso de Fuga*

Ser pai, ser mãe é complexo

De maneira alguma quero dar aqui receitas mágicas, tendo em vista a diversidade de situações e suas particularidades. Mas meus encontros com inúmeros pais e mães me levou a refletir.

Ser pai, ser mãe é uma aventura totalmente única, extremamente emocional, pois ela desperta as recordações da nossa própria infância. A grande maioria dos pais viveu durante sua infância relações de força com os adultos. Essas relações ficam profundamente marcadas, sem que tenhamos consciência disso. Pais e mães querem "fazer o certo e o melhor possível", mas geralmente não conseguem se desvencilhar de seu passado e, por sua vez, entram em uma relação de força prejudicial para a criança. Alguns pais reproduzem de maneira consciente a educação que receberam, seja ela boa ou ruim, acreditando que seja o melhor, já outros adultos, gostariam de agir de outra forma. A maneira de ser e agir com as crianças depende muito da nossa história pessoal, da família onde crescemos, dos encontros que fizemos ao longo da vida e que moldaram quem somos e a nossa visão da educação.

O caminho que trilhamos com nossas crianças, às vezes feliz, às vezes turbulento, nos leva a utilizar e colocar à prova nossas capacidades de afeto e de nos relacionarmos com as outras pessoas. Ser capaz de amar, saber amar, saber dar afeto, tudo isso pode ser transmitido. Quando tiveram a sorte de ter uma infância feliz, no seio de uma família carinhosa e respeitosa, o pai, a mãe serão capazes de amar seu filho ou filha de forma natural, se sentem muito felizes com a parentalidade, se sentem em harmonia com a criança e encontram poucas dificuldades. Por outro lado, pais e mães que não tiveram essa mesma sorte de crescerem em meio a pessoas afetuosas, não sabem como agir, não sabem como amar a criança e muitos desses adultos acabam perdendo o controle e fazendo a criança sofrer.

Criar uma criança sozinho(a)

Um núcleo familiar reduzido ao pai e/ou à mãe e à criança pode rapidamente se tornar sufocante para todos os seus membros. Um lar aberto à família, aos colegas e à vizinhança é benéfico, dinâmico, jovial.

Isso também permite que pais e mães tenham contato com outros adultos ao seu redor e possam deixar seu filho, sua filha com alguém de confiança, podendo usufruir de uma noite ou um final de semana a sós. Desta forma, pais, mães e crianças podem aproveitar plenamente e com prazer os momentos em que passam juntos. Ser capaz de deixar sua criança com alguém de confiança, às vezes, quando parece necessário e sem se culpar, pode ser uma grande fonte de equilíbrio para toda a família. Não é possível criar uma criança sozinho(a) e muitas dificuldades podem decorrer desse isolamento.

Porém, quando surgem dificuldades, poder se expressar, conversar com outros pais e mães é um primeiro passo para tentar entender e sair de uma situação complicada. E quando os problemas tiverem sido resolvidos, reforçar os laços com a criança, interagir novamente com ela, deixá-la se expressar e ouvi-la, geralmente bastam para resolver uma relação conflituosa.

Se os problemas persistirem, tentar conversar mais uma vez com pessoas de confiança, do círculo familiar ou social, pode ajudar a entender a situação e a analisá-la.

Porém, se ainda assim, essas relações conflituosas não conseguem ser resolvidas, é importante buscar ajuda juntamente a associações de parentalidade, grupos de discussões e/ou consultas com especialistas em psicologia, psiquiatria infantil, pediatria etc.

O amor incondicional

A capacidade de amar não pode ser decretada, pois ela depende do nível e da qualidade de afeto recebido. Contudo, para que a criança se desenvolva bem, ela precisa de um amor incondicional, que seja capaz de compreendê-la e aceitá-la por inteiro, com suas perfeições e dificuldades. Esse amor acolhe as emoções e os sentimentos vividos pela criança: seus momentos de tristeza, alegria, entusiasmo, raiva, ciúmes, angústias etc., mesmo se algumas dessas emoções nos incomodam.

O amor incondicional nutre a criança, permitindo-a crescer harmoniosamente. Quando ela recebe esse amor, ela é invadida por um profundo sentimento de segurança, de confiança, de paz e desenvolve uma autoestima equilibrada, que faz com que ela possa se abrir para as outras pessoas e para a vida.

Entretanto, esse combustível indispensável para a criança pode estar ausente. Alguns pais e mães não conseguem doar esse amor, pois, por sua vez, nunca o receberam. Algumas vezes, o adulto pensa amar sua criança, felicitando-a apenas quando ela obedece, fica quieta ou tem notas boas na escola. Nesses casos, a criança fica perdida, não sabe mais quem ela é e fica sem rumo. Ela não se sente amada pelo que ela é, mas sim pela alegria e satisfação que ela proporciona ao seu pai, sua mãe.

A confiança

A confiança está profundamente ligada ao amor, pois se alimenta dela. Confiar em si e na vida não é algo que pode ser decidido. A confiança nos é transmitida por outrem, primeiramente pelos pais e mães e em seguida pelas pessoas ao nosso redor. Quando uma criança ouve: *"Eu confio em você"*, *"Eu acredito em você"* ou: *"Você é capaz de aproveitar plenamente a sua vida"*, essas palavras ecoam na criança como uma autorização, um incentivo a viverem.

Um ambiente familiar afetuoso, caloroso, livre de julgamentos, é capaz de proporcionar confiança, um sentimento de segurança e estabilidade. Pais e mães encorajam a criança em suas qualidades e capacidades. A criança sente confiança neles e graças a esse profundo sentimento de segurança, desenvolve uma autoconfiança que lhe ajuda a se conhecer e agir: *"Sim, eu posso dizer o que eu gosto, quem eu sou e sou capaz de realizar coisas."*

A confiança mútua é a base de uma espiral virtuosa, tornando a vida mais fácil, mais leve. A confiança que a criança recebe constrói sua imagem, sua autoestima: *"Se alguém confia em mim, então sou uma pessoa boa."* A confiança transmitida pelas pessoas que admiramos, que são uma referência para nós, é o ponto de partida para crescermos e nos desenvolvermos bem.

Quando a confiança é insuficiente, o futuro parece sombrio e distante para a criança. A inquietude toma conta do pai, da mãe, que vigiam e controlam a criança permanentemente. A vida se torna difícil e angustiante tanto para os adultos quanto para a criança. Se ela desde pequena: *"Qual é a besteira que você vai inventar de fazer hoje?"* Essas palavras de dúvida, de suspeita são tóxicas e fazem com que a criança se sinta constantemente pressionada. *"Meu pai, minha mãe acham que eu não consigo fazer nada."* Ela cresce com essa crença profundamente enraizada e perde a confiança em si. O que os adultos mais temiam acontece e um círculo vicioso é estabelecido.

Isso leva o pai, a mãe a depreciar ainda mais a criança: *"Você é incapaz de fazer algo direito! O que eu faço com você?"*, *"Mais uma besteira sua, isso nem me surpreende mais"*, *"Mas como você é desastrado(a), deixa tudo cair, eu não tenho mais paciência com você!"* Essas palavras ferem, humilham e se faladas cotidianamente, acabam minando a criança, como um veneno, destruindo a estima que ela tem de si. Ela acaba acreditando que é realmente tudo isso que as outras pessoas dizem. *"Eu não sirvo para nada mesmo!"*

A criança que carrega nela uma grande insegurança com relação ao pai, à mãe e a si própria, duvida dela mesma, de suas capacidades, se sente insegura, se torna tímida, desconfiada, retraída, não ousa se expressar e nem tentar coisas novas. Sem a confiança necessária, ela tem medo de não ser amada, ela é "impertinente, má, inútil", então ela "se prende" ao pai e à mãe, busca desesperadamente sinais de afeto neles. Ela não consegue ter autonomia, fica dependente, na espera de afeto e atenção.

O ser humano precisa de mais liberdade, espaço e autonomia do que pensamos

A confiança e a liberdade caminham juntos. Quando existe confiança, os pais dão liberdade, espaço e autonomia para a criança, de acordo com sua idade e capacidades. Ela pode voar com suas próprias asas.

Por outro lado, uma criança vigiada e controlada permanentemente perde a confiança nos pais e em si. Algumas ouvem regularmente: *"Você fez o trabalho de casa? Responda. Não adianta me dizer que sim, eu quero ver o seu caderno."* A falta de confiança priva a criança de um espaço onde ela poderia ser ela mesma, ela é sufocada e não é capaz de se sentir responsável.

A mãe de Davi, 11 anos de idade: *"Eu não consigo entender, eu tenho que ficar o tempo todo dizendo para ele fazer os deveres de casa, além disso ele me obriga a fazer com ele. Estou cansada!*
 —*E se você não disser nada?*
 —*Eu sei muito bem o que aconteceria, ele não faria nada. Ele não é nada independente, eu tenho sempre que ficar atrás dele.*
 —*E se não?*
 —*Se não, ele só tiraria notas baixas.*
 —*Neste caso, seriam as notas dele, resultado do trabalho dele ao invés de notas que refletem o seu trabalho. Ele seria realmente responsável pelas notas dele. Talvez ele não queira mais que você fique tomando conta dos trabalhos dele. Você já perguntou para ele? Ele mesmo decidiria se tem que fazer ou não os trabalhos de casa e aprenderia a assumir as consequências de seus atos. Caso contrário, como você quer que ele se torne responsável se você está sempre atrás dele?*

—*Eu não confio nem um pouco nele.*
—*E se você fizesse uma tentativa?* "

Primeiramente, Davi ficará surpreso, em seguida chateado contra sua mãe. Graças a ela, ele tirava boas notas e sem esforço, era muito fácil. Então, suas notas começam a baixar, e um dia, ele decide por conta própria que precisa fazer seus deveres e se sentir responsável por seu trabalho. No dia em que ele tira uma nota boa, ele se sente orgulhoso, competente e confiante.

Uma questão de autonomia

Certas vezes, os pais querem imperativamente que a criança seja autônoma e o mais rápido possível, em idades onde a autonomia desejada não é possível.

"Estou muito preocupado(a), minha criança não é independente para fazer as coisas!" e isso é indiferente se a criança tiver 2, 8, 11 ou 14 anos de idade. A autonomia é possível para uma criança de acordo com sua idade. A decepção de pais e mães é compreensível, já que um dos objetivos ao educar uma criança é ajudá-la a se tornar um ser independente, responsável. Porém, essa autonomia é adquirida ao longo de uma trajetória não linear, com saltos de desenvolvimento, retrocessos, experiências felizes e infelizes.

Algumas vezes esse desejo de autonomia precoce da criança reflete um desejo dos pais de se liberarem do peso da educação. A responsabilidade de educar uma criança lhes parece um fardo extremamente pesado. A criança lhes incomoda, cria empecilhos. Os adultos não sentem mais vontade de cuidar dela e gostariam que ela se virasse sozinha.

Autoconhecimento

Conhecer a si mesmo(a) é fundamental e nos permite escolher o que realmente queremos fazer, o que nos motiva. Também neste quesito, precisamos da ajuda das outras pessoas.

Uma das funções mais incríveis como pai e/ou mãe é a de ajudar a criança a conhecer a si mesma, lhe orientando a sentir, entender e expressar o que a motiva, seus desejos, seu ser, a ter consciência de suas preferências, de suas qualidades e de suas fraquezas. Quando os pais conseguem nomear com exatidão as emoções da criança, o que ela está atravessando e sem emitir julgamentos, eles a estão ajudando a se expressar autenticamente e sem apreensão. Ela poderá falar sobre sua raiva, desejos, decepções, ciúmes, tristezas, angústias, preferências, aversões sem ser rejeitada. E quando a criança comunica sobre sua alegria, satisfação, encantamento, os adultos estão lá para ouvi-la e participam de sua felicidade.

Desde muito cedo, os pais que prestam atenção no que atrai a criança, no que ela ama, ressaltam: *"Estou vendo que você gosta muito de brincar disto aqui... E que aquilo não te interessa muito... Não é verdade?"* Ao fazer isso, a criança cria raízes sólidas no que ela é, na sua singularidade, sua originalidade. Ao ser apoiada pelos adultos, ela desenvolve progressivamente sua confiança, seu ser singular e único. Este conhecimento de sua identidade será enriquecido ao longo dos anos e será a base para que a criança se desenvolva e trilhe seus próprios caminhos.

O autoconhecimento leva tempo

Quando a criança expressa suas dúvidas, suas inquietudes, suas interrogações diante de algumas escolhas, é fundamental que ela seja ouvida com atenção e sem interrupções. Podemos tranquilizá-la mostrando que podemos nos enganar e tentar de novo. Devemos mostrar que se conhecer, sentir, entender o que nos agrada e o que amamos leva tempo e que não existe um caminho simples a ser seguido, ele é feito de tentativas, erros, indecisões, experiências positivas e negativas, de esperanças e de decepções.

Se a criança se autoriza a sentir profundamente o que a agrada, as pessoas de quem ela realmente gosta, então ela viverá dessa forma, em harmonia com si mesma, e sua vida terá mais sentido, será mais feliz.

Cabe a nós, pais e mães, acompanhar pacientemente a criança e depois o adolescente nessa caminhada que confere responsabilidade em si e na vida que nos cerca. Então, passo a passo, a criança progride em sua vida com confiança, se sentindo responsável e se tornando enfim independente. A autonomia é esse sentimento da responsabilidade por nossos atos, ela floresce progressivamente, a partir desse amor incondicional e da confiança.

Quando os pais têm confiança, eles também encontram a serenidade. Seu filho ou filha reconhece suas necessidades e é capaz de cuidar de si, de se escutar, de sentir o que é bom para si, de ultrapassar as dificuldades existentes.

"Meu filho não me ama mais. Minha filha me bate. Eles gritam o tempo todo..."

Estas inquietudes sobre a criança são motivos frequentes que levam pais e mães a me consultarem. Eles chegam com um estado emocional abalado ou com muita raiva porque seu filho ou filha de 3-4 anos de idade bate, provoca e diz:

"*Você é chato(a). Eu não gosto mais de você, você é feio(a).*" Geralmente, essas frases são um chamado de atenção e significam: "*Papai, mamãe, eu existo, cuidem de mim ao invés de ficarem o tempo todo no telefone, no computador, na frente da televisão.*" Quando a criança faz provocações, tenta "irritar" o pai, a mãe, é importante tentar decifrar o que ela está querendo dizer. Via de regra a criança está querendo ter momentos de qualidade e trocas afetuosas.

Esta forma de se expressar nas crianças de menos de 5 anos de idade, reflete o que ela viveu. Se ela tem gestos agressivos, é porque foi submetida a isso. Se ela fala coisas desagradáveis, é porque ela ouviu os adultos, outras crianças da família ou de fora falarem isso para ela: "*Você é chato(a) quando faz isso, você é feio(a) quando faz aquilo.*"

Frequentemente, os pais ouvem essas frases como um ataque direto contra eles. Um círculo vicioso é acionado e provoca justamente efeito contrário ao que o adulto deseja.

O adulto grita ou bate na criança dizendo: *"Pare já com isso, peça desculpa imediatamente"* ou: *"Vá para o seu quarto e só volte quando estiver mais calmo(a) e vier me pedir desculpas."* Então: *"Eu não entendo, ele(a) recebe umas boas palmadas, é punido(a), mas nada adianta! Ao contrário, ele(a) fica cada vez mais agressivo(a), me irrita, me provoca e, ao mesmo tempo quer colo..."* Nesses exemplos rotineiros, as reações da criança confundem os pais que não entendem e pensam que ela está ficando temperamental e que esses acessos de raiva vão passar se ela for punida.

Quanto mais o adulto for severo, rígido, pouco compreensível, mais a criança sentirá raiva contra ele. Ela poderá realmente se tornar agressiva e fazer com as outras pessoas o mesmo que ela sofre, ou seja, dominar, coagir por meio da força, humilhar.

A provocação se torna sua maneira de ser, de comunicar, de chamar a atenção e obter o carinho do pai ou da mãe.

Às vezes ela se fecha, fica deprimida ou alterna entre fases de agressividade, agitação e submissão. Independentemente da atitude da criança, se agressiva ou retraída, o laço afetivo foi rompido, deixando-a desamparada. Ela não consegue mais se construir na base da segurança afetiva que seu pai e sua mãe deveriam representar.

Quando o adulto ameaça a criança, grita, castiga, humilha e diz: *"Estou cansado(a) de você, eu não quero mais te ver, eu não sou mais teu pai/tua mãe, você é infernal, mau(má), mandão(ona), insuportável"*, a criança deixa de receber o consolo, a compreensão, o afeto. Ela perde a confiança nos pais. Ela se encontra então em um estado de grande insegurança, sofrimento e ansiedade. E, ao mesmo tempo ela perde a confiança em si, perde sua autoestima, pois recebe apenas uma imagem extremamente negativa de si. Os rótulos a aprisionam em um papel, uma imagem, a criança acredita no que dizem sobre ela. E ela acaba se construindo em cima dessa crença: *"Eu sou infernal"* e se comporta tal qual. E então, como diz Thomas d'Ansembourg: *"Criamos o que mais temíamos... Temos então que romper com essa corrente, essa cadeia que nos aprisiona"*, e que pode chegar a extremos: *"Lá em casa é um inferno, nós não falamos mais, só gritamos!"*

Como reagir quando uma criança está com raiva? Quando ela fica chateada porque não consegue ter o que deseja, e o pai e/ou a mãe não cedem porque acreditam que é o necessário a ser feito, é importante que o adulto mostre que ele entende as emoções pelas quais a criança está passando: *"Estou vendo que você está com muita raiva."* Assim que a criança sente que foi compreendida, ela começa a se acalmar. Se for possível, um contato carinhoso acalmará ainda mais a criança. Caso ela não esteja aberta a um contato físico, ficar ao lado dela com calma poderá ajudar.

Os pais transmitem desta forma uma maneira de ser que é compreensiva, atenciosa e sem uso de uma relação de força. A criança aprende, imita e se torna cada vez menos agressiva e as emoções explosivas vão diminuindo.

O adulto é um chefe ou um guia?

Uma pessoa autoritária impõe sua maneira de pensar, seu ponto de vista, sem debates, buscando ser obedecida a qualquer preço. Ela é dona da verdade e sempre tem razão. Como Marshall Rosenberg diz com uma pitada de humor: "Você prefere ser feliz ou ter razão? Você não pode ter os dois.[265]" A sentença *"Eu tenho razão"* impede trocas saudáveis e entrava a relação, não deixa espaço para o debate. É uma posição de poder e de dominação.

"Se eu te disse que é assim, é porque é assim. Não discuta e obedeça imediatamente!" Isso revela uma fragilidade, um medo de se sentir dominado(a) pela outra pessoa:

"Ele(a) tem que entender que quem manda em casa sou eu, sou eu que decido e não ele(a)! Senão, o que vai acontecer quando ele(a) crescer?" A criança que vive sob o autoritarismo parental não pode ter uma opinião diversa do adulto, outra visão da situação. Ela não pode pensar por si própria, apenas obedecer.

Essas relações cotidianas de força, de dominação, de submissão, que são extremamente frequentes, são reveladas durante as consultas somente se houver uma confiança mútua. Caso contrário, os pais, omitirão o que acontece realmente dentro de casa.

---

265. Rosenberg, 2006.

Eu recebo os pais de Antônio, 4 anos de idade:

Felipe, o pai: *"Um pai deve ter autoridade na família, deve ser respeitado e as crianças devem obedecer imediatamente, sem resmungar... Eu tenho que educá-lo... Eu quero que o Antônio se comporte à mesa, mantenha as mãos corretamente sobre a mesa, coma tudo o que está no prato, não me interrompa quando falo, e quando for pedir algo, que diga sempre por favor e depois obrigado. Ele tem que aprender a pedir desculpas."* Resultado: a cada refeição, Antônio fica de castigo num canto depois de ter levado uma palmada.

Natália, a mãe: *"Nossa vida está insuportável. Antônio come cada vez menos em casa e está cada vez mais agressivo em casa e na escola. Eu acho que meu marido deveria agir de outra forma e que meu filho não está bem. Mas Felipe me diz que ele foi educado dessa forma e que não existe outra maneira de educar uma criança. É impossível ter uma conversa com ele sobre isso, ele tem certeza do que faz. Eu me sinto muito triste e não sei mais o que fazer. Nosso casamento está cada vez mais abalado por causa disso."*

Quando as ordens preenchem o cotidiano, *"arrume o quarto, escove os dentes, vá fazer o trabalho da escola, ande logo, vá dormir..."*, sem deixar espaço para outros momentos, especialmente os que demonstram afeto para a criança, ela fica profundamente impregnada dessas relações de submissão e dominação, e agirá da mesma forma, assumindo o papel de tirano ou de vítima com seu pai, sua mãe, com outras crianças.

Vejamos o que Marshall Rosenberg escreveu sobre as relações de dominação:

"Quando alguém ouve o meu pedido como uma exigência, isso tem um preço muito alto, pois o vínculo empático foi rompido e o prazer de oferecer, destruído. Eu perco o que eu tinha de mais valioso, minha relação de confiança com a outra pessoa." E mais: "Quando homens e mulheres crescem em estruturas educativas que têm o domínio como fundamento, a violência se instaura nessas pessoas e elas podem se tornar violentas quando não estão mais sobre o controle de uma autoridade, pais, mães, docentes.[266]"

---

266. Rosenberg, 2006.

Os pais devem ter um papel de chefe ou de guia em uma família? A figura de chefe representa a possibilidade de modificar o comportamento de alguém por meio de relações de força, com gritos, ordens, menosprezo e/ou humilhações. A resposta a essa postura é rapidamente obtida: a criança se torna agressiva, revoltada, autoritária, provocadora, ou ao contrário ela se torna muito obediente. Ela obedece, porém é uma criança totalmente submissa, muitas vezes depressiva, que perde sua própria identidade. Depois, ela poderá sofrer *bullying*, oscilar entre momentos de revolta e fases de submissão.

Quando os pais possuem uma postura de guia, eles são um modelo. Sabem que não podem mudar o comportamento da criança impondo regras, mas sabe que pode mudar sua relação com a criança se necessário. Como guia, o adulto proporciona uma orientação, estabelecendo limites com gentileza e seguindo, ele também, esses limites.

Compreender e acalmar a criança não significa ceder e ser permissivo.

Compreender as emoções de uma criança e tentar acalmá-la não significa realizar seus desejos durante uma crise de birra e fazer tudo o que ela quiser. Compreender a criança significa lhe dizer: *"Eu entendo que você esteja chateado(a) comigo porque eu não quero te dar isto"* ou, *"Eu entendo que você esteja chateado(a) comigo porque é muito frustrante não conseguir fazer isto que você quer."*

Geralmente, os pais confundem tentar compreender a criança e saber acalmá-la com ser permissivo. Tranquilizar, acalentar uma criança não é o mesmo que ceder ou satisfazer todos os seus desejos.

Segurança afetiva, insegurança afetiva

O fato de acalmar e compreender a criança lhe proporciona um sentimento de segurança com relação aos pais. *"Mesmo me sentindo mal, estando com muita raiva, eu posso contar com meu pai, minha mãe. Eles não me rejeitam, eles entendem o que estou sentindo."* Este sentimento de segurança afetiva proporciona confiança, equilíbrio. É um importante alicerce para crescer, construir sua identidade, pensar por si mesmo e se tornar responsável. Entretanto a insegurança afetiva, o medo, a falta de respeito fazem com que a autoconfiança diminua, dificultam a construção de sua própria identidade e impedem o pensar por si mesmo e transformam a criança em irresponsável e dependente.

Os adultos me dizem regularmente: *"Eu quero que meu filho, minha filha me respeite."* O que é totalmente compreensível... Mas ao que isso nos remete? Se uma criança é respeitada, por sua vez ela também respeitará. E esta é a chave das interações empáticas. Nunca conseguiremos obter o respeito por intermédio do medo e da submissão.

Quando mandamos a criança para o quarto para que ela se acalme

Imagine uma cena em que seu cônjuge lhe ordena que você vá para o quarto para se acalmar! Você volta para casa após um dia extremamente difícil de trabalho, e ao chegar começa a chorar. Seu cônjuge se irrita e diz: *"Vá já para o quarto e só volte depois de se acalmar!"* Como você se sentiria? Muito provavelmente você enfrentaria sentimentos de rejeição, incompreensão, indignação. Você preferiria que seu cônjuge lhe recebesse com afeto, acolhida, com compreensão. Gostaria de poder chorar em seus braços, de lhe contar como o dia foi difícil. Você se sentiria consolado(a), acolhido(a), agradecido(a) e em uma relação de confiança.

A criança experimenta os mesmos sentimentos e enviá-la para o quarto quando ela está submersa por emoções desagradáveis, é vivenciado como uma rejeição. Uma família que impede a expressão de emoções negativas, das dúvidas, das angústias, da insatisfação, não colabora para criar um clima de confiança e compreensão. Uma parte extremamente importante da criança não será ouvida. Frequentemente durante a adolescência, algumas vezes antes dessa fase, quando a criança se questiona ou está diante de escolhas importantes, ela não consegue se abrir para o pai, a mãe, e busca refúgio e compreensão em outro lugar, com outras pessoas.

Viver com uma criança pequena, em um período em que "ser racional e coerente" ainda não é possível, pode ser extremamente difícil e exige que a dose de paciência seja renovada diariamente. Aos poucos ela se tornará "racional e coerente", passando por alguns momentos mais turbulentos aos 3-4 anos de idade, para então atingir uma fase mais estável emocionalmente a partir de 5, 6 ou 7 anos de idade, a famosa "idade da razão".

Saber manter a calma e proporcionar consolo nesses momentos pode ser muito desafiador para muitos pais. E quando não o conseguimos naturalmente, é possível aprender. Existem grupos de pais e mães que podem servir como apoio e ajudar a encontrar as melhores maneiras de ser e agir com a criança.

Parâmetros claros ajudam a tranquilizar a criança

Primeiramente, transmitimos esses parâmetros por meio da nossa maneira de ser. As crianças e adolescentes não ouvem os discursos moralistas, pois isso lhes cansam e irritam. Entretanto, quando os pais se mostram acessíveis e disponíveis, a criança irá espontaneamente até eles com seus questionamentos, permitindo que as conversas sejam frutíferas e as respostas ouvidas.

A transmissão dos nossos valores e dos parâmetros que seguimos é feita essencialmente por meio do que somos, do que fazemos... Por osmose.

Quando a criança vê o pai ou a mãe lendo, e felizes por estarem aprendendo, compreendendo algo, a criança faz o mesmo. Se ela vive com um adulto que se interessa pelas coisas da vida, pelos outros, pelo mundo, assim ela será. Quando sua casa tem suas portas abertas para os familiares e colegas, a criança ouve os pais interagindo com o mundo, sobre o que viram, ouviram, gostaram ou não, ela percebe que existem diferentes pontos de vista, que é possível não concordar com algo e ainda assim manter laços. A criança está cercada pelo que há de melhor na vida, ou seja, a relação com outrem, a troca, a abertura de espírito, a cooperação, a amizade, o amor. Isso a levará a descobrir e entender a beleza do mundo ao seu redor e também sua complexidade.

O adulto é um jardineiro

Ser um jardineiro é uma arte. Significa ao mesmo tempo ter um conhecimento sobre algo e saber observar o que está ao redor, saber se adaptar. Um jardineiro ama a vida. Ele observa a natureza, cuida dela. Ele adora ver seu nascimento, seu crescimento, seu florescer.

O ser humano pode ser um jardineiro de sua própria vida e da vida que o cerca. Pacientemente, o jardineiro semeia, planta, conhece as características do solo, as plantas que se desenvolvem em conjunto e aquelas que precisam crescer separadamente. Ele testa e também ele erra. Ele é humilde, pois sabe que a vida depende do sol, da chuva, do vento, das doenças. E finalmente, quando a árvore, a planta, a flor emergem, desabrocham, ele fica maravilhado com tamanha beleza.

Quando nada cresce, ele sabe que a terra, o local, não era favorável ao que tinha sido plantado. Ele então recomeça, planta novamente em outro lugar, observando atenciosamente para tentar entender o que esta nova vida precisa para crescer e se desenvolver. Quando o ambiente é favorável, a planta finca suas raízes e floresce.

Quando o solo da infância é provido de amor incondicional, de confiança, de liberdade, a criança cresce com facilidade, com alegria, suas raízes são sólidas para atravessar as intempéries da vida. Quando os pais são os "jardineiros" de sua criança, eles são pacientes. Se tornar adulto exige anos. A criança precisa de muito tempo para se conhecer, para entender quem realmente é, para conhecer e entender as outras pessoas, compreender a complexidade do mundo, ter experiências, errar, aprender, fazer novas tentativas, sentir no seu íntimo o que lhe convém, o que lhe dará sentido na vida para crescer, se desenvolver e ser feliz.

O que é a parentalidade positiva?

A parentalidade positiva, conforme definido pelo Conselho da Europa, é um comportamento familiar que respeita o princípio do melhor interesse da criança e de seus direitos, de acordo com a Convenção das Nações Unidas relativa aos direitos da criança, e que também considera as necessidades e recursos de pais e mães. Pais e mães que seguem esse princípio, buscam o bem-estar de seu filho ou filha, promovem sua autonomia, guiam e reconhecem a criança como um indivíduo por inteiro. A parentalidade positiva não é uma parentalidade permissiva. Ela estabelece os limites que a criança precisa visando ajudá-la a se desenvolver plenamente. A parentalidade positiva respeita os direitos da criança e privilegia uma educação não violenta.

O conceito de parentalidade positiva está baseado em uma série de princípios fundamentais.[267] Pais e mães devem proporcionar para as crianças:

- *Uma educação afetiva* que atenda às suas necessidades de amor, afeto e segurança;
- *Uma estrutura e orientações* que possam lhe dar um sentimento de segurança, por meio de regras básicas da vida e determinando os limites desejados;
- *Um reconhecimento* por meio da escuta e valorização como indivíduos;
- *Uma autonomia* que permitirá que fortaleçam seu sentimento de competência e conduta;
- *Uma educação não violenta* que exclui toda forma de castigo físico ou humilhação psicológica; os castigos físicos constituem uma violação do direito da criança contra sua integridade física e dignidade como ser humano.

Resumindo, as crianças crescem mais saudáveis quando seus pais e mães:

- Demonstram seu amor e incentivo;

---

[267]. Para ver os documentos do Conselho da Europa, acesse: www.coe.int/t/dg3/family-policy/Source/Plaquette%20positive%20parenting%20Fra.pdf Em português: http://rm.coe.int/09000016806a45f1

- Passam tempo de qualidade juntos;
- Tentam compreender suas experiências de vida e comportamentos;
- Explicam as regras que devem respeitar;
- Elogiam o bom comportamento.

CONCLUSÃO

"Uma sociedade que preza por suas crianças, deve cuidar de seus pais e mães."

John Bowlby

Permito-me completar a citação de John Bowlby: "Uma sociedade que preza por suas crianças, deve cuidar de seus pais e mães" *mas também de todas as outras pessoas que interagem com a criança.*

Ao terminar este livro, vimos que os consideráveis progressos dos últimos anos sobre o funcionamento do cérebro afetivo e social modificam a forma como vemos as crianças. Eles nos questionam sobre a relação que temos com ela e enriquecem nossa reflexão sobre a educação.

Nosso cérebro é realmente "desenhado" para as interações humanas e para uma relação que considera plenamente toda a riqueza e complexidade do afeto, das emoções e dos sentimentos. Esse modo de relação "ideal" com a criança, respeitosa, empática, afetuosa, transforma as interações entre adultos e crianças, permite que o cérebro se desenvolva adequadamente e faz o ser humano prosperar.

Muitos adultos têm medo que esta forma de educar deixe as crianças indisciplinadas. Pelo contrário, se forem educadas com respeito, são muito mais respeitosas e atenciosas com relação às outras pessoas. Simplesmente, elas imitam os adultos que as cercam. Além disso, essa conduta não impede de forma alguma que os parâmetros e valores indispensáveis a todo ser humano sejam transmitidos.

Essas descobertas também evidenciam o quanto a criança é vulnerável e frágil ao longo de seu crescimento, sendo a gravidez e os primeiros anos de vida os períodos mais delicados. Durante a infância, as experiências vividas moldam, modificam profundamente o cérebro. O ambiente onde a criança vive influencia no desenvolvimento de seus neurônios, na mielinização, na densidade e nas conexões sinápticas, na formação de circuitos neuronais, no funcionamento de algumas estruturas cerebrais particularmente importantes, na secreção de moléculas do cérebro, na expressão de alguns genes, no funcionamento do eixo neuroendócrino que regula o estresse.

A privação afetiva é uma das formas mais nocivas de estresse nessa idade tão vulnerável. O bebê do ser humano precisa estar cercado de adultos empáticos que lhe mostram o caminho certo, que o criam em um ambiente caloroso, afetuoso, feito de respeito e lhe mostram como ter confiança em si e na vida.

Se desde a primeira infância a criança encontra apenas severidade, rigidez e desrespeito, o desenvolvimento de seu cérebro pode ser alterado e esse ambiente provocará efeitos negativos em suas capacidades cognitivas e afetivas em seu humor, com manifestações de ansiedade, depressão, agressividade que podem ser um freio em sua vida pessoal e social. A severidade física ou psicológica durante a infância reprime o bom desenvolvimento das crianças, possui repercussões na saúde física e psicológica na vida adulta e pode também deixar marcas para as gerações seguintes.

É um preço muito alto para a pessoa em si, pois ela sofre e não consegue se desenvolver plenamente, mas também para a sociedade como um todo que precisa assumir as dificuldades físicas e psicológicas por vezes importantes, as dificuldades de aprendizado e transtornos comportamentais que podem se transformar em atos agressivo, delinquência.

Esse tipo de conhecimento pode incomodar, surpreender e desaminar alguns leitores e leitoras. Mas será que tentar evoluir, mudar nossa relação com as crianças seria um objetivo inalcançável, utópico? Acredito que não. Esta forma de ser e de educar que permite que o cérebro se desenvolva melhor e possibilita que o ser humano evolua todas as suas potencialidades, já é um método adotado em alguns países e que nos mostram o caminho a ser seguido, um caminho possível.

Essas considerações nos confrontam a um grande desafio: como quebrar esse círculo de hábitos milenares? Para isso, é necessário tempo, reflexão, energia e confiança.

A humanidade avança passo a passo. Durante muitos séculos, dominar outrem era a regra: escravizar pessoas era normal, ter o direito de vida ou de morte de uma pessoa escravizada era normal, o comandante agredia seus soldados, um marido podia bater em sua esposa, os adultos batiam nas crianças. Quando no mundo inteiro as relações com as crianças forem de melhor qualidade, tanto nas famílias, quanto nas escolas e em outras estruturas de atendimento à infância, progressivamente as crianças, os adolescentes e os adultos se tornarão pessoas mais saudáveis.

Durante a gravidez, tudo o que contribui para que a mãe passe por essa etapa de maneira tranquila, é benéfico para o futuro da criança. Lembrando que o papel do cônjuge é essencial ao lado da mãe e da criança.

Com a chegada do bebê, é importante refletir sobre possíveis novas organizações da família.

O equilíbrio da vida familiar e do trabalho é algo primordial tanto para mulheres, quanto para homens que têm filhos(as).

Quando casais têm filhos(as), as licenças e cargas horárias de trabalho poderiam ser revistas tanto para as mulheres quanto para os homens. Os países nórdicos mostram que essa outra organização é possível e encorajam os homens a assumirem e dividirem com as mulheres a responsabilidade de criar a criança. A licença parental é ampliada e a carga horária de trabalho reorganizada para que ambos possam cuidar da criança nos primeiros anos de vida. Esse tipo de reorganização é efetuado sem nenhum prejuízo quanto à eficiência econômica desses países. Pais e mães ficam mais satisfeitos em sua vida familiar e mais disponíveis para o trabalho, e consequentemente essa satisfação ecoa em toda a sociedade.

Nas creches e escolas, mais treinamentos deveriam ser feitos e deveria haver um maior número de pessoal capacitado. É indispensável que as pessoas que trabalham com a primeira infância tenham mais conhecimento sobre as etapas evolutivas de uma criança nos planos afetivo e emocional. Além disso, cada adulto deveria ser responsável por uma pequena quantidade de crianças, permitindo que cada uma delas possa ser beneficiada de interações de qualidade. Isso é um investimento primordial para o futuro, tendo em vista que os primeiros anos de vida constituem uma base para o desenvolvimento do ser humano.

Promover a parentalidade positiva, aprender, fomentar as interações empáticas na escola e na família seria extremamente benéfico tanto para docentes, pais, mães e crianças, isso tornaria o clima em casa e nas escolas mais pacífico (fazendo o uso, por exemplo, da comunicação não violenta, abordagem Faber e Mazlisch etc.). Os finlandeses nos mostram um caminho viável para uma nova escola. Eles colaboraram com pesquisadores em neurociências sociais e afetivas e modificaram radicalmente suas práticas de ensino.[268] Dar atenção para a criança, transmitir confiança, encorajar, apoiar, demonstrar respeito e consideração por ela não é algo utópico, mas sim perfeitamente plausível se nos dedicarmos. A Finlândia criou uma atmosfera acolhedora, calorosa, amigável, sem tensões e favorável ao desenvolvimento da criança, logo, favorável ao seu processo de aprendizagem. Os resultados obtidos são incríveis. Tanto com relação ao bem-estar das crianças, que declaram ser felizes na escola, quanto nos resultados escolares, estando entre os primeiros nos *rankings* mundiais. Professores e professoras também se beneficiam dessa evolução, demonstrando que se sentem felizes e orgulhosos de seu papel na vida das crianças. O governo finlandês também não esqueceu de valorizar os docentes, nem seus salários.

O objetivo deste livro é trazer conhecimento, fomentar a reflexão e abrir novos espaços de proposições para que a relação adulto-criança melhore e consequentemente haja progresso na sociedade como um todo.

A criança fica bem e se desenvolve bem quando o adulto lhe mostra o caminho, é um modelo, não usa relações de dominação física ou verbal com ela, mas sim nutre uma relação afetuosa e empática. Provavelmente, ainda será necessário um certo tempo para que todo esse conhecimento seja disseminado e faça com que muitos hábitos culturais evoluam. Esse conhecimento não torna o papel do adulto mais simples, mas o torna mais consciente e responsável de suas atitudes com as crianças.

A criança aprende desde cedo como viver relações afetivas e sociais de forma saudável. Tendo recebido o respeito e o carinho

---

268. Cozolino, 2013.

indispensáveis para crescer, ela poderá dividir o mesmo com as pessoas à sua volta e posteriormente com seus próprios filhos e filhas.

Gostaria de agradecer imensamente a todos e todas que contribuíram com a gestação e a criação deste livro:

Jeanne Barzilaï-Boratav, minha editora, por sua disponibilidade, sua eficiência, seu afeto e seu apoio;

Meu amigo Arnaud Deroo por sua curiosidade, sua generosidade, seu entusiasmo;

Isabelle Filliozat que me incentivou a escrever e releu parte do meu texto;

Thomas d'Ansembourg pelo que ele é, pelo que me transmitiu e por seu belíssimo prefácio;

Olivier Maurel por seus livros que tanto me ensinaram;

Jacqueline Cornet, pediatra, com minha mais fraterna e profunda gratidão por ter sido a primeira na França a nos abrir os olhos sobre a violência educativa ordinária e ter fundado a associação *Ni claques, ni fessées*;

Sempé, que me emocionou com seu livro *Enfances*, de onde foi tirado o belo desenho que ilustra a capa deste livro;

Todos os meus familiares, amigos e amigas que me enriqueceram com suas perguntas e comentários: Xavier Préel, Bernard e Merete Préel, Christine Casler, Frédérique Fosse, Anne Kempf, Brigitte Munch e Jean-Michel Besnier.

BIBLIOGRAFIA

Afifi T. O. *et al.* (2011), "Resilience following child maltreatment: A review of protective factors", *Canadian Journal of Psychiatry*, May, 56 (5), p. 266-272.

_____. (2012), "Physical punishment and mental disorders: Results from a nationally representative US sample", *Pediatrics*, 130 (2), p. 184-192.

Allman J. *et al.* (2001), "The anterior cingulate cortex: The evolution of an interface between emotion and cognition", *Annals of the New York Academy of Sciences*, 935, p. 107-117.

_____. (2011), "The von Economo neurons in the frontoinsular and anterior cingulate cortex", *Annals of the New York Academy of Sciences*, 1225, p. 59-71.

Andari E. (2010), "Promoting social behavior with oxytocin in high-functionning autism spectrum disorders", *Proceedings of the National Academy of Sciences*, USA, 107, p. 4389-4394.

Antier E. (2010), *L'Autorité sans fessées*, Paris, Robert Laffont.

Atzil S. (2011), "Specifying the neurobiological basis of human attachment: Brain, hormones, and behavior in synchronous and intrusive mothers", *Neuropsychopharmacology*, 36, p. 2603-2615.

Bakermans-Kranenburg M. J. *et al.* (2007), "Research review: Genetic vulnerability or differential susceptibility in child development: The case of attachment", *Journal of Child Psychology and Psychiatry*, 48, p. 1160-1173.

_____. (2008), "Ocytocin receptor and serotonin transporter genes associated with observed parenting", *Social Cognitive and Affective Neuroscience*, 3, p. 128-134.

Bangasser D. A. *et al.* (2010), "Critical brain circuits at the intersection between stress and learning", *Neuroscience and Behavioral Reviews*, July, 34 (8), p. 1223-1233.

Bar-on M. E. (1999), "Turning off the television", *British Medical Journal*, April 24, 318 (7191), p. 1152.

_____. (2003), "Exploring the neurological substrate of emotional and social intelligence", *Brain*, 126 (8), p. 1790-1800.

Barraza J. A. *et al.* (2009), "Empathy toward strangers triggers oxytocin release and subsequent generosity", *Annals of the New York Academy of Sciences*, June, 1167, p. 182-189.

_____. (2011), "Oxytocin infusion increases charitable donations regardless of monetary resources", *Hormones and Behavior*, July, 60 (2), p. 148-151.

_____. and Fleming A. (2011), "Annual research review: All mothers are not created equal: Neural and psychobiological perspectives on mothering and the importance of individual differences", *Journal of Child Psychology and Psychiatry*, 52 (4), p. 368-397.

Bartels A. and Zeki S. (2004), "The neural correlates of maternal and romantic love", *Neuroimage*, 21, p. 1155-1166.

Bartz J. A. *et al.* (2010), "Effects of oxytocin on recollections of maternal care and closeness", Proc Natl Acad Sci USA, 14, 107 (50), p. 21371-21375.

Baumgartner T. *et al.* (2008), "Oxytocin shapes the neural circuitry of trust and trust adaptation in humans", *Neuron*, 58, p. 639-650.

Beatson J. *et al.* (2003), "Predisposition to depression: The role of attachment", *The Australian and New Zealand Journal of Psychiatry*, 37 (2), p. 219-225.

Belsky J. and de Haan M (2011), "Annual research review: Parenting and children's brain development: The end of the beginning", *Journal of Child Psychology and Psychiatry*, 52 (4), p. 409-428.

Benekareddy M. *et al.* (2010), "Enhanced function of prefrontal serotonin 5-HT (2) receptors in a rat model of psychiatric vulnerability", *J. Neurosc.*, 8, 30 (36), p. 12138-12150.

Benekareddy M. *et al.* (2011), "Postnatal serotonin type 2 receptor blockade prevents the emergence of anxiety behavior, dysregulated stress-induced immediate early gene responses, and specific transcriptional changes that arise following early life stress", *Biological Psychiatry*, Dec 1, 70 (11), p. 1024-32.

Bergman N. J. *et al.* (2004), "Randomized controlled trial of skin to skin contact from birth versus conventional incubator for physical stabilization in 1200 to 2199 gram newborns", Acta Pediatrica, 93, p. 779-785.

Bickart K. C. *et al.* (2011), "Amygdala volume and social network size in humans", *Nature Neuroscience*, 14 (2), p. 163-164.

Blakemore S. J. (2008), "The social brain in adolescence", *Nature Reviews Neuroscience*, 9, p. 267-277.

Bos K. *et al.* (2010), "Stereotypies in children with a history of early institutional care", *Archives of Pediatrics and Adolescent Medicine*, 164, p. 406-411.

Branchi I. *et al.* (2013), "Early interactions with mother and peers independently build adult social skills and shape BDNF and oxytocin receptor brain levels", *Psychoneuroendocrinology*, 38, p. 522-532.

Brink T. T. *et al.* (2011), "The role of orbitofrontal cortex in processing empathy stories in 4-to-8-year-old children", *Frontiers in Psychology*, 2 (80), p. 1-16.

Bruce J. *et al.* (2009), "Morning cortisol levels in preschool-aged foster children: Differential effects of maltreatment type", *Development Psychobiology*, 51, p. 14-23.

Bush G. *et al.* (2002), "Dorsal anterior cingulated cortex: A role of reward-based decision making", Proceedings of the National Academy of Sciences, USA, 99, p. 523-528.

Cacioppo J. T. and Decety J. (2011), "Social neuroscience: Challenges and opportunities in the study of complex behavior", *Annals of the New York Academy of Sciences*, 1224, p. 162-173.

_____. (2011), "Social isolation", *Annals of the New York Academy of Sciences*, August, 1231 (1), p. 17-22.

Cattaneo L. and Rizzolatti G. (2009), "The mirror neuron system"

Archives of Neurology, May, 66 (5), p. 557-560.

Champagne F. *et al.* (2001), "Like mother, like daughter: Evidence for non-genomic transmission of parental behavior and stress responsivity", *Progress in Brain Research*, 133, p. 287-302.

_____. *et al.* (2001), "Naturally occurring variations in maternal behavior in the rat are associated with differences in estrogeninducible central oxytocin receptors", *Proceedings of the National Academy of Sciences*, USA, 98, p. 12736-12741.

_____. and Meaney M. J. (2007), "Effects of social environnement on variations in maternal care and behavioral response to novelty", *Behavioral Neuroscience*, 121, p. 1353-1363.

_____. (2008), "Epigenetic mechanisms and the transgenerational effects of maternal care", *Frontiers in Neuroendocrinology*, June, 29 (3), p. 386-397.

_____. *et al.* (2008), "Maternal care and hippocampal plasticity: Evidence for experience-dependent structural plasticity, altered synaptic functioning, and differential responsiveness to glucocorticoids and stress", *The Journal of Neuroscience*, June 4, 28 (23), p. 6037-6045.

_____. (2009), "Epigenetic mechanisms mediating the long-term effects of maternal care on development", *Neuroscience and Behavioral Reviews*, April, 33 (4), p. 593-600.

Choi J. *et al.* (2009), "Preliminary evidence for white matter tract abnormalities in young adults exposed to parental verbal abuse", *Biol Psychiatry*, February 1,65 (3), p. 227-234.

_____. (2012), "Reduced fractional anisotropy in the visual limbic pathway of young adults witnessing domestic violence in child hood", *Neuroimage*, 59, p. 1071-1079.

Chugani H. *et al.* (2001), "Local brain functional activity following early deprivation: A study of post institutionalized Romanians orphans", *Neuroimage*, 14, p. 1290 -1301.

Claessens S. E. *et al.* (2011), "Development of individual differences in stress responsiveness: An overview of factors mediating the outcome of early life experiences", *Psychopharmacology (Berlin)*, March, 214 (1), p. 141-154.

Coccaro E. F. *et al.* (2011), "Corticolimbic function in impulsive aggressive behavior", *Biological Psychiatry*, June 15, 69 (12),p. 1153-1159.

Cozolino L. (2006), *The Neuroscience of Human Relationships: Attachment and the Developing Social Brain*, New York.

_____. (2013), *The Social Neuroscience of Education: Optimizing Attachment and Learning in the Classroom*, New York.

Craig A. D. (2004), "Human feelings: Why are some more aware than others?", *Trends in Cognitive Science*, 8, p. 239-241.

_____. (2009), "How do you feel – now? The anterior insula and human awareness", *Nature Rewiew Neuroscience*, 10, p. 59-70.

Creswell D. *et al.* (2007), "Neural correlates of dispositional mindfulness during affect labeling", Psychosomatic Medicine, 69, p. 560-565.

Critchley H. D. *et al.* (2004), "Neural systems supporting interoceptive awareness", *Nature Neuroscience,* 7, p. 189-195.

Curley J. P. *et al.* (2011), "Social influences on neurobiology and behavior epigenetics effects during development", *Psychoneuroendocrinology,* 36 (3), p. 352-371.

Cyranowski J. M. *et al.* (2008), "Evidence of dysregulated peripheral oxytocin release among depressed women", *Psychosomatic Medicine*, November, 70 (9), p. 967-975.

Damasio A. (1995), *L'Erreur de Descartes*, Paris, Odile Jacob. Damasio A. (2003*)*, *Spinoza avait raison*, Paris, Odile Jacob.

Dannlowski U. *et al.* (2012), "Limbic scars: Long-term consequences of childhood maltreatment revealed by functional and structural magnetic resonance imaging", *Biological Psychiatry*, February 15, 71 (4), p. 286-293.

Daskalakis N. *et al.* (2013), "The three-hit concept of vulnerability and resilience: Toward understanding adaptation to early-life adversity outcome", *Psychoneuroendocrinology*, 38, p. 1858-1873.

Davidson R. J. (2000), "Affective style, psychopathology, and resilience: Brain mechanisms and plasticity", *American Psychologist*, 55 (11), p. 1196-1214.

_____. *et al.* (2000), "Emotion, plasticity, context and regulation: Perspectives from affective neuroscience", *Psychological Bulletin*, 126, p. 890-909.

_____. (2003), "Affective neuroscience and psychophysiology: Toward a synthesis", *Psychophysiology*, 40 (5), p. 6555-6565.

_____. (2012), "Social influences on neuroplasticity: Stress and interventions to promote well-being", *Nature Neuroscience*, 15, 5, p. 689-695.

Davis K. L. and Panksepp J. (2011), "The brain's emotional foundations of human personality and the affective neuroscience personality scales", *Neuroscience and Behavioral Reviews*, October, 35 (9), p. 1946-1958.

Decety J. (2008), "Who caused the pain? An functional MRI investigation of empathy and intentionality in children", *Neuropsychologie*, 46, p. 2607-2614.

_____. (2010), "The neurodevelopment of empathy in humans", *Developmental Neuroscience*, 32 (4), p. 257-67.

_____. (2010), "Mécanismes neurophysiologiques impliqués dans l'empathie et la sympathie", Revue de neuropsychologie, 2 (2), p. 133-144.

_____. (2011), "The contribution of emotion and cogniton to moral sensitivity: A neurodevelopmental study", *Cerebral Cortex*, May 26, p. 1-12.

_____. (2011), "The neuroevolution of empathy", *Annals of the New York Academy of Sciences*, 1231(1), p. 35-45.

_____. (2012), "A neurobehavioral evolutionary perspective

on the mechanisms underlying empathy", *Progress in Neurobiology*, 98, p. 38-48.

Declerck C. H. *et al.* (2010), "Oxytocin and cooperation under conditions of uncertainty: The modulating role of incentives and social information", *Hormones and Behavior*, March, 57(3), p. 368-374.

De Dreu C. K. W. *et al.* (2010), "The neuropeptide oxytocin regulates parochial altruism in intergroup conflict among humans", *Science*, June 11, 328 (5894), p. 1408-1411.

Desmurget M. (2012), *TV lobotomie*, Paris, Max Milo Éditions.

Dieter J. N. *et al.* (2003), "Stable preterm infants gain more weight and sleep less after five days of massage therapy", Journal of Pediatrics Psychology, 28, p. 403-411.

Ditzen B. (2009), "Intranasal oxytocin increases positive communication and reduces cortisols level during couple conflict", *Biological Psychiatry*, 65, p. 728-731.

Domes G. (2007), "Oxytocin improves "mind reading" in humans", *Biological Psychiatry*, 61, p. 731-733.

Dunbar R. I. M. and Shultz S. (2007), "Evolution in social brain", *Science*, 317, p. 1344-1347.

Ebstein R. P. *et al.* (2009), "Arginine vasopressin and oxytocin modulate human social behavior", *Annals of the New York Academy of Sciences*, June, 1167, p. 87-102.

Eisenberg N. (2000), "Emotion, regulation, and moral development", *Annal Review of Psychology*, 51, p. 665-697.

_____. (2009), "Empathic responding: Sympathy and personal distress", in J. Decety *et al.*, *The Social Neuroscience of Empathy*, Cambridge (Ma), MIT Press., p. 71-83.

_____. (2010), "Empathy-related responding: Associations with prosocial behavior, aggression, and intergroup relations", *Social Issues and Policy Review*, 2010 December 1, 4 (1), p. 143-180.

_____. and Lieberman M. (2004), "Why rejection hurts: A common neuron alarm system for physical and social pain", *Trends in Cognitive Sciences*, July, 8 (7), p. 294-300.

_____. (2012), "The neural bases of social pain: Evidence for shared representations with physical pain", *Psychosomatic Medicine*, 2012 February, 74 (2), p. 126-135.

Elizuya B. *et al.* (2005), "Cortisol: Induced impairments of working memory requires acute sympathetic activation", *Behavioral Neuroscience*, February, 119 (1), p. 98-103.

Fainsilber L. (2002), "Hostility, hostile detachment and conflict engagement in marriages: Effects on child and family functioning", *Child Development*, 73, p. 636-652.

Feldman R. *et al.* (2006) "Microregulatory patterns of family interactions: Cultural pathways to toddlers' self-regulation", *Journal of Family Psychology*, 20, p. 614-623.

_____. (2007), "Parent-infant synchrony and the construction of shared timing: Physiological precursors, developmental outcomes, and risk conditions", *Journal of Child Psychology and Psychiatry*, March-April, 48 (3-4), p. 329-354.

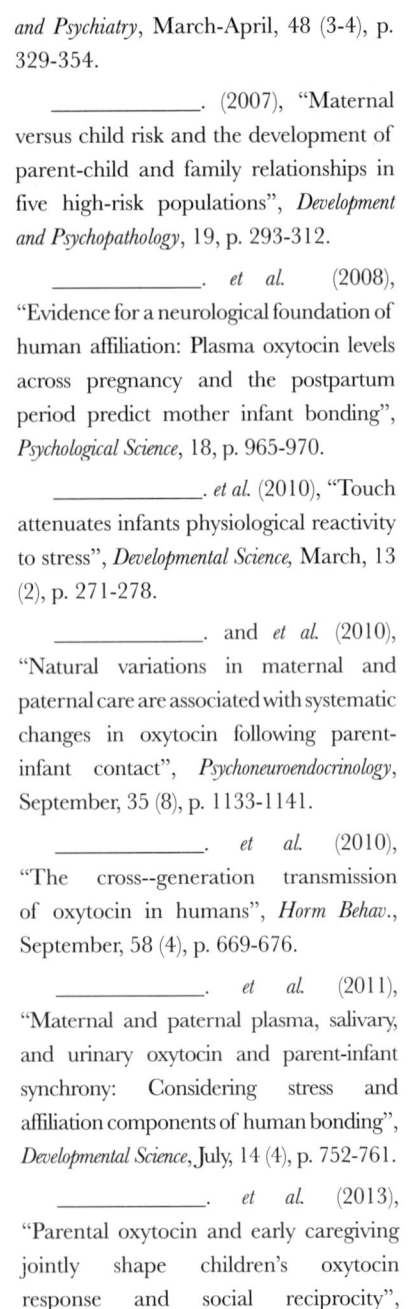

_____. (2007), "Maternal versus child risk and the development of parent-child and family relationships in five high-risk populations", *Development and Psychopathology*, 19, p. 293-312.

_____. *et al.* (2008), "Evidence for a neurological foundation of human affiliation: Plasma oxytocin levels across pregnancy and the postpartum period predict mother infant bonding", *Psychological Science*, 18, p. 965-970.

_____. *et al.* (2010), "Touch attenuates infants physiological reactivity to stress", *Developmental Science*, March, 13 (2), p. 271-278.

_____. and *et al.* (2010), "Natural variations in maternal and paternal care are associated with systematic changes in oxytocin following parent-infant contact", *Psychoneuroendocrinology*, September, 35 (8), p. 1133-1141.

_____. *et al.* (2010), "The cross--generation transmission of oxytocin in humans", *Horm Behav.*, September, 58 (4), p. 669-676.

_____. *et al.* (2011), "Maternal and paternal plasma, salivary, and urinary oxytocin and parent-infant synchrony: Considering stress and affiliation components of human bonding", *Developmental Science*, July, 14 (4), p. 752-761.

_____. *et al.* (2013), "Parental oxytocin and early caregiving jointly shape children's oxytocin response and social reciprocity", *Neuropsychopharmacology*, 38, p. 1154-1162.

Ferguson C. *et al.* (2012), "A longitudinal test of video game violence influences on dating and aggression: A 3-year longitudinal study of adolescents", *Journal of Psychiatric Research*, 46, p. 141-146.

Field T. (2002), "Violence and touch deprivation in adolescents", *Adolescence*, 37, p. 745-749.

Fox S. E. *et al.* (2010), "How the timing and the quality of early experience influence the development of brain structure", *Child Development*, 81 (1), p. 28-40.

Fries A. B. *et al.* (2005), "Early experience in humans is associated with changes in neuropeptides critical for regulating social behavior", Proceedings of the National Academy of Sciences, USA, 102, p. 17237-17240.

Frodl T. *et al.* (2010), "Interaction of childhood stress with hippocampus and prefrontal cortex volume reduction in major depression", *Journal of Psychiatry Research*, October, 44 (13), p. 799-807.

Gershoff E. T. (2002), "Corporal punishment by parents and associated child behaviors and experiences: A meta-analytic and theoretical review", *Psychological Bulletin*, July, 128 (4), p. 539-579.

_____. *et al.* (2012), "Longitudinal links between spanking and children's externalizing behaviors in a national sample of White, Black, Hispanic, and Asian American families", *Child Development*, 83 (3), p. 838-843.

Gilbert R. (2009), "Burden and consequences of child maltreatment in high-come countries", *Lancet*, 373, p. 68-81.

Giuliani N. R. and Gross J. J. (2009), "*Reappraisal*", in Sander and K. Schefer (dir.) *Oxford Companion to the Affective Sciences*, New York, Oxford University Press.

Glover V. (2011), "Annual research review: Prenatal stress and the origins of psychopathology: An evolutionary perspective", *Journal of Child Psychology and Psychiatry*, 52 (4), p. 356-367.

Goleman D. (2006), *Social Intelligence*, New York, Bantam.

──────────. (2009), *L'Intelligence émotionnelle*, Paris, Robert Laffont.

Gordon I. *et al.* (2008), "Synchrony in the triad: A microlevel process model of co--parenting and parent-child interactions", *Family Process*, 47, p. 465-479.

Gordon I. *et al.* (2010), "Ocytocin and the development of parenting in humans", *Biological Psychiatry*, August 15, 68 (4), p. 377-382.

──────────. (2010), "Oxytocin, cortisol, and triadic family interactions", *Physiol Behav*, December, 101 (5), p. 679-684.

──────────. *et al.* (2003), "Roots of empathy: Responsive parenting, caring, societies", The Keio Journal of Medicine, December, 52 (4), p. 236-243.

──────────. *et al.* (2003), "Socially-induced brain "fertilization": Play promotes brain derived neurotrophic factor transcription in the amygdale and dorsolateral frontal cortex in juvenile rats", *Neurosciences Letters*, April 24, 341 (1), p. 17-20.

Gotgay N. *et al.* (2004), "Dynamic mapping of human cortical development during childhood through early adult", *Proceedings of the National Academy of Sciences, USA*, 101, p. 8174-8179.

Guastella A. J. (2008), "Oxytocin increase gaze to the eye region in human faces", *Biological Psychiatry*, 63, p. 3-5.

Gubernick D. J. *et al.* (1995), "Oxytocin changes in males over thereproductive cycle in the monogamous, biparental California mouse, Peromyscus californicus", *Hormones and Behavior*, March, 29 (1), p. 59-73.

Gueguen C. (2010), "Sein ou biberon: qu'est-ce qui motive les femmes?", in R. Frydman et M. Szejer (dir.), *La Naissance*, Paris, Albin Michel, p. 1083-1089.

Gunnar M. R. (2009), "Moderate versus severe early life stress: Associations with stress reactivity and regulation in 10-12-year-old children", *Psychoneuroendocrinol*, 34 (1), p. 62-75.

Habib K. *et al.* (2001), "Neuroendocrinology of stress: Endocrinology and metabolism", *Clinics of North America*, September, p. 695- 728.

Hamlin K. J. *et al.* (2007), "Social evaluation by preverbal infants", *Nature*, 450, p. 557-559.

──────────. *et al.* (2010), "Three--month-olds show a negativity bias in their social evaluations", *Developmental Science*, November 13, (6), p. 923-9219.

──────────. *et al.* (2011), "Young infants prefer prosocial to antisocial others ", *Cognitive Development*, January, 26 (1), p. 30-39.

──────────. *et al.* (2011), "How infants and toddlers react to antisocial others", *Proceedings of the National Academy of Sciences, USA*, December 13, 108 (50), p. 19931-19936.

Handlin L. *et al.* (2009), "Effects of sucking and skin-to-skin contact on maternal ACTH and cortisol levels during the second day postpartum-influence of epidural analgesia and oxytocin in the perinatal period", *Breastfeeding Medicine*, December, 4 (4), p. 207-220.

Hanson J. *et al.* (2010), "Early stress is associated with alterations in the orbitofrontal cortex: A tensor-based morphometry investigation of brain structure and behavioral risk", *Journal of Neuroscience*, 30 (22), p. 7466-7472.

Hariri A. R. *et al.* (2000), "Modulating emotional responses: Effects of a neocortical network on the limbic system", *Neuroreport*, 8, p. 11-43.

Harpaz I. *et al.* (2013), "Chronic exposure to stress predisposes to higher autoimmune susceptibility in C57BL/6 mice: Glucocorticoids as a double-edged sword", *European Journal of Immunology*, 43 (3), p. 570-851.

Hart H. *et al.* (2012), "Neuroimaging of child abuse: A critical review", *Frontiers in Human Neuroscience*, 6 (52), p. 1-24.

Hawkley *et al.* (2003), "Loneliness in everyday life: Cardiovascular activity, psychosocial context and health behavior", *Journal of Personality and Social Psychology*, 85, p. 105-120.

Heim C. (2009), "Lower CSF oxytocin concentrations in women with a history of childhood abuse", *Molecular Psychiatry*, 14, p. 954- 958.

Heinrichs M. and Domes G. (2008), "Neuropeptides and social behavior: Effects of oxytocin and vasopressin in humans", *Progress In Brain Research*, 170, p. 337-350.

Insel T. R. (1997), "A neurobiological basis of social attachment", *The American Journal of Psychiatry*, 154, p. 726-735.

_____. (2003), "Is social attachment an addictive disorder", *Physiology and Behavior*, 79, p. 351-357.

Kalin N. H. *et al.* (1995), "Opiate systems in mother and infant primates coordinate intimate contact during reunion", *Psychoneuroendocrinology*, 20 (7), p. 735-742.

Kim P. *et al.* (2011), "Breastfeeding, brain activation to own infant cry, and maternal sensitivity", *Journal of Child Psychology and Psychiatry*, August, 52 (8), p. 907-915.

Kirsch P. (2005), "Ocytocin modulates neural circuitry for social cognition and fear in humans", *The Journal of Neuroscience*, 25, p. 11489-11493.

Koenisberg H. W. *et al.* (2010), "Neural correlates of using distancing to regulate emotional responses to social situations", *Neuropsychologia*, 48 (6), p. 1813-1822.

Kofink D. *et al.* (2013), "Epigentics dynamics in psychiatrics disorders: Environnemental programming of neurodevelopmental processes", *Neuroscience and Biobehavioral Reviews*, 37 (5), p. 831-845.

Korosi A. (2012), "Early-life stress mediated modulation of adult neurogenesis and behavior", *Behavioural Brain Research*, 227 (2012), p. 400-409.

Kosfeld M. (2005), "Ocytocin increase trust in humans", *Nature*, 435, p. 673-676.

Kringelbach M. L. *et al.* (2005), "The human orbitofrontal cortex: Linking reward to hedonic experience", *Nature Reviews Neuroscience*, 6, p. 691-702.

Kundakovic M. *et al.* (2013), "Sex--specific and strain-dependent effects of early life adversity on behavioral and epigenetic outcomes", *Front Psychiatry*, 4, p. 78.

Lamm C. and Singer T. (2010), "The role of anterior insular cortex in social emotions", *Brain Structure and Function*, June, 214 (5-6), p. 579-591.

_____. *et al.* (2009), "How do we empathize with someone who is not like us? A functional magnetic resonance imaging study", *Journal of Cognitive Neuroscience*, February, 22 (2), p. 362-376.

LeDoux J. (2002), "The emotional brain fear, and the amygdale",*Celular and Molecular Neurobiology*, 23 (4-5), p. 727-738. LeDoux J. (2005), *Le Cerveau des émotions*, Paris, Odile Jacob.

Levine A. *et al.* (2007), "Oxytocin during pregnancy and early postpartum: Individual patterns and maternal-fetal attachment", *Peptides*, 28, p. 1162-1169.

Lewis M. (2011), *Encyclopedia on Early Childhood Development*, CEECD:SKC-ECD.

Lewis P. A. *et al.* (2011), "Ventromedial prefrontal volume predicts understanding of others and social network size", *Neuroimage*, 57, p. 1624-1629.

Lieberman M. D. *et al.* (2007), "Putting feelings into words: Affect labeling disrupts amygdale activity in response to activity stimuli", *Psychological Science*, 18, p. 421-428.

Light K. C. (2000), "Oxytocin responsivity in mothers of infants: a pre- liminary study of relationships with blood pressure during laboratory stress and normal activity", *Heath Psychology*, 19, p. 560-567.

Light K. C. (2004), "Deficits in plasma oxytocin responses and increase negative affect, stress, and blood pressure in mothers cocaine exposure during pregnancy", *Addictive Behaviors*, 29, p. 1541-1564.

Luby J. L. *et al.* (2012), "Maternal support in early childhood predicts larger hippocampal volumes at school age", *Proceedings of the National Academy of Sciences, USA*, 109 (8), p. 2854-2859.

MacDonald E. *et al.* (2011), "A review of safety, side-effects and subjective reactions to intranasal oxytocin in human research", *Psychoneuroendocrology*, 36, p. 1114-1126.

Mac Lean P. D. (1985), "Brain evolution relating to family, play, and the separation call", *Archives of General Psychiatry*, 42, p. 405- 417.

Maestripieri D. *et al.* (2006), "Influence of parenting style on the offspring's behavior and CSF momoamine metabolite levels in cross-fostered and noncrossfostered female rhesus macaque", *Behav Brain Res*, 175, p. 90-95.

_____. (2009), "Mother--infant interactions in free-ranging rhesus macaques: Relation-ships between physiological and behavioral variables", *Physiology and Behavior*, 96, p. 613-619.

Maguire-Jack K. *et al.* (2012), "Spanking and child development during the first 5 years of life", *Child Development*, 83 (6), p. 1960-1977.

Manganello J. A. *et al.* (2009), "Television exposure as a risk factor for aggressive behavior among 3-year-old children", *Archives of Pediatrics and Adolescent Medicine*, November, 163 (11), p. 1037-1045.

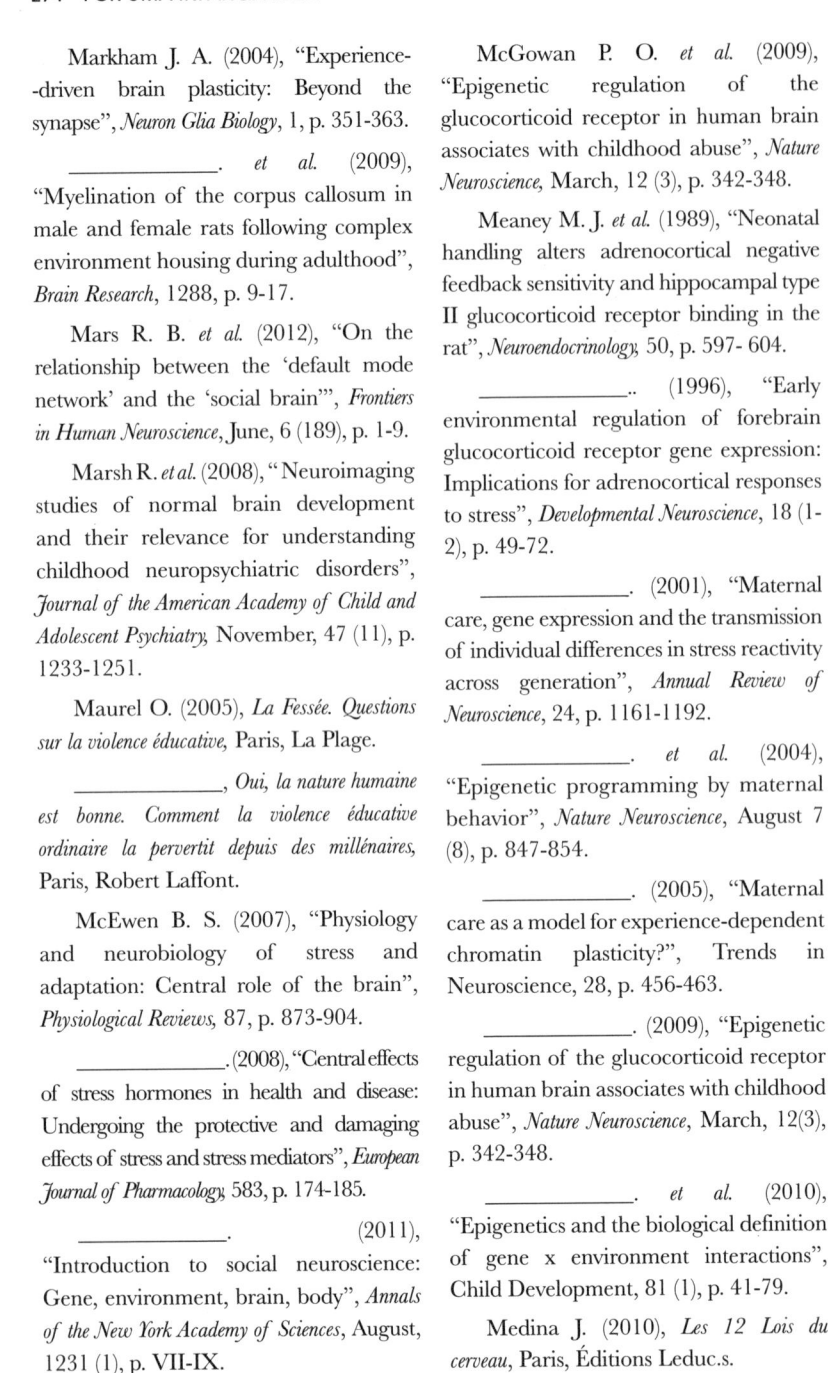

Markham J. A. (2004), "Experience--driven brain plasticity: Beyond the synapse", *Neuron Glia Biology*, 1, p. 351-363.

_____. *et al.* (2009), "Myelination of the corpus callosum in male and female rats following complex environment housing during adulthood", *Brain Research*, 1288, p. 9-17.

Mars R. B. *et al.* (2012), "On the relationship between the 'default mode network' and the 'social brain'", *Frontiers in Human Neuroscience*, June, 6 (189), p. 1-9.

Marsh R. *et al.* (2008), " Neuroimaging studies of normal brain development and their relevance for understanding childhood neuropsychiatric disorders", *Journal of the American Academy of Child and Adolescent Psychiatry*, November, 47 (11), p. 1233-1251.

Maurel O. (2005), *La Fessée. Questions sur la violence éducative*, Paris, La Plage.

_____, *Oui, la nature humaine est bonne. Comment la violence éducative ordinaire la pervertit depuis des millénaires*, Paris, Robert Laffont.

McEwen B. S. (2007), "Physiology and neurobiology of stress and adaptation: Central role of the brain", *Physiological Reviews*, 87, p. 873-904.

_____. (2008), "Central effects of stress hormones in health and disease: Undergoing the protective and damaging effects of stress and stress mediators", *European Journal of Pharmacology*, 583, p. 174-185.

_____. (2011), "Introduction to social neuroscience: Gene, environment, brain, body", *Annals of the New York Academy of Sciences*, August, 1231 (1), p. VII-IX.

McGowan P. O. *et al.* (2009), "Epigenetic regulation of the glucocorticoid receptor in human brain associates with childhood abuse", *Nature Neuroscience*, March, 12 (3), p. 342-348.

Meaney M. J. *et al.* (1989), "Neonatal handling alters adrenocortical negative feedback sensitivity and hippocampal type II glucocorticoid receptor binding in the rat", *Neuroendocrinology*, 50, p. 597- 604.

_____.. (1996), "Early environmental regulation of forebrain glucocorticoid receptor gene expression: Implications for adrenocortical responses to stress", *Developmental Neuroscience*, 18 (1-2), p. 49-72.

_____. (2001), "Maternal care, gene expression and the transmission of individual differences in stress reactivity across generation", *Annual Review of Neuroscience*, 24, p. 1161-1192.

_____. *et al.* (2004), "Epigenetic programming by maternal behavior", *Nature Neuroscience*, August 7 (8), p. 847-854.

_____. (2005), "Maternal care as a model for experience-dependent chromatin plasticity?", *Trends in Neuroscience*, 28, p. 456-463.

_____. (2009), "Epigenetic regulation of the glucocorticoid receptor in human brain associates with childhood abuse", *Nature Neuroscience*, March, 12(3), p. 342-348.

_____. *et al.* (2010), "Epigenetics and the biological definition of gene x environment interactions", *Child Development*, 81 (1), p. 41-79.

Medina J. (2010), *Les 12 Lois du cerveau*, Paris, Éditions Leduc.s.

Meltzer-Brody S. (2011), "Perinatal depression: Pathogenesis and treatent", *Dialogues in Clinical Neuroscience*, 13, 1, p. 89-100.

Miller A. (1986), *L'Enfant sous la terreur*, Paris, Aubier, Flammarion. Miller A. (2004), *Notre corps ne ment jamais*, Paris, Flammarion.

_____. (2005), "News neurons strive to fit in", *Science*, 311, p. 938- 940.

Mol J. *et al.* (2002), "The neural of correlates of moral sensitivity: A functional magnetic resonance imaging investigation of basic and moral emotions", *The Journal of Neuroscience*, 22, p. 730-2736.

Molenberghs P. *et al.* (2012), "Brain regions with mirror properties: A meta-analysis of 125 human fMRI studies", *Neuroscience and Behavioral Rewiew*, January, 36 (1), 341-349.

Murgatroyd C. and Spengler D. (2011), "Epigenetics of early child development", *Front Psychiatry*, 2 (16).

Narvaez D. *et al.* (2013), *Evolution, Early Experience and Human Development*, New York, Oxford University Press.

Nelson E. E. *et al.* (2011), "The development of the ventral prefrontal cortex and socialflexibility", *Developmental Cognitive Neuroscience*, July 1, 1 (3) p. 233-245.

Nitschke J. B. *et al.* (2004), "Orbitofrontal cortex tracks positive mood in mothers viewing pictures of their newborn infants", *Neuroimage*, February, 21 (2), p. 583-592.

Nowakowski R. S. (2006), "Stable neuron numbers from cradle to grave", *Proceedings of the National Academy of Sciences, USA*, 103, p. 12219-12220.

Nummenmaa L. *et al.* (2008), "Is emotional contagion special? An fMRI study on neural systems for affective and cognitive empathy", *Neuroimage*, Novembern 15, 43 (3), p. 571-580.

Onishi K. *et al.* (2005), "Do 15-month--old infants understand false beliefs?", *Science*, 8, 308 (5719), p. 255-258.

Onozawa K. *et al.* (2001), "Infant massage improve mother-infant interaction for mothers with postnatal depression", *Journal of Affective Disorders*, 63, p. 201-207.

Panksepp J. (1998), *Affective Neuroscience*, New York, Oxford University Press, p. 54.

_____. (1998), *Love and the Social Bond in Affective Neuroscience*, New York, Oxford University Press, chap. 13.

_____. *et al.* (2002), "Empathy and the action-perception resonances of basic socio-emotional system of the brain", *Behavorial and Brain Sciences*, 25, p. 43-44.

_____. (2011), "Cross-species affective neuroscience decoding of the primal affective experiences of humans and related animals", *Plos One*, 6 (9), e21236.

Parsons C. E. *et al.* (2010), "The functional neuroanatomy of the evolving parent-infant relationship", *Progress in Neurobiology*, July, 91 (3), p. 220-241.

Perlman S. B. *et al.* (2011), "Developing connections for affective regulation: Age-related changes in emotional brain connectivity", *Journal of Experimental Child Psychology*, 108 (3), p. 607-620.

Petrovic P. *et al.* (2008), "Oxytocin attenuates affective evaluations of conditioned faces and amygdala activity", *The Journal of Neuroscience*, 25, 28 (26), p. 6607-6615.

Powell J. L. *et al.* (2010), "Orbital prefrontal cortex volume correlates with social cognitive competence", Neuropsychologia, 48, p. 3554-3562.

Qin S. *et al.* (2012), "Immature integration and segregation of emotion related brain circuitry in young children", *Proceedings of the National Academy of Sciences, USA*, 15, 109 (20), p. 7941-7946.

Rempel-Clower N. L. (2007), "Role of orbitofrontalcortex connections in emotion", *Annals of the New York Academy of Sciences*, 1121, p. 72-86.

Riem M. M. *et al.* (2011), "Oxytocin modulates amygdale, insula, and inferior frontal gyrus responses to infant crying: a randomized controlled trial", *Biological Psychiatry*, 70, p. 291-297.

Rimmele U. (2009), "Oxytocin makes a face in memory familiar", *The Journal of Neuroscience*, 29, p. 38-42.

Rosenberg M. (1999), *Les mots sont des fenêtres (ou bien ce sont des murs)*, Paris, La Découverte.

Rosenberg M. (2006), *Dénouer les conflits par la communication non violente*, Saint-Julien-en-Genevoix, Jouvence.

_____. (2007), *Élever nos enfants avec bienveillance*, Saint-Julien-en--Genevoix, Jouvence.

Ross H. E. and Young L. J. (2009), "Ocytocin and the neural mechanisms regulating social cognition and affiliative behavior", *Frontiers in Neuroendocrinology*, 30, p. 534-547.

Roth T. L. (2011), "Epigenetic marking of the BDNF-gene by early adverse experience", *Hormones and Behavior*, 59 (3), p. 315-320.

_____. and Sweatt D. (2011), "Annual research review: Epigenetic mechanisms and environmental shaping of the brain during sensitive periods of development", *J Child Psychol Psychiatry*, April, 52 (4), p. 398-408.

Roth-Hanania R. (2011), "Empathy development from 8 to 16 months: Early signs of concern others", *Infant Behavior and Development*, 34, p. 447-458.

Russell J. A. *et al.* (2001), "Brain preparation for maternity--adaptative changes in behavioral and neuroendocrine systems during pregnancy and lactation: An overview", *Progress in Brain Research*, 133, p. 1-38.

Sanchez M. M. *et al.* (1998), "Differential rearing affects corpus callosum size and cognitive function of rhesus monkeys", *Brain Research*, 812, p. 38-49.

Schmidt M. F. *et al.* (2011), "Fairness expectations and altruistic sharing in 15-month-old human infants", *Plos One*, 6 (10), e23223.

Schore A. (1994), *Affect Regulation and the Origin of the Self: The Neurobiology of Emotional Development*, Hillsdale (N. J.), Erlbaum.

_____. (2000), "Attachment and the regulation of the right brain", *Attachment and Human Development*, 2, p. 23-47.

_____. (2005), "Back to basics: Attachment, affect regulation, and the developing right brain: Linking developmental neuroscience to pediatrics", *Pediatrics in Review*, June, 26 (6), p. 204-217.

_____. (2008), "Modern attachment theory: The central role of affect regulation in development and treatment", *Clinical Social Work Journal*, 36, p. 9-20.

_____. (2012), *Evolution, Early Experience and Human Development*, Oxford University Press.

Shalev I. *et al.* (2013), "Stress and telomere biology: A lifespan perspective", *Psychoneuroendocrinology*, 38, p. 1835-1842.

Shamay-Tsoory S. G. (2011), "The neural bases of empathy", *Neuroscientist*, 17, p. 18-24.

Sheu Y. S. *et al.* (2010), "Harsh corporal punishment is associated with increased T2 relaxation time in dopamine-rich regions", *Neuroimage*, 1, 53 (2), p. 412-419.

Siegel D. J. (1999), *The Developing Mind: How Relationships and the Brain Interact to Shape Who We Are*, New York, Guilford Press.

_____. (2010), *The Mindful Therapist: A Clinician's Guide to Mindsight Neural Integration*, New York, W. W. Norton.

Singer T. *et al.* (2008), "Effects of oxytocin and prosocial behavior on brain responses to direct and vicariously experienced pain", *Emotion*, 8 (6), p. 781-791.

Skrundz M. *et al.* (2011), "Plasma oxytocin concentration during pregnancy is associated with development of postpartum depression", *Neuropsychopharmacology*, 36, p. 1886-1893.

Stiles J. (2010), "The basics of brain development", *Neuropsycholy Review*, 20, p. 237-348.

Strathearn L. *et al.* (2008), "What's in a smile? Maternal brain responses to infant facial cues", *Pediatrics*, 122 (1), p. 40-51.

Strathearn L. *et al.* (2009), "Adult attachment predicts maternal brain and oxytocin response to infant cues", *Neuropsychopharmacology*, 34, p. 2655-2666.

Sunderland M. (2006), *Un enfant heureux*, Londres, Pearson Pratique.

Szyf M. *et al.* (2007), "Maternal care, the epigenome and phenotypic differences in behavior", *Reproductive Toxicology*, July, 24 (1), p. 9-19.

Sanchez M. M. *et al.* (2007), "Antenatal maternal stress and long-term effects on child neurodevelopment: How and why?", *Journal of Child Psychology and Psychiatry*, 48 (3-4), p. 245-261.

Tau G. Z. *et al.* (2010), "Normal development of brain circuits", *Neuropsychopharmacology*, 35, p. 147-168.

Taylor S. E. *et al.* (2006), "Neural responses to emotional stimuli are associated with childhood family stress", *Biological Psychiatry*, 60, p. 296-301.

_____. *et al.* (2010), "Mothers' spanking of 3-year-old children and subsequent risk of children's aggressive behavior", *Pediatrics*, 125 (5), p. 1057-1065.

_____. (2010), "Mechanisms linking early life stress to adult health outcomes ", *Proceedings of the National Academy of Sciences, USA*, May 11, 107 (19), p. 8507-8512.

Teicher M. T. *et al.* (2003), "The neurobiological consequences of early stress and childhood maltreatment", *Neurosci and Biobehav*, 27, p. 33-44.

_____. *et al.* (2006), "Sticks, stones, and hurtful words: relative effects of various forms of childhood maltreatment", *The American Journal of Psychiatry*, 163, p. 993-1000.

Teicher M. H. (2006), "Neurobiological consequences of early stress and childhood maltreatment: Are results from human and animal studies comparable?", *Annals of the New York Academy of Sciences*, 1071, p. 313-323.

_____. *et al.* (2010), "Hurtful words: Association of exposure to peer verbal abuse with elevated psychiatric symptom scores and corpus callosum abnormalities", *The American Journal of Psychiatry*, 67 (12), p. 1464-1471.

_____. *et al.* (2012), "Childhood maltreatment is associated with reduced volume in the hippocampal subfields CA3, dentate gyrus, and subiculum", *Proceedings of the National Academy of Sciences, USA*, February 28, 109 (9), p. E563-E572.

Toga A. W. *et al.* (2008), "Mapping brain maturation", *Trends in Neurosciences*, 29(3), p. 148-159.

Tomoda A. *et al.* (2009), "Reduced prefrontal cortical gray matter volume in young adults exposed to harsh corporal punishment", *Neuroimage*, 47 (suppl. 2), p. T66-T71.

_____. *et al.* (2011), "Exposure to parental verbal abuse is associated with increased gray matter volume in superior temporal gyrus", *Neuroimage*, 54 (suppl. 1), p. S280-S286.

Tottenham N. *et al.* (2010), "A review of adversity, the amygdala and the hippocampus: A consideration of developmental timing", *Frontiers in Human Neuroscience*, January, 3 (68).

Ullen F. (2009), "Is activity regulation of late myelination a plastic mechanism in the human nervous system?", *Neuron Glia Biology*, 29, p. 1-6.

Uvnäs-Moberg K. (1997), "Physiological and endocrine effects of social contact", *Annals of the New York Academy of Sciences*, 807, p. 146-163.

Uvnäs-Moberg K. *et al.* (1999), "Oxytocin as a possible mediator of SSRI-induced antidepressant effects", *Psychopharmacology (Berlin)* 142, p. 95-101.

_____. *et al.* (2005), "Oxytocin, a mediator of anti-stress, well-being, social interaction, growth and healing", *Zeitschrift für psychosomatische medizin und Psychotherapie*, 51 (1), 57-80.

_____. (2006), *Ocytocine: l'hormone de l'amour*, Gap, Le Souffle d'or.

Van IJzendoorn M. H. *et al.* (2012), "A sniff of trust: Meta-analysis of the effects of intranasal oxytocin administration on face recognition, trust to in-group, and trust to out-group?", *Psychoneuroendocrinology*, March, 37, 3, p. 438-4ller R. *et al.* (2012), "Do harsh and positive parenting predict parent reports of deceitful-callous behavior in early childhood", *Journal of Child Psychology and Psychiatry*, 53 (9), p. 946-953.

Werner E. E. and Smith R. S. (1982), "Vulnerable but Invincible: A Longitudinal Study of Resilient children and Youth", New York, McGraw Hill.

Zhang T. Y. and Meaney M. J. (2010), "Epigenetics and the environ--mental regulation of the genome and its function", *Annal Review of Psychology*, 61, p. 439-466.

GUIA DE BOAS PRÁTICAS EM MATÉRIA DE PARENTALIDADE NAS EMPRESAS

O Guia de boas práticas em matéria de parentalidade nas empresas *(La Charte de la Parentalité en entreprise)* foi iniciado em 2008 pela empresa L'Oreal, a associação SOS Préma e Jérôme Ballarin, com o objetivo de encorajar as empresas a fomentarem um ambiente profissional mais adaptado às responsabilidades familiares de seus colaboradores com filhos(as).

Este Guia define três objetivos:

- Fomentar a representatividade com relação à parentalidade na empresa;
- Criar um ambiente favorável aos colaboradores com filhos(as), especialmente para as mulheres grávidas;
- Respeitar o princípio da não-discriminação na evolução profissional dos colaboradores com filhos(as).

O Guia foi lançado oficialmente na França no dia 11 de abril de 2008, no Ministério do Trabalho, de Relações Sociais, da Família e da Solidariedade, com a presença dos deputados Xavier Bertrand e Nadine Morano.

Sua vocação é a de envolver o máximo possível de empresas na execução dessas práticas. Atualmente, mais de 500 empresas e associações já aderiram ao Guia.

O Observatório da Parentalidade em empresas *(L'Observatoire de la Parentalité en entreprise)*, lançado em 2008 e presidido por Jérôme Ballarin, acompanha as empresas aderentes na implementação desse engajamento